KB079686

지금,

또 혐오하셨네요

지
금,

우리 안에 스며든 혐오 바이러스

또 혐오하셨네요

박민영

。

북트리거

제1장 ———— '세대'를 혐오하다

제2장 ──── '이웃'을 혐오하다

제3장 ————— '타자'를 혐오하다

제4장 ──────── '이념'을 혐오하다

혐오에 대한 '메타 지성'이 필요하다

독재자처럼 구는 사람들

『폭력이란 무엇인가』에서 슬라보예 지젝 Slavoj Žižek 은 슬로베니아에 전해 내려오는 이야기 하나를 인용했다. "착한 마녀가 농부에게 두 가지 선택권을 주었다. 농부에게 소 한 마리를 주고 농부의 이웃 사람에게 소 두 마리를 주거나, 아니면 농부에게 소 한 마리를 빼앗고 이웃 사람에게는 두 마리를 빼앗겠다는 것이었다. 농부는 즉시 후자를 택했다." 그리고 고어 비달 Gore Vidal 의 설명을 덧붙였다. "내가 이기는 것만으로는(이득 보는 것만으로는) 충분치 않다. 다른 사람이 져야만 한다."

현대인을 지배하는 정서가 이럴까? 그럴지도 모른다. 그러나 실제 현실은 훨씬 심각하다. 작금의 현실을 설명하려면 고어 비달의 말은 이렇게 바뀌어야 한다. "다른 사람이 지는 것만으로도 충분치 않다. 그를 모독하고 능멸할 수 있어야 한다."

현실은 가더 가츠테루-우루샤 감독의 영화 〈더 플랫폼^{The} Platform〉(2019)에 가깝다. 이 영화의 배경은 플랫폼이라 불리는 수직 감옥인데, 지하 1층부터 지하 333층까지 각 층에 두 명씩 있다. 사람들은 각층 한가운데에 뚫린 네모난 구멍을 통해 내려오는 음식을 먹고 산다. 영화에서 가장 인상적인 인물은, 주인공 고렝(이반 마사구에 분)과 함께 48층 방을 쓰는 동료 트리마가시(조리온 에귈레오 분)다. 트리마가시는 위층에서 내려온 음식과 와인을 게걸스럽게 맨손으로 집어먹는다. 시간이 되자 음식은 아래층으로 천천히 내려간다. 그는 벌컥벌컥 와인을 마시고는 음식을 향해 와인 병을 던져 깨뜨리고 침을 퉤 뱉는다. 아래층 사람들이 먹어야 할 식탁 위에 그렇게 한 것이다.

고렝이 "왜 그러셨어요?" 하고 묻자, 트리마가시가 답한다. "아랫놈들 먹으라고." 남의 밥상에 침을 뱉으면 안 된다는 것은 상식이다. 그런데 트리마가시에게는 아랫사람들이 먹는 밥상에는 침을 뱉어 줘야 한다는 것이 상식이다. 그에게 아래층을 모욕하는 것은 위층의 권리처럼 인식된다. 그러므로 일말의 양심의 가책이나 창피함도 없다.

오늘날은 예전과 다른 의미로 계급의식이 강고한 시대다. 과거 마르크스주의가 혁명의 원동력으로서 계급의식을 설파했다면, 지금의 계급의식은 서로의 서열을 세밀하게 구분하고 그 격차에 기반해 혐오와 차별을 정당화한다. 말하자면 '반동적 계급의식'이 창궐하는 시대다.

대중의 정서에도 '시대적 흐름'이라는 게 있다. 불행하게 도 오늘날 대중의 정서는 다분히 파시즘적이다. 늘 파시즘적이 라는 것은 아니지만, 언제라도 파시즘적으로 돌변할 채비를 갖 추고 있다. 그것은 기회만 되면 혐오 범죄, 악플, 혐오 콘텐츠, 인종주의적 정치 선동, 약자에 대한 학대, 사이버 불링 cyber bullying, 갑질, 데이트 폭력, 성 착취, 묻지마 폭행·살인 등으로 제 모습 을 드러낸다.

혐오 정서는 거대한 스펀지 같다. 모든 이슈를 빨아들인 다. 모든 이슈는 혐오로 귀결된다. 이를테면 코로나가 그랬다. 첫 확진자가 중국 우한에서 발생했다는 이유로 코로나는 처음 에 '우한 폐렴'으로 불렸다. 그러자 중국인과 중국 동포에 대한 혐오가 급속히 확산되었다. 대구 신천지 교회발 감염이 폭발했 을 때는 혐오가 신천지로 옮겨 갔다가(물론 방역 당국의 대응 조 치에 대한 신천지 측의 방해와 비협조는 비판받아 마땅하다), 이태원 클럽발 집단 감염이 있었을 때는 성 소수자가 혐오의 대상이 되었다.

정부의 주도면밀한 확진자 동선 추적과 접촉자의 전수조 사로 우리나라의 확진자 수가 폭증하자 혐오는 우리 모두의 것 이 되기도 했다. 서구에서는 한국인 혐오가 생겨났고, 이는 중 국인과 한국인을 포함한 동양인 전체에 대한 혐오로 확산되었 다. 우리 모두가 혐오의 대상이 되었을 때, 혐오의 불길은 잠시 주춤했다.

공격적 에너지의 향방

영화 〈더 플랫폼〉의 첫 대사는 이렇다. "세상엔 세 종류의 사람이 있다. 꼭대기에 있는 자, 바닥에 있는 자, 추락하는 자." 여기에는 '상승하는 자'가 빠져 있다. 신자유주의 시대에는 계급 상승의 사다리가 거의 다 끊어져 버렸기 때문이다. 추락에 대한 공포만이 가득한 세상, 이것이 신자유주의 시대의 본모습이다. 이런 시대에 사람들은 약자를 모욕함으로써 추락에의 두려움을 불식시키고, 상대적으로 우월한 자신의 위치를 확인하고, 일시적으로 위안을 얻고, 피폐한 자존감을 일으켜 세운다. 혐오가 창궐하는 이유다.

문제는 혐오가 사회적 문제 해결에 전혀 도움이 안 된다는 점이다. 혐오는 약자에게 사회적 스트레스를 전가시킬 뿐이다. 혐오는 그 자체로 건설적인 논의를 봉쇄한다. 건설적인 논의는 서로 존중하는 평등한 관계를 전제로 하는데, 혐오 메커니즘은 평등한 관계 자체를 인정하지 않는다. 태도의 문제도 있다. 혐오를 일삼는 사람은 상대방의 의견에 귀 기울이지 않는다. 혐오를 통해 일시적 스트레스 해소, 남을 놀리는 데 따른 일시적 쾌감과 재미를 추구할 뿐이다. 예를 들어 어떤 문제를 진지하게 논하려 하면 'PC충', '진지충', 'X선비'라고 비아냥거림으로써 논의를 원천 봉쇄한다.

사실 사회의 혐오 메커니즘이 완고할수록 이득을 보는 세력은 따로 있다. 기득권 세력, 그중에서도 사회를 지배하는 최

상류층이다. 마르크스가 『공산당 선언』 마지막에 쓴 유명한 말이 있다. "만국의 노동자여, 단결하라." 오래된 말이지만, 여전히 이것만큼 지배 세력을 두렵게 만드는 말은 없다. 혐오가 창궐하는 지금은 상황이 정반대다. 민중들이 갈기갈기 찢어져 서로가 서로를 물어뜯는다. 지배 세력에게 이보다 유리한 상황이 또 있을까?

박노자는 영화 〈기생충〉에 대해 이렇게 말한 바 있다. "이 영화의 제일 중요한 테마는 불평등의 내면화, 그리고 연대의 불가능성입니다. 반지하에 살아야 되는 두 가정이 서로 죽고 죽이는 혈전을 벌이는 겁니다. 연대가 되는 한계가 어디까지냐 하면 가족까지입니다." 통치의 기본은 분할통치다. 민중이 개인이나 가족 단위로 쪼개져 서로 헐뜯는 구도만큼 통치하기 편한 상황은 없다.

한때 우리나라에서도 민중이 역사의 주인, 혁명의 주체로 찬양되던 때가 있었다. 민족·민주운동이 활발하던 1980년대가 그랬다. 그러나 지금은 공공연하게 민중이 '개돼지'로 농락당하는 시대다. 학력 수준이 낮았던 과거에도 우대받았는데, 대졸자 비율이 경제협력개발기구^OECD 1위가 된 지금은 이렇게 무시당한다. 민중의 힘이 무력화되고 있다는 증거다. 연대가 안 되니, 힘이 셀 리가 없다.

이런 얘기를 하면 혹자는 "무슨 말이냐? 촛불 혁명으로 박근혜도 쫓아냈는데." 하며 민중은 여전히 힘이 세다고 주장할지 모르겠다. 그러나 잊지 말아야 할 것이 있다. 박근혜 정부

탄생에 결정적으로 힘을 실어 준 것도 민중이었다. 전국적으로 많은 시민의 촛불 시위가 있긴 했다. 그러나 그조차도 '국정 농단'이라는 어떤 정치 논리로도(심지어 보수적인 정치 논리로도) 방어가 불가능한 죄, 사회를 유지하는 최소한의 조건인 형식적 민주주의와 입헌주의조차 붕괴시키는 죄의 성격과 파괴력이 결정적이었다고 봐야 한다.

혐오가 난무하는 것은 현실에 대한 민중의 고통, 불안, 분노가 크다는 반증이기도 하다. 이는 얼마든지 개혁과 혁명의 원동력이 될 수 있는 거대한 에너지다. 그러나 그 공격적 에너지가 제도적·문화적으로 용인된 방향으로 분출되다 보니 혐오로 귀결된다. 끓는 물의 거대한 수증기 압력을 낮추기 위해, 주전자 구멍으로 수증기가 분출되는 것과 비슷하다.

혐오가 난무한다는 것은 위험한 정치적 징후다. 민중의 불안과 분노가 크다는 것은 체제 불안이 심해지고 있다는 증거다. 체제 불안이 심화되면 궁극적으로는 혁명이냐, 파시즘이냐 하는 양자택일을 요구하게 되는데, 혐오의 창궐은 그 거대한 에너지가 파시즘 쪽으로 기울고 있음을 보여 준다.

혐오 줄이기 혹은 없애기

혐오를 줄이기 위해서는 어떻게 해야 할까? 세 가지를 말하고 싶다. 첫째, 차별금지법을 제정해야 한다. 어떤 문제에 대해 법이 어떤 태도를 취하느냐는 매우 중요하다. 그것은 국민

의 생활과 사고에 있어서 강력한 사인^{sign}으로 작용한다. 차별금
지법이 제정된다면, 혐오 발언은 기본적으로 '하면 안 되는 것'
으로 인식될 것이다. 가능하다면 혐오 표현에 대해 사회적 지
위와 권력에 비례한 가중처벌 조항이 있으면 좋겠다. 같은 혐
오 표현이라도 일반 서민과 지위·권력을 가진 사람들의 사회
적 영향력과 해악은 비교가 안 되기 때문이다.

둘째, 경제적 격차를 줄여야 한다. 극심한 경제적 격차는
혐오와 차별의 물적 토대다. 경제적 격차가 몇 배, 혹은 몇십
배 차이가 나면(이것도 작은 차이는 아니지만) 서로 '다 같은 사
람'이라고 생각할 수 있지만, 몇백 배, 몇천 배 이상 차이가 나
면 '다 같은 사람'이라고 생각하지 않게 된다. 지금 혐오가 난무
하는 것도 신자유주의적 정책으로 인해 경제적 격차가 역대 최
고 수준으로 벌어졌기 때문이다.

많은 사람이 경제적 격차는 결국 능력의 차이에서 비롯된
다고 생각한다. 그러나 어떤 능력이 얼마나 경제적 가치가 있
는가, 능력 간 경제적 격차는 얼마만큼이 적당한가는 모두 제
도와 인식의 문제임을 알아야 한다. 예를 들어 우리나라의 대
학교수와 버스 기사의 임금 격차는 두 배 이상 나지만, 핀란드
는 비슷하다. 우리나라 버스 기사가 핀란드의 버스 기사보다
훨씬 적은 임금을 받는 것은 제도와 인식이 다르기 때문이지
그 능력의 차이 때문은 아니다.

셋째, 공동체적 가치 지향을 담은 진보적인 이데올로기가
있어야 한다. 지금은 '신자유주의'라는 극우적 이데올로기가

지배하는 시대다. 이에 맞설 만한 진보적인 이데올로기가 절실하다. 이것이 결여되어 있으니 정신은 황폐해지고, 삶은 무가치하며, 분노는 방향이 없다. 사람들은 손쉬운 희생양을 찾으려 하고, 사회 주류의 압력과 선동에 쉽게 굴복한다. 혐오의 만연은 그 후과다.

지금도 생태주의나 페미니즘 같은 이데올로기가 있기는 하다. 그러나 신자유주의에 맞서기 위해서는 이를 포함하면서도 보다 총체적이고 구체적인 미래상을 담은 사상적·실천적 틀이 있어야 한다. 그래야 생활은 풍요로워지고, 사회는 건강해지며, 인간은 역사적 존재가 된다. 이러한 이데올로기 생산에 있어서 가장 책임이 무거운 사람은 아무래도 지식인 계층일 것이다. 뜻있는 지식인들의 분발이 필요하다.

혐오를 극복하기 위해서는 단지 '혐오는 안 된다'는 윤리적 당위만으로는 부족하다. 혐오에 대한 '메타 지성'이 필요하다. 혐오가 정치 사회적으로 어떤 역할을 하고, 어떤 논리적 맥락 속에 있으며, 그 역사적 연원은 무엇인지, 그 발생 원인은 무엇인지 등을 알아야 한다. 그래야 객관적 판단이 가능하고, 인식이 바뀐다. 윤리적 감수성이라는 것도 그 지성에 따른다. 현재 우리 사회에서 일어나고 있는 거의 모든 혐오를 다루고 있는 이 책은 그 객관적 판단과 인식의 변화를 돕기 위해 쓰였다.

책을 쓰는 것은 고독한 일이다. 혼자 하는 일인 만큼 집중력과 열정을 유지하는 것이 쉽지 않다. 나태와 안락의 유혹에 번번이 시달리는 글쟁이에게 편집부의 격려와 채찍질만큼 힘

이 되는 것은 없다. 원고가 나오기까지 오랜 시간 그 감정노동
을 도맡아 준 북트리거 편집장님과 편집부 여러분께 감사의 말
을 전한다.

2020년 여름

제1장

'세대'를 혐오하다

1

청소년
혐오

언어가 거칠어지면 세상이 거칠어진다.

— 가수 최백호

"코미디 프로그램에서 10대들이 자주 쓰는 유행어를 '급식체'라고 조
롱하고 초·중·고등학생을 '급식충'이라고 비아냥거리며 웃거든요. 청
소년 전체를 비하하는 혐오 문화라고 느껴요."
"초등학생의 라면을 빼앗아 먹고 머리를 때리고 도망가는 영상이나,
피시방에서 중학생의 컴퓨터를 꺼 버리고 도망가는 영상이 인터넷
에 올라오면 조회 수가 높고 '잘한다'는 댓글이 달려요."
— 「중2병, 급식충, 초글링… '청소년 혐오' 커지는 한국 사회」에서

'급식충'이라는 말은 언제 생겼을까?

급식충(급식이)은 청소년을 비하하는 데 있어서 가장 흔히 쓰이는 말이다. 이 말이 처음 등장한 것은 2011년 초·중학교의 무상 급식을 둘러싼 정치적 논쟁 때였다. 당시 서울시장은 오세훈(새누리당)이었고, 서울시 교육감은 곽노현(민주당)이었다. 보수적인 오세훈은 일부 가난한 학생들에게만 무상 급식을 하자는 '선택적 복지'를 주장했고, 진보적인 곽노현은 전체 학생들에게 전면 무상 급식을 하자는 '보편적 복지'를 주장하며 서로 충돌했다.

오세훈은 시장직을 걸고 주민 투표를 통해 자신의 주장을 관철시키려 했지만, 실패했다. 그는 시장직에서 물러났고, 보궐선거를 통해 박원순(민주당)이 서울시장으로 당선됐다. 그 결과 서울시의 초·중학교 학생들은 모두 무상 급식의 혜택을 받게 되었다. 이즈음 나온 말이 '급식충'이었다. 당시 보수 언론들은 무상 급식을 '포퓰리즘 정책', '선심성 정책'이라며 비난했다. 이러한 분위기 속에서 사회에 기여하는 것도 없으면서 선심성 복지에 무임승차하는 자로서 청소년을 비하하는 '급식충'이라는 말이 생겨났다.

급식충이라는 말이 생겨나게 된 데에는 '무상 급식'이라는 말 자체도 한몫했다. 무상 급식은 '공짜 밥'을 연상시킨다. 그러나 무상 급식은 공짜 밥이 아니다. 이는 국민, 특히 부모들이 낸 세금으로 제공되는 것이다. 이 때문에 '무상 급식'보다는 '보편 급식'이나 '국민 급식'이라고 부르는 것이 맞는다는 주장이 있다. 급식충이라는 말에는 청소년들이 사회에 기여한 바가 없음에도 복지의 대상이 되었으니 특혜를 누리는 셈이고, 그로부터 경멸받아 마땅하다는 의미가 들어 있다. 그러나 이 말 속에는 여러 논리적 허점이 있다.

첫째, 청소년을 복지 수혜의 당사자로 본 것이 잘못되었다. 엄밀히 말해, 무상 급식의 수혜자는 청소년이 아니라 청소년을 자녀로 둔 부모다. 본래 급식비를 내는 주체는 청소년이 아니라 그 부모들이기 때문이다.

둘째, 사회에 기여한 바가 없음에도 복지의 대상이 된 것이 '특혜'라는 논리는 뒤집어 보면, 사회 기여도에 따라 복지를 누릴 권리가 주어져야 한다는 말이나 다름없다. 그러나 복지는 각 개인의 사회 기여도에 따른 국가와의 거래가 아니다. 국민의 삶의 질에 대해 국가는 책임질 의무가 있으며, 복지는 이를 위해 생겨난 제도다. 국민이라면 누구나, 설사 사회에 기여한 바가 아무것도 없는 사람일지라도 얼마든지 복지의 대상이 될 수 있어야 한다.

셋째, '청소년은 사회에 기여한 바가 없다'는 비난이 성립하려면 일단 청소년에게 사회에 기여할 기회와 여건이 주어져야 한다. 그러나 현재 우리의 제도문화 속에서 청소년이 온전한 사회활동을 할 수 있는 여지는 별로 없다. 우리 사회에서 청소년기는 부모의 보호 아래 사회 진출 준비에 필요한 교육을 받는 시기로 규정되어 있다. 그런 까닭에 청소년이 온전한 사회활동을 할 수 있도록 도와주는 제도적 뒷받침은 거의 이루어지지 않고 있다.

가난이나 부모의 이혼 등을 이유로 경제활동에 나서거나, 독립해서 살지 않으면 안 되는 청소년의 경우 이러한 제도적 미비를 절감하게 된다. 청소년들은 사회에서 일을 해도 성인의 '부분 임금'을 받는다. 청소년의 노동은 '용돈 벌이'로 치부되고, 정부는 이를 방치한다. 청소년은 실업 중이라도 실업수당을 청구할 수 없다. 은행에서 돈을 빌릴 수도 없으며, 살 집을 자기 이름으로 계약할 수도 없다. 노동조합과 정당에 가입할 수도 없고, 집회 결사의 자유도 누릴 수 없다.

청소년은 사회에 기여하지 않는 것이 아니다. 기여하고 싶어도 그럴 기회가 없다. 모든 청소년이 부모의 보호 아래 있을 수 있고, 있어야 한다는 것을 전제로, 청소년은 온전히 경제활동이나 사회활동을 할 기회와 권리를 박탈당하고 있다. 이런 사회구조에서 청소년들에게 '사회에 기여하는 바가 없다'고 비난하는 것은 말이 안 된다.

"왜 우리가 욕을 먹어야 하지?"

'급식체'라는 말이 있다. 역시 청소년 혐오를 드러내는 말이다. 10대들이 인터넷에서 많이 쓰는 신조어, 예컨대 'ㅇㅈ(인정), ㄱㅇㄷ(개이득), ㄹㅇㅌㄹ(레알트루), 에바다(오버한다)' 같은 말을 '급식체'라 부른다. 실제로 이런 말을 10대들이 많이 쓰기는 한다. 그러나 20대도 많이 쓴다. 신조어에 민감하게 반응하는 것은 10대나 20대나 별 차이가 없다. 그런데도 이를 10대들만의 전유물인 양 '급식체'라고 부른다.

사실 급식체로 명명되는 이런 말들은 10대들이 만든 것도 아니다. 인터넷 커뮤니티나 개인 인터넷 방송에서 만들어진 말들이 대부분이다. 10대들은 이를 따라 할 뿐이다. 10대들에게 잘못이 있다면, 바로 이 부분이다. 본래 미디어 산업은 성인보다 자기 통제력이 부족한 10대를 주된 타깃으로 삼는다. 그 이유는 가정과 사회에 침투해 들어가기 가장 쉬운 방법이기 때문이다.

10대들이 미디어 산업의 포로가 되는 것은 큰 문제다. 여기에 대처하기 위해서는 미디어를 정확히 이해하고, 이를 냉철한 시야와 태도로 바라볼 수 있게 도와주는 '미디어 리터러시media literacy' 교육이 절실하다. 그러나 입시 교육에 급급한 현실에서 이런 미디어 리터러시 교육은 잘 이루어지지 않는다. 상황이 이런데도 우리 사회는 모든 잘못을 10대들에게 떠넘기며 비난한다.

급식체를 비롯한 인터넷 신조어를 사회에 광범위하게 유포하는 것은 10대들이 아니라 기성 언론이다. 예컨대 '핵인싸, 줍줍, 빼박캔트, 갑분싸, 댕댕이' 같은 말들을 널리 알린 것은 신문·방송, 그중에서도 단연 TV 예능 프로그램들이다. 예능 프로그램들은 재미를 위해 인터넷 신조어를 자주 쓴다. 10대들이 이런 말들을 많이 쓴다 해도, 대중매체가 이를 유포하지 않으면 널리 확산되지는 않을 것이다. 자신이 만든 말도 아니고, 사회에 유포한 사람은 따로 있는데, 정작 욕을 먹는 주체는 청소년이다.

'등골 브레이커'라는 말이 있다. 부모에게 의존하고 기생하며 살아가는 존재라는 뜻으로 역시 청소년을 혐오하는 말이다. 이런 표현은 예전에도 있었다. 예를 들어 어른들이 '등골 빠지게 일해서 학교 보내 놨더니, 공부는 안 하고 맨날 놀 궁리만 한다'는 식으로 말하는 경우는 흔했다. 그러나 예전에는 그 행위를 나무랐지, 등골 브레이커처럼 그 '존재' 자체를 쓸모없는 인간으로 낙인찍지는 않았다.

등골 브레이커라는 말은 청소년의 소비와 관련해서 자주 사용된다. 일반적으로는 청소년이 입시 공부와 관련 없는 소비(옷, 화장품, 신발 등)를 할 때 등골 브레이커라는 딱지가 붙는다. 그러나 꼭 낭비나 사치를 할 때만 이 말이 쓰이는 것은 아니다. 요즘은 학원비도 만만치 않고, 학종(학생부 종합 전형)에 유리한 스펙 쌓기에 들어가는 돈도 적지 않다. 그래서 입시 공부와 관련된 소비만으로도 청소년은 등골 브레이커라는 말을 듣는다.

요즘 아이들은 서열 경쟁에 시달린다. 오늘날 청소년 또래 집단을 지배하는 문화는 '서열화'다. 청소년들은 성적, 외모, 끼(예체능), 가정 형편, 주먹을 중심으로 서열화되어 있다. 서열화는 소비를 촉진한다. 아이들이 또래 집단에서 주눅 들지 않으려면, 다른 아이들이 많이 입고 쓰는 물건들, 예컨대 유행에 뒤지지 않는 스마트폰, 가방, 옷을 갖고 있어야 한다. 부모도 자식이 무시당하거나 주눅 들까 걱정돼 요구하는 걸 사 줘야 한다는 압박감을 느낀다. 청소년이 등골 브레이커가 되는 이유다.

자녀를 부양하고 교육하는 데 많은 돈이 드는 사회구조는 청소년이 만든 것이 아니다. 서열 경쟁 역시 청소년이 만든 것이 아니다. 청소년들은 그냥 기성세대가 만들어 놓은 사회적 환경에서 살고 있을 뿐이다. 그런데도 등골 브레이커라는 말을 듣는다. 등골 브레이커라는 말은 누군가에게 '기생하는 존재'라는 뉘앙스를 풍긴다. 급식충이 국가에 기생하는 것을 강조했다면, 등골 브레이커는 부모에게 기생하는 것을 강조한다. 누군가를 경멸하거나 비하할 때 '기생충'이나 '무임승차자'의 이미지를 뒤집어씌우는 것은 우리 시대의 특징이다.

여성 청소년에 대한 이중 혐오

'룸나무'라는 말이 있다. 룸살롱과 꿈나무의 합성어다. 주로 여성 청소년에게 쓰이는 이 말은 매우 악질적이다. '나중에 룸살롱 아가씨나 되라'는 저주의 의미 혹은 (네 언행이나 외모를 보아 하니) '나중에 룸살롱 아가씨가 될 것 같다'는 비아냥의 의미가 내포되어 있다. 청소년 혐오에 여성 혐오가 추가된 이중 혐오다. 그 자체로 성희롱이기도 하다.

여성 청소년들이 이런 말을 듣는 이유는 다양하다. 말을 버릇없게 한다고, 치마를 짧게 입고 다닌다고, 화장을 하거나 머리를 염색했다고, 남학생과 사귄다고, 담배를 피운다고, 가

출을 했다고, 사치를 부린다고, 애교를 떤다고 이런 말을 듣는다. 심지어 아무 짓도 안 했는데, 그냥 예쁘게 생겼다고, 2차 성징이 도드라진다고 룸나무라는 말을 듣기도 한다. 남성 청소년은 멋을 부린다고, 사치를 부린다고, 담배를 피운다고 해서 이런 식의 말을 듣지는 않는다. 그런 점에서 룸나무라는 말은 명백한 여성 혐오다.

청소년기는 이성에 대한 관심이 싹트는 시기다. 그러므로 남자건 여자건 자기 외모에 관심을 갖는다. 그중에서도 여성 청소년들은 외모에 대한 관심과 강박이 남성 청소년보다 훨씬 심하다. 남녀 차별 때문이다. 외모를 둘러싼 지적과 참견, 비난과 조롱은 여학생들에게 일상이다. 여학생들은 타인에게 인정받기 위해서는 물론이고 무시당하지 않기 위해서라도 외모에 신경 쓰지 않으면 안 된다.

여기에 뷰티 산업이 가세한다. 뷰티 산업은 여학생들의 자기 외모에 대한 불안과 걱정을 파고든다. 뷰티 산업은 이런 불안과 걱정의 해결사를 자처하지만, 실은 문제 해결사가 아니라 문제 생산자다. 뷰티 산업계는 여성의 자기 외모에 대한 불만과 혐오를 생산하고, 이를 통해 수입원을 창출한다. 자기 외모에 대한 불만이 많아질수록 뷰티 산업계의 수익은 증대된다.

여성 청소년이 뷰티 산업의 소비자로 떠오르기 시작한 것은 2009년 학원 드라마 〈꽃보다 남자〉가 방영될 즈음이었다. '귀족 명문 사립학교'를 배경으로 한 이 드라마가 큰 인기를 끌면서 스타일리시한 교복, 가방, 신발, 화장법, 헤어스타일, 액세

서리에 대한 관심이 폭증했고, 그에 발맞춰 뷰티 업계는 청소년을 위한 각종 상품들을 쏟아냈다. 이후 2010년 들어 연예인을 모방하는 패션이나 화장이 급격히 늘기 시작했고, 청소년 화장품 산업 시장이 크게 확대되면서 이제 화장은 소위 일부 문제 여학생의 현상이 아니라 보편적인 현상이 되었다.[2]

그 뒤 교복 시장은 더욱 고급화되고 세련되어 갔다. 특히 여학생들의 상의는 타이트하게 올라붙고, 치마 길이는 일본 여학생들을 생각나게 할 정도로 짧아졌다. (참고로 이 드라마의 원작은 일본 만화다. 일본은 여성 청소년을 성적으로 대상화한 미소녀 문화가 매우 발달한 나라이기도 하다.) 복장 검사에 엄격했던 학교들도 TV가 앞장서서 '교복도 스타일'이라는 분위기를 연출하자, 뷰티 트렌드를 불가피한 대세로 여기게 되었다. 그러나 여학생 교복은 좋게 말해 '세련'되어진 것이지, 나쁘게 말하면 성적인 코드가 농후해졌다고 할 수 있다.

여성 청소년에 대한 성적 대상화 현상이 본격화한 시기는 1990년대 후반으로 거슬러 올라간다. 일본 문화 개방과 컴퓨터와 인터넷의 대중화가 맞물리면서 여성 청소년들이 성적 대상으로 인식되기 시작했다. 요즘 우리가 목도하는 섹시 또는 큐트 콘셉트의 미소녀 걸그룹이 생기게 된 것도 이즈음의 일이다. (걸그룹의 시조로 일컬어지는 핑클과 S.E.S가 등장한 것 역시 1990년대 후반이다. 이전에도 여성들로만 이루어진 여성 가수 그룹이 없진 않았다. 그러나 이는 말 그대로 성인 여성들로 이루어진 '여성 그룹'이었지, 미소녀 콘셉트의 '걸그룹'은 아니었다.)

걸그룹은 여성 청소년들에게 추종해야 할 미의 전범이 되었다. 걸그룹 문화의 보편화로 남성들은 여성 청소년을 성적 대상으로 바라보는 시선을 더 이상 숨기지 않아도 됐다. 여성 청소년은 어리지만 얼마든지 섹시할 수 있고, 어리기 때문에 오히려 더욱 섹시한 것으로 인식되었다.

사회문제를 사춘기 문제로 치환하기

'중2병'은 사회에서 광범위하게 쓰이는 말이다. 워낙 흔히 쓰이는 탓에 누구도 그 실체를 의심하지 않는다. 그러나 이 말에도 엄연히 청소년을 혐오하는 의미가 담겨 있다. 의학적으로 실증되지 않았음에도 청소년 집단을 병리화한다는 점에서 그렇다. 청소년의 사춘기에 대비되는 말은 갱년기다. 그러나 사춘기를 병리화하는 '중2병'이라는 말은 있지만 갱년기를 병리화하는 언어는 없다. 특히 특정 나이를 콕 집어 '50세병'이라는 식으로 부르지는 않는다. 그런 점에서 중2병은 차별적 언사다.

중2병이라는 용어는 1999년 일본의 개그맨 이주인 히카루伊集院光가 진행하는 라디오 프로그램에서 처음 쓰였다. 그는 "자신은 아직 중2병을 앓고 있다"고 이야기한 뒤, 그다음 주부터 "'걸린 걸까?'라고 생각하면 중2병"이라는 코너에서 그는 중학교 2학년생이 할 법한 행동을 희화화했다. 그 나이 또래가 아니면 공감하지 못할 지나친 진지함이나 오글거리는 언행을 소개하고는 '중2병'이라며 조롱해 인기를 끌었다. 이 말은 태생부터가 비웃기 위해 생겨난 셈이다.

이 말은 우리나라에 수입되어 2010년 무렵부터 퍼져 나가기 시작했다. 참고로 우리나라는 일제 식민지 시절의 학제를 그대로 계승했다. 6년(초)-3년(중)-3년(고)으로 학제가 일본과 같다. 그래서 중2병이라는 말이 통용되기 쉬웠다. 처음에는 일부 청소년들에게서 보이는 지나친 허세나 감성적인 언행을 조롱했던 이 말은 점차 사춘기 행동 전반을 의미하게 되었다. 예를 들어 성적 호기심을 갖는다거나, 진로에 대해 고민하는 것, 외모에 관심을 갖는 것 같은 지극히 정상적인 모습까지도 중2병으로 치부되었다.

중2병은 사춘기뿐 아니라 입시 제도와도 밀접한 관련이 있다. 우리나라 학생들은 중학교 때부터 본격적으로 입시 체제에 편입된다. 입시 경쟁은 청소년들에게 상당한 정신적 긴장과 스트레스를 불러일으킨다. 공부를 잘하면 잘하는 대로 한 문제라도 틀려서 등급이 밀릴까 싶어 불안감이 크고, 공부를 못하면 못하는 대로 열등감에 시달린다. 공부를 잘하건 못하건 학생들 모두가 아프고 힘들 수밖에 없다.

청소년들의 돌발 행동이나 일탈 행동의 배경에는 입시 체계가 만들어 내는 불안과 공포, 스트레스와 자기소외가 있다. 초등학교에서도 경쟁을 하기는 하지만, 중학교보다는 많이 느슨하다. 그러다 중학교에 진학하면 분위기가 일변한다. 입시 경쟁이 숨 막힐 듯 몸과 마음을 조여 온다. 입시 경쟁의 부담감과 스트레스로 인한 분노와 갈등이 '처음으로' 폭발할 때가 중2

즈음이다.

중2병이라는 말이 우리나라에 들어왔을 때, 많은 사람이 이 용어에 공감한 것은 그 때문이다. 이유야 어쨌건 중2 무렵에 문제가 생기는 경우가 많았기 때문이다. 프레임의 힘은 강하다. 그 무렵에 자녀의 돌발 행동과 일탈 행동을 경험했다면, 부모들은 '중2병'이라는 말을 익히 알고 있으므로 그것이 인식의 프레임으로 작용해서 '우리 애도 중2병'이라고 단순하게 생각해 버린다.

중2가 지나면서 분노와 갈등이 줄어드는 경우도 있다. 그것은 그것대로 중2병의 설득력을 높여 준다. 분노와 갈등이 특정 시기(사춘기)의 문제였음을 증명하는 것처럼 보이기 때문이다. 분노와 갈등의 근본 원인이 해소되어서가 아니라, 자포자기하거나 입시 교육으로부터 해방될 그날(대학 입학일)만 기다리며 버티기에 돌입한 것인데도 '중2병이 지나갔다'고 말한다.

중2병이라는 말은 기성세대나 사회에 편리한 면이 있다. 중2병이라고 낙인찍어 놓으면, 청소년의 말을 귀담아듣지 않아도 되고, 그들의 행동을 이해하려 노력하지 않아도 된다. 그저 그 나이 또래 애들이 겪는 병리적 통과의례나 성장통에 의한 것으로 여기면 된다. 중2병 환자로 호명된 청소년은 문제 제기의 주체나 논의의 상대가 아니라, 주의와 감시, 치료와 관리의 대상으로 전락할 뿐이다.

20~30대가 더 청소년을 혐오하는 이유

청소년 혐오 표현을 가장 많이 사용하는 것은 20~30대다. 기성세대에 비해 청년 세대가 청소년 혐오 표현을 일상적으로 사용하는 이유는 그 말들이 대개 신조어인 탓도 있다. 아무래도 기성세대는 신조어 사용에 익숙하지 않다. 그런데 청소년기를 벗어난 지 얼마 되지 않은, 청소년과 가장 가까운 세대인 20~30대는 왜 청소년을 비하할까?

지금의 청년 세대는 어릴 때부터 약육강식, 무한 경쟁, 승자 독식, 각자도생의 신자유주의 생활 원리를 내면화하도록 강요당한 세대다. 이들은 고등학교도 특목고, 자사고, 일반고, 특성화고로 서열화된 제도 속에서 강도 높은 경쟁을 해야 했다. 사회심리학자 김태형에 따르면, 이들은 어릴 때부터 '경쟁에서 살아남아야 한다', '조금이라도 삐걱하면 도태된다'는 말을 들으며 살아온 소위 '공포 세대(1980~1990년대생)'다. 즉 '경제적으로 풍요로운 유년기를 보냈으나 일찍이 세상에 대한 공포를 체감하며 자란 세대'로, 자신의 안전과 성공에 대한 희구가 강하다.

공포 세대가 자신의 안위를 확인하는 방편 중 하나는 자신보다 못나거나 약한 사람(집단)이 있음을, 혹은 없으면 억지로 만들어 내서라도 이를 확인하는 것이다. 자신보다 못나거나 약한 사람을 조롱하거나 공격하고, 상대방이 그런 조롱과 공격을 그냥 감내하는 것을 보면서 상대적으로 높은 자신의 서열을 확인하고 우월감과 안도감을 갖는다. 서열화가 심한 사회에서 약자를 무시하고 조롱하고 공격하는 것은 서열 경쟁에서 승리했다는 징표다. 그러므로 조롱과 공격은 부끄러운 일이 아니라 자랑스러운 일이다.

경쟁 이데올로기는 상향 경쟁을 촉발시키기도 하지만, 하향 경쟁을 유발시키기도 한다. 상향 경쟁은 부와 권력을 얻기 위한 경쟁, 즉 계급 상승을 향한 경쟁을 말하고, 하향 경쟁은 자신보다 못한 사람을 깔아뭉갬으로써 자신의 우월한 지위를 확인하는 것을 말한다. 그런데 지금은 말이 '무한 경쟁'이지, 개인적인 노력을 통해 올라갈 수 있는 계급 상승의 사다리가 거의 끊어져 있다. 이렇게 상향 경쟁이 여의치 않을 때, 하향 경쟁이 심해진다.

20~30대는 일반적으로 사회의 강자도 아니고, 신자유주의의 수혜자도 아니다. 그들은 오히려 피해자다. 청소년 시절 내내 가혹한 입시 경쟁에 시달렸고, 대학에 입학하고 나서도 미친 듯이 학점 관리와 취업 공부, 스펙 쌓기에 몰두해야 했다. 그렇게 막대한 시간과 비용을 송두리째 헌납하면서 사회가 요구한 경쟁력을 키워 왔음에도 기껏해야 쥐꼬리만 한 월급에 불안정한 일자리만이 주어지거나 그마저도 주어지지 않는 황당한 상황에 처해 있는 경우가 많다. 오랫동안 생존에 대한 공포, 성공에 대한 강박, 무력감에 시달린 탓에 정신 건강도 별로 좋지 않다.

그런 피해자가 그저 만만해 보이는 10대들을 차별하는 것

은 안타까운 일이다. 10대에 대한 혐오와 차별을 통해 안도감
과 상대적 우월감을 느낄 수도 있다. 혹은 스트레스가 풀리는
것 같은 쾌감을 느낄 수도 있다. 그러나 이는 임시방편일 뿐이
다. 10대를 혐오한다고 해서 자신의 열악한 처지와 그 배경인
신자유주의적 사회구조가 변하는 것은 아니기 때문이다.

2

20대
혐오

자기 집단에 대한 사랑이 지나치면 악의가 없더라도
차별 감정을 키우는 온상이 된다.
— 일본 철학자 나카지마 요시미치

그대는 그동안 고전 한 권 제대로 읽지 않았다. 그리고 대학에 입학했다. 그대의 대학 주위를 둘러보라. 그곳이 대학가인가? 12년 동안 고생한 그대를 위해 마련된 '먹고 마시고 놀자' 판의 위락 시설 아니던가. … 한국 현대사에 대한 그대의 무식은 특기할 만한데, 왜 우리에게 현대사가 중요한지 모를 만큼 철저히 무식하다. … 그대는 무식하지만 대중문화의 혜택을 듬뿍 받아 스스로 무식하다고 믿지 않는다. … 대중문화가 토해 내는 수많은 '정보'와 진실된 '앎'이 혼동돼 아무도 스스로 무식하다고 말하지 않는다.

— 「그대 이름은 '무식한 대학생'」에서 3

공포 세대는 왜 혐오의 대상이 되었나?

2007년 12월, 제17대 대통령 선거가 있었다. 당시 20대 투표율은 47.2%로, 역대 최저를 기록했다. 20대의 절반 이상이 투표를 하지 않았다. 더욱 놀라운 사실이 있었다. 투표자 중 절반에 가까운 42.5%가 이명박을, 15.7%는 이회창을 지지했다. 20대의 이명박 지지율은 30대보다 높았고, 이회창 지지는 다른 어떤 연령대보다 높은 수치였다. 역사적으로 전무후무한 '20대의 보수화' 현상이었다. 결과는 한나라당 후보 이명박의 당선. 그러자 소위 '86세대(민주화 세대)'를 중심으로 '20대 개새끼론'이 제기되었다.

예로부터 20대는 진보와 저항의 아이콘이었다. 이것은 우리나라도 다르지 않았다. 지금의 70대는 20대 때 4·19 혁명의 주역이었다. 60대는 20대 때 '유신 독재 반대 투쟁'에 앞장섰다. 50대가 된 86세대는 1987년 6월 민주항쟁의 주역이었다. 40대는 20대 때 김영삼 정권의 공안 탄압에 항거했다. 각 세대가 나이 들어서 보수화된 측면은 있을망정 젊었을 때는 사회 개혁과 진보에 앞장섰다. 그런데 공포 세대는 어찌 된 셈인지 아무것도 하지 않거나, 오히려 보수화되는 경향을 보였다.

설상가상으로 이명박 집권 1년 반 만에, 정치 보복성 수사에 시달리던 노무현 전前 대통령이 자살했다. 이 사건은 우리 국민을 큰 충격에 빠뜨렸다. 특히 범진보 진영의 충격이 컸다. 이명박 정권에 대한 범진보 진영의 공분이 일었고, 이명박의 당선에 일조한 20대에게도 불똥이 튀었다. 노무현 전 대통령이 자살한 지 얼마 안 돼, 시사평론가 김용민은 「너희에겐 희망이 없다」[4]는 글을 썼다.

당시 김용민은 '노무현 전 대통령 추모 집회'를 위해 서울 광장을 사수하던 소수의 활동가들이 전경에 의해 쫓겨난 것을 언급하며 20대를 비난했다. 정치 투쟁에 열심이던 1980년대 대학생들과 지금의 20대를 비교하며, 지금의 20대들이 자신의 개인적인 앞가림에 급급한 삶을 살고 있다며 강도 높게 비난한 것이다. 대표적인 '20대 개새끼론'이었다.

공포 세대도 이런 '20대 개새끼론'을 가만히 듣고만 있지는 않았다. 그들은 '진보 꼰대'라는 표현을 쓰며 비판에 응수했다. 주장은 이랬다. '우리도 지난 대선에서는 노무현을 지지했다. 그런데 변한 것이 무엇이냐, 민주 정부 10년이 지났지만 우리는 여전히 고통 속에 있다. 이렇게 고통 속에 있는 우리에게 왜 자신들의 정치적 실패 책임을 뒤집어씌우는가. 우리더러 투표를 안 한다고 비판하는데 86세대와 노인들이 정치를 독점하고 있는 현실에서 과연 우리의 이익을 반영하는 정당이 있긴한가?'

또 이런 반발도 있었다. '세상을 바꿀 현실적인 힘은 86세대가 다 갖고 있으면서, 왜 우리더러 세상을 바꾸라고 닦달하는가. 세상을 바꾸려면 당신들부터 자신이 갖고 있는 기득권을 청년 세대에게 내주면 된다. 자신이 갖고 있는 기득권을 내려놓을 생각은 없으면서 자신의 가치관과 어긋나는 보수 기득권에 대해서만 분노하고 저항하라고 부추기는 것은 사회의 짐을 우리에게 지우고 자신들은 그 부담에서 빠져나가려는 의도 아닌가.'

86세대가 사회의 짐을 청년들에게 떠맡기고 자신은 그 부담에서 빠져나가려 한다는 비판은 근거가 없다. 그러나 그 내용을 제외하면 공포 세대의 지적은 일리가 있다. 공포 세대가 경제적 고통에 시달리고 있는 것도 사실이고, 정치가 주로 노인들에게 독점되어 있는 것도 사실이며, 청년 세대를 대변할 정당이 없는 것도 사실이다. 이는 분명 해결되어야 할 문제임에 틀림없다. 그럼에도 불구하고 공포 세대만 겪는 문제가 아니라는 점도 분명하다. 이러한 문제들은 그 이전 세대들도 겪은 것이었다. 그러므로 이런 반발이 공포 세대의 정치적 무관심을 정당하게 만들어 줄 수는 없다.

기성세대들이 젊었을 때 저항하고 투쟁한 것은 어떤 희망이 보여서 그랬던 것은 아니다. 오히려 한 점 희망도 보이지 않았기 때문에 더욱더 저항하고 투쟁했다. 당시의 기성세대들이 20대에게 힘을 실어 줬기 때문에 그랬던 것도 아니다. 어느 시대에나 기성세대들은 대개 보수적이었고, 20대의 저항과 투쟁을 늘 우려하고 반대했다. 그것이 우리의 역사였다. 그런 점을 생각하면, 공포 세대의 정치적 태도는 요즘 기성세대가 보기에 좀 유별난 것도 사실이다. 그러나 공포 세대가 이런 행동을 하는 데에는 그만한 이유가 있다. 그것을 살펴보자.

젊은 보수의 탄생

공포 세대의 정치적 특징은 크게 세 가지로 정리할 수 있다.

첫째, 정치적 무관심이다. 공포 세대의 낮은 투표율은 우연이 아니었다. 2006년 서울여대 언론영상학부 박상건 교수 팀이 서울 소재 대학생 720명을 대상으로 실시한 면접 조사 결과에 따르면, '정치에 관심이 없다'는 응답이 80.5%에 달했다.[5] 무려 10명 중 8명이 정치에 관심이 없다고 답한 것이다. 정치적 무관심은 언제나 있었지만, 이렇게 높은 비율을 보인 적은 없었다.

둘째, 공포 세대는 정치적 냉소와 허무주의도 심했다. 일례로 당시 분위기를 반영하는 기사를 보자. "서울 양천구에 사는 최 모(26) 씨는 투표할 시간은 충분했지만 투표를 하지 않고 친구들과 시간을 보냈다. 최 씨는 '귀찮기도 하고 내가 투표해 봤자 청년 실업 문제가 해결되거나, 세상이 바뀌지 않는다'면서, '이제 젊은이들이 정치인에 속아 섣부른 희망을 품을 만큼 어리석지 않다'고 말했다."[6]

현실은 이랬다. 젊은 유권자들에게 기대를 걸 수밖에 없는 진보 개혁 정당은 젊은이들이 투표를 하지 않아 세상을 바꿀 수 없었다고 주장하지만, 젊은 유권자들은 선거를 통해 세상을 바꿀 수 있다고 생각하지 않아 투표하지 않았을 뿐이다. 80년 대생의 이러한 정치적 냉소와 허무주의는 90년대생의 정치 혐오로 이어지고 있다. 대표적인 것이 '운동권충'의 줄임말인 '꿘

충'이라는 혐오 표현의 확산이다.

셋째, 정치적 기회주의를 지녔다. 앞서 말했듯이 공포 세대는 제16대 대선에서는 노무현을 지지했다(20대 지지율 62%). 그런데 노무현 정부가 기대에 부응하지 못하자 다음 대선에서는 투표를 포기하거나 이명박 쪽으로 급선회했다. 후보자에게 어떤 도덕적 결함이 있든 상관없이, 경제적으로 도움이 된다면 얼마든지 지지할 수 있다는 태도를 보인 것이다. 물론 기성세대에서도 부자 만들어 준다는 이명박의 호언장담에 속아 표를 준 사람들이 적지 않았다. 그러나 앞서 말했듯이 이렇게 속물이 된 기성세대도 젊었을 때는 그렇지 않았다. 그런데 공포 세대는 20대 때부터 이런 모습을 보였다.

공포 세대에는 또 다른 특징이 있었으니, 이는 극과 극인 노무현과 이명박의 이념적 거리를 자기 이익을 위해 아무렇지도 않게 가로지른다는 점이었다. 이를 이념을 뛰어넘은 '실용주의 노선'이라 할 수 있을지도 모르겠다. 그러나 좋게 말해 그렇다. 나쁘게 말하면 일정한 기준과 신념이 없는 '기회주의적 선택'이라 할 수 있다.

공포 세대의 기회주의적인 모습은 이명박 이후에도 그랬다. 이명박이 경제적으로 도움을 주기는커녕 더욱 가난하게 만들자 2012년 대선 정국에서는 이른바 안철수 쪽으로 급선회했다. 안철수 쪽으로 급선회한 이유도 단순했다. 고통 속에 있는 자신들을 위로하고 격려하는 '청춘 멘토'라는 것이 전부였다. (2011년 당시 서울대 융합과학기술대학원장이던 안철수는 박경철 경제 평론가와 함께한 '청춘 콘서트'를 통해 젊은이들의 멘토로 부상했다.) 안철수의 정계 진출 자체가 이러한 20대의 강력한 지지를 통해 이루어진 것이었다. 정치권 밖에 있던 안철수는 순식간에 강력한 대선 주자로 떠올랐다.

전체적으로 보면 공포 세대의 정치적 선택은 단기적 이익에 따라 일관성 없이 좌우로 크게 출렁였다. 기성세대도 경제적 이익을 위해 투표하는 경우가 많기는 하다. 그러나 대개는 자신의 정치적 신념이 있고, 그 신념에서 크게 벗어나지 않는 한도 내에서 자기 이익을 추구한다. 그런데 공포 세대는 그렇지 않았다.

경제적으로 너무 쪼들리면 저항도 안 한다

미국의 저널리스트 막신 데이비스Maxine Davis가 쓴 『잃어버린 세대The Lost Generation』라는 책이 있다. 대공황기인 1936년에 발간된 이 책의 부제는 '오늘날 미국 청년의 초상A Portrait of American Youth Today' 이다. 부제처럼 이 책은 대공황기 청년들을 관찰하고 취재해 쓴 것이었다. 이 책에서 주목할 점은, 거기에 묘사된 청년들의 모습이 우리나라 공포 세대와 흡사하다는 것이다. 이 책에 따르면, 대공황기 당시 미국 청년들에게는 어떠한 이상理想의 추구도 저항도 발견하기 어려웠다. 그들은 오로지 경제적 안정을 희구하며 주어진 운명을 말없이 받아들일 뿐이었다.

우리는 흔히 청년들이 궁핍에 시달릴수록 기존의 사회질

서에 격렬하게 저항하고 투쟁할 것이라 생각하기 쉽다. 그러나 이 책은 그러한 생각이 고정관념일 수 있음을 보여 준다. 경제 호황기나, 호황기까지는 아니라도 경제적으로 어느 정도 견딜 만할 때 오히려 청년들의 저항성이 표출된다. 견디기 힘들 정도로 궁핍에 시달리면 청년들은 활력을 잃고, 이제 볼 장 다 보았다는 식의 헐벗은 마음과 영혼으로 살게 된다. 저항과 투쟁이 아니라, 무기력하게 안정과 생존만을 희구하며 살게 된다는 의미다.

이런 패턴은 1968년 5월 프랑스에서 일어난 68 혁명(5월 혁명)에서도 발견할 수 있다. 68 혁명은 미국과 유럽, 일본 등 세계적 차원에서 전개된 사회변혁 운동이었다. 운동의 중심에는 20대 청년들이 있었다. 청년들은 억압적이고 권위적인 기존의 정치 질서와 도덕 관습 그리고 물질 중심적 생활을 조롱하며, 반전운동, 흑인 인권 운동, 동성애 자유화 운동, 여성 해방 운동, 반문화 운동 등을 전개해 나갔다. 언제까지나 활활 타오를 것 같았던 68 혁명의 숨통을 끊어 놓은 것은 정부의 탄압이 아니었다. 그것은 1974년 석유파동이었다. 석유파동으로 시작된 대공황과 함께 68 혁명의 물결은 급격히 쇠퇴했다.

우리나라의 학생운동도 마찬가지였다. 1990년대 들어 학생운동이 퇴조하기 시작했다는 것은 많이 알고 있는 사실이다. 그 주요 원인으로는 현실 사회주의의 붕괴와 문민정부의 출범으로 인한 민주-반민주 구도의 소멸 등이 꼽힌다. 그러나 이는 경제적 원인에 비하면 부수적인 것이었다. 학생운동에 결정타를 날린 것은 다름 아닌 1997년 말에 발생한 외환 위기였다. 외환 위기로 학생운동은 직격탄을 맞았다.

외환 위기로 부모들이 실직하거나 파산하고, 대학생들 역시 취직을 걱정하게 된 상황에서 학생운동은 더 이상 설 자리가 없었다. 그전까지 '대학생은 사회를 이끌어 갈 엘리트'라는 인식이 있었고, 그런 만큼 사회문제 전반에 책임 의식을 갖고 개입했다. 그러나 외환 위기 이후 대학생들의 지위는 정책적 구제 대상으로 급전직하했다. 사회정의나 역사의 진보를 위한 논쟁이나 정치 투쟁은 사치로 여겨졌다. 대학생들의 관심과 목적은 개인적인 생존 그 자체에 쏠렸다.

1980년대의 왕성했던 학생운동도 이런 관점에서 해석이 가능하다. 1980년대는 군사독재 시절로 정치적으로는 암울했다. 그러나 경제적으로는 그렇지 않았다. 당시의 대학생들이 일자리가 없어 취직을 못 하는 경우는 거의 없었다. 경제가 급팽창하던 시기였다. 학과 사무실 한 켠에는 대기업 원서들이 수북이 쌓여 있었다. 졸업생이 기업을 찾아다니는 것이 아니라, 기업에서 대학으로 신입 사원을 유치하러 다니던 시절이었다. 심지어 대우 같은 곳은 운동권 출신들을 따로 공채하기도 했다. 운동권 학생들이 가진 왕성한 활동력과 리더십, 조직적 마인드가 오히려 기업에 득이 될 수 있다고 본 것이다.

당시에도 '자식 대학 보내느라 부모 허리가 휜다'는 말이 있긴 했지만, 지금처럼 학생들이 학자금 대출에 신음할 정도는 아니었다. 학생들이 마음먹고 방학 내내 막노동이라도 하면 등

록금을 마련하는 일도 불가능하지는 않았다. 대학생 숫자도 지금처럼 많지 않아, 과외를 통한 벌이도 꽤 쏠쏠했다. 과외로 벌어들이는 돈은 통상 한 달에 20~30만 원이었는데, 서너 개를 하면 한 달에 80만 원 이상 버는 것도 가능했다. 당시 하숙비가 12~15만 원 수준이었던 걸 감안하면, 당시 대학생들이 얼마나 경제적으로 풍족했는지 알 수 있다.

졸업도 쉬웠다. 일단 대학에 입학하면 특별한 일이 없는 한 졸업이 보장되었다. 운동권 학생들은 데모하느라 학업을 게을리했지만, 학점이 낮다고 취업이 안 되는 것도 아니었다. 학점 때문에 원하는 데를 못 가는 경우는 있어도, 취업 자체가 가로막히지는 않았다. 1980년대의 왕성했던 학생운동은 이런 경제적 조건을 배경으로 했다. 먹고사는 문제에 크게 얽매이지 않아도 되는 조건 속에서 사회적으로 가치 있는 일을 탐구하고 추구할 수 있었던 것이다.

대학 공동체 붕괴의 영향

공포 세대들이 저항하고 투쟁하지 않는 데는 또 다른 이유가 있다. 그것은 대학 내 공동체 문화가 모두 붕괴되었기 때문이다. 정치적 저항과 투쟁을 하기 위해서는 기본적으로 학생들이 서로 모여 있어야 한다. 그런데 학부제하에서는 그러기가 힘들다. 학부제가 학생운동에 미친 영향을 알아보자.

학부제는 다학문적 연구 필요성과 학생들의 전공 선택권

확대를 명분으로 1995년(김영삼 정부 시절)부터 시작되었다. 모집 단위 광역화 역시 같은 취지로 1998년(김대중 정부 시절)부터 시작된 제도였다. 정부는 재정적 차등 지원을 통해 학부제와 모집 단위 광역화를 대학에 강요했다. 학부제와 모집 단위 광역화의 차이를 간단히 설명하면 이렇다.

학부제는 예를 들어 어문학부로 입학한 신입생이 2학년 때 전공을 영어영문이건, 중어중문이건 정하는 식이다. 모집 단위 광역화는 신입생을 모집하는 단위가 훨씬 넓고 다양하다. 신입생 모집 단위는 학부일 수도 있고, 계열일 수도 있으며, 단과대 심지어 학교 전체일 수도 있다. 그러니까 학부제를 포함하면서도, 학생들의 전공 선택의 폭이 학부제보다 훨씬 넓게 허용되는 것이 모집 단위 광역화다.

학부제의 운영 결과는 어땠을까? 학부제가 목표로 하는 학문 간 교류, 전공 선택권 부여, 경쟁력 있는 인재 육성 등은 사실상 별 소득이 없었다. 그러나 한 가지만은 확실한 성과를 거두었다. 바로 학생운동의 균열을 더욱 뚜렷하게 만든 것이다. 1990년대 들어 사회주의 국가들의 몰락과 문민 정부의 등장으로 운동의 목표가 상실되고 있던 시기에, 학부제는 학생운동의 기본 조직인 과 학생회마저 조용히 무력화시켰다.

1990년대 초반까지만 해도 과 학생회 산하에 학생들이 자율적으로 만든 학회나 동아리들이 많았다. 학회나 학생회 활동에서 두각을 나타낸 학생은 2학년 때는 과 학생회장, 3학년 때는 단과대 회장, 4학년 때는 총학생회장에 출마해 대학가의 리더로 성장했고, 학생들은 자신의 동기나 선배들이 그렇게 성장해 가는 과정을 모두 지켜볼 수 있었다. 학회는 주로 전공과 인문·사회 과학을 자율적으로 공부하는 모임이었다. 그런 모임을 통해 공동체를 이루고 정치의식을 함양했다. 학회나 동아리에 가입한 신입생들이 선배들과 함께 과 깃발 아래 모여 학내 집회에 참여하는 것은 자연스러운 풍경이었다. 그러나 학부제 하에서 풍경은 일변했다.

앞서 말했듯이 학부제에서는 2학년 때 전공을 선택한다. 대학 입시 이후에 학과 입시를 또 치러야 하는 셈이다. 이런 상황에서는 다른 일에 신경 쓸 겨를이 없다. 인기 전공 쟁탈전이라는 관문은 학생들을 협력 관계가 아니라 경쟁 관계로 바꿔 놓았다. '정치'와 '저항'이 자리하던 자리에 '경쟁'과 '효율'이 들어선 것이다.

학부제는 학생운동의 근간인 과 학생회로부터 신입생을 1년 동안 동떨어져 지내게 함으로써(학생회에 소속되지 못하게 함으로써) 학생운동을 무력화시켰다. 대학 공동체, 학문 공동체가 공중분해되면서 학생운동은 치명타를 입었다. 이제 학생들은 더 이상 정치에 간섭하지 않고, 모여서 인문·사회 과학을 공부하지도 않는다. 지금도 학회나 동아리가 있기는 하지만, 대개는 취직(재테크, 경영, 면접, 스펙 관련)에 관련된 것들일 뿐이다. 대학생들은 거의 완벽하게 기업 문화에 포섭되어 버렸다.

86세대의 혐오도 신자유주의적이다

86세대는 자신들이 민주화를 이루어 냈다는 자부심이 있다. 다른 어떤 세대보다 공동체 의식도 강하다. 서로 똘똘 뭉쳐 독재에 맞서 저항하고 투쟁하는 과정에서 생겨난 동지애는 끈끈할 수밖에 없었다. 86세대인 사회심리학자 김태형은 『트라우마 한국 사회』에서 "시험 때면 공부 잘하는 친구가 한 학기 동안 열심히 필기했던 공책을 과 친구들이 대량으로 복사해서 나눠 가졌던 일, 결석한 친구들을 위해 대리 출석을 해 주거나 심지어는 대리 시험까지 봐 주었던 일, 시골 출신 학생이 고향집에서 받은 한 달치 하숙비를 과 친구들과의 술값으로 거의 다 써 버렸던 일" 등을 그 예로 언급한다. 요즘 대학생들로서는 상상하기 힘든 일이지만, 그때는 그랬다.

이런 자부심과 집단주의 때문일 것이다. 86세대들은 자기 신뢰와 정체성이 상당히 강하다. 86세대는 정치적으로는 암울한 시대를 통과했지만, 역설적이게도 주체적으로 세상을 탐구하고, 가치 있는 삶을 추구할 수 있는 환경에서 살았다. 투쟁하는 공동체 속에서 흔들리지 않는 정체성을 정립하고 자신의 가치를 증명할 수 있었다.

사람에게 자기 신뢰가 생기기 위해서는 자율성과 독립성을 갖고 자기 문제를 해결하는 경험이 축적되어야 한다. 그런데 공포 세대는 그러지 못했다. 공포 세대의 부모는 외환 위기 당시 최대 피해자인 '좌절 세대(1940~1950년대생)'였다. 공포 세대는 어릴 적 파산하거나 실직한 부모의 어두운 그림자를 목도해야 했다. 세상은 무시무시한 약육강식의 세계로 인식되었다. 좌절 세대는 자신의 불안과 공포를 자녀에게 알게 모르게 전가했다. 그것은 자녀 입시 공부에 대한 가혹한 채찍질로 나타났다.

공포 세대는 세상에 대한 공포를 내면화한 채 부모가 하라는 대로 살인적인 입시 경쟁에 시달리며 살아야 했다. 대학에 들어와서도 개인적 생존과 출세를 목표로 학점과 스펙 경쟁에 몰두해야 했다. 자율성과 독립성을 갖고 자신의 문제와 시대적 과제를 해결해 나갈 기회와 여유를 갖기 힘들었다. 공포 세대는 부모로부터 정서적 지지도 받지 못하고, 혹심한 입시 경쟁에 쫓겨 친구들과의 우정도 제대로 쌓지 못한 불행한 세대다.

86세대는 젊었을 때부터 강고한 공동체 의식으로 무장된 세대다. 자기 정체성도 강하다. 그런 세대가 모래알처럼 흩어져 있는 자신들을 비난할 때, 공포 세대로서는 또 다른 집단 린치로 느끼지 않을까 싶다. 물론 86세대는 공포 세대들이 정신 차리기를 바라는 마음에서 '20대 개새끼론'을 제기했다고 주장할 수 있다. 그러나 혐오 표현으로 그게 가능할까? 사회학자 김찬호는 이렇게 말한다. "상대방이 진정으로 변하기를 원한다면, 결함을 지적하고 꾸지람을 하되 그가 존중받는다는 느낌을 주어야 한다."[7]

공포 세대는 자기 의지와 상관없이 어릴 때부터 신자유주의적 인격을 내면화한 첫 세대가 되어 버렸다. 약육강식, 무한 경쟁, 승자 독식, 각자도생의 신자유주의적 생활 원리를 내면화했다. 이런 특성이 공포 세대에게서 두드러지긴 하지만, 이것은 세대의 문제가 아니라 시대의 문제다. 사실 '20대 개새끼론'도 시대의 문제를 혐오로 바꿔치기한 신자유주의적 정서에 속한다.

3

주부
혐오

욕설의 효과는 얼굴에 따귀를 맞는 것과 같다.
상처는 즉각적이다.
— 미국의 법학자 마리 마츠다

서울의 한 중학교 앞. 하교 시간이 가까운데 교문은 열리지 않았다. 조급해진 학생들 입에서 불만 섞인 욕설이 흘러나왔다. 참지 못하고 교문을 뛰어넘던 한 학생이 발이 땅에 닿자마자 말했다. "학교 애미 뒈졌네."

또래 사이에 웃음이 터졌다. "'니애미'는 추임새 같은 거예요. 누군가 흐름에 안 맞는 말을 할 때 '니애미~' 하면서 중간에 말을 끊는 식이죠." … '니애미'는 교실에서 가장 '핫'한 욕이다. "남자아이들 사이에는 서열 같은 게 있잖아요. 서열이 낮은 애들은 아예 엄마 이름으로 불려요. 엄마 이름이 영희면 '야 영희야~', '영희 너검(너희 엄마)' 이런 식으로요."

— 「'엄마'를 욕하며 노는 아이들 … 교실이 '혐오의 배양지'가 되었다」에서 [8]

정말 민폐 맘들이 많아졌을까?

'맘충'이라는 말은 2015년부터 쓰이기 시작했다. 처음에는 공공장소에서 예의를 지키지 않거나 개념 없는 행동을 하는 일부 주부를 비하하는 말로 쓰였다. 예를 들어 카페나 식당에서 떠들고 뛰어다니는 아이들을 방치하거나, 아기의 대변이 들어 있는 기저귀를 식당에 몰래 두고 가는 등 민폐를 끼치는 엄마를 칭했다. 그러더니 점점 의미가 넓어져 지금은 엄마 전체를 비하하는 용어로 사용되고 있다.

맘충이라는 말은 모성에 혐오 코드를 덧씌운 것이다. '자식에 대한 엄마의 사랑'은 예로부터 찬양받으면 찬양받았지 비난이나 혐오의 대상이 된 적은 없었다. 그런데 어쩌다 모성이 혐오의 대상이 된 것일까? 요즘 엄마들이 옛날보다 특별히 민폐를 많이 끼쳐서 그런 것일까? 그렇진 않을 듯하다. 요즘은 출산율이 갈수록 낮아지고 있어서 아이를 동반한 엄마를 보는 것 자체가 그리 쉬운 일은 아니기 때문이다. 상황이 이런데, 그 엄마가 개념 없는 행동으로 민폐를 끼치는 행동을 보는 일은 더욱 어려울 것이라 예상할 수 있다.

한 엄마는 언론과의 인터뷰에서 이런 항변을 했다. "맘충이란 말은 40대, 50대 자녀 키우기에 익숙한 여성을 겨냥하지 않아요. 초보 엄마들이 타깃이에요. 육아를 처음 해 보는 엄마들은 아이를 잘 달래는 법을 모르니 아이가 공공장소에서 계속 울죠. 아이가 어질러 놓은 것을 치우는 속도가 빠르지 않으니

'민폐'가 돼요. 엄마도 경험을 쌓아야 육아에 능숙해진다는 사실을 인정하지 않아요."**9**

요즘은 아이를 여럿 낳는 것이 아니라 하나만 낳는 경우가 많다. 대개 아이를 처음 낳아서 기르는 '초보 엄마'라는 말이다. 엄마들의 입장에서는 실수나 어떤 잘못을 했다고 해서 맘충이라 불리는 것이 억울하지 않을 수 없다. 맘충이라는 말에는 '과잉 비난'과 일부 몰지각한 엄마들을 전체 엄마들로 바꿔치기하는 '성급한 일반화의 오류'가 중첩되어 있다.

맘충이라는 말이 과도한 비난이라고 해서 적절한 수위의 비난은 해도 좋다는 말은 아니다. 모성을 둘러싸고 타인들이 왈가왈부하는 것 자체가 성차별이기 때문이다. 사람들은 부성을 놓고는 이래라저래라 하지 않는다. 예를 들어 식당 안을 어린아이가 뛰어다니며 시끄럽게 하고 있어도 (심지어 아빠가 바로 옆에 있어도) 아빠에게는 뭐라 하지 않는다. 엄마에게 "애 좀 조용히 시키세요." 한다. 아빠에 대한 간섭은 흔히 남의 가정사에 끼어드는 것(가부장의 영역을 침범하는 것)으로 여겨 사람들이 알아서 삼간다.

모성에 대해서는 다르다. "대체 '엄마'라는 사람이 뭐 하는 거예요?" 하는 식의 간섭과 타박의 말을 엄마들은 흔히 듣는다. 아이가 계단을 쪽으로 기어가면 위험하다고, 서툰 자전거를 뒤뚱거리고 타면 넘어진다며 엄마의 영역을 마구 침범한다. 침범은 흔히 선의의 조언이나 충언으로 포장된다. 적어도 우리나라에서는 모성이 공공재 취급을 받는다.

요즘에는 갓난아기의 엄마부터 다 큰 자식을 둔 어머니까지 모두 맘충으로 취급된다. 젊은 여성들 사이에서는 "'맘충' 소리 듣는 한국에선 결혼하고 육아하고 싶지 않다"는 말이 공공연하게 나올 정도다. 요즘 젊은 여성들은, 양육이 당연히 '여성의 몫'이라고 생각하지 않는다. 그런데 맘충은 여성의 독박 육아를 전제로 한 혐오 표현이다. 젊은 여성들로서는 독박 육아도 받아들이기 어려운데, 그것을 전제로 한 혐오 표현은 더욱 받아들이기 힘들다.

흔히 모성은 성스러운 것으로 여겨진다. 그러나 모성을 과하게 찬양하는 것도 여성 차별이다. 모성 찬양은 모성의 기준을 이상적인 수준으로 끌어올려놓게 되는데, 그로 인해 이 기준에 미치지 못하는 여성을 비난하는 것이 정당성을 얻기 때문이다. 모성은 '독박 육아'를 정당화하고, 미흡한 양육 복지와 사회적 지원 문제를 불식시킨다. 모성을 강조할수록 양육은 여성 개인의 자질 문제가 되고, 남성과 국가는 그 책임으로부터 자유로워진다.

10대들은 왜 엄마 욕을 할까?

'패드립'이라는 것이 있다. 패륜과 애드리브의 합성어로 부모나 어른을 욕설 및 성적 비하의 소재로 삼는 것을 말한다. 주로 10대들이 많이 한다. 패드립은 대개 '엄마 욕'이다. 10대들은 패드립을 하는 것에 별로 윤리적 문제의식도 느끼지 않는다. 인터넷 패드립 카페나 카카오톡에서 누가 더 패드립을 잘하는지 서로 배틀을 벌이기도 한다. 새로우면서도 가장 자극적이고 지독한 패드립을 던진 사람은 '패드립 종결자'로 인정받는다.

10대들은 왜 엄마 욕을 하는 것일까? 그들에게 물어보면 그냥 '재미'로 한다고 말한다. 그러나 아무리 재미로 한다고 해도 사회적 이유는 있는 법. 이유가 무엇일까? 가장 큰 이유는 서열 경쟁 때문이다. 서열 경쟁이 극심한 환경에서 생활하는 10대들은 '쎄 보여야' 한다는 강박이 있다. 그러기 위해서는 '쎈 말'을 구사해야 한다. 그냥 "맛있어"가 아니라 "핵존맛!"이라고 말하는 편이 낫다고 느낀다. 엄마 욕도 그런 맥락에서 구사되곤 한다.

그러나 이를 받아들인다고 해도 왜 아빠 욕이 아니라 엄마 욕이냐 하는 문제가 남는다. 거기에도 사회적 맥락이 있다. 한 교사의 말이다. "이 사회에서 돌봄노동을 여성이 주로 하고 있다고 생각하면 이상할 것도 없어요. 훈육이 여성을 통해서 이뤄지다 보니 자연스럽게 '여성 = 억압하는 사람'이 되는 것 같아요. 게임 하지 마라, 공부해라… 이런 말 하는 사람이 애네 입장에서는 다 여자거든요. 그러다 보니 엄마를 대상으로 한 모욕적인 말이 쿨하고 멋있는 것처럼 된 거예요."[10]

세상이 바뀌었다고는 하지만, 아빠는 바깥일을, 엄마는 안살림을 도맡는다는 성별 분업 체계는 여전히 큰 힘을 발휘하고 있다. 안살림 안에는 자녀의 양육과 교육이 포함된다. 그러므로 양육과 교육의 최일선에서 아이를 혼내는 역할을 담당하는 것도 엄마다. 물론 이런 역할은 학교 교사들도 한다. 그러나 담당 교사들은 매년 바뀌지만, 엄마는 늘 그대로다. 누구에 대한 반감이 더 클까? 엄마다. 교사는 단지 그런 일을 하는 '직업인'일 뿐이지만, 엄마는 그렇지 않다. 누구보다 자신을 사랑하고 지지해 주어야 할 존재로 기대된다. 그런데 실제로는 자신을 괴롭히는 존재다. 엄마에 대한 반감이 더 클 수밖에 없다.

사회에서 청소년은 서열이 가장 낮은 축에 속한다. 사회적 스트레스는 주로 아래로 전가된다. 부자가 빈자에게, 지위가 높은 사람이 지위가 낮은 사람에게, 나이 많은 사람이 나이 적은 사람에게 스트레스를 전가한다. 사회적 스트레스는 사회적 약자에게 몰린다. 가장 낮은 서열을 차지하는 청소년은 어떻게 자신의 스트레스를 처리할까? 주로 엄마에게 푼다. 물론 엄마는 자식보다 낮은 서열에 있는 사람이 아니다. 그럼에도 불구하고 보호자로서 자신을 사랑하고 지지해 주어야 할 존재로 기대된다는 점, 같은 보호자라도 가부장제 때문에 아빠보다 서열이 낮고, 물리적으로도 힘이 약하다는 점에서 만만한 화풀이 대상이 되곤 한다.

그럼 엄마는 왜 아이를 혼낼까? 주로 입시 경쟁 때문이다. 한국 사회에서 엄마의 가치 존재는 주로 자녀의 성적에 의해 평가된다. 공부 잘하는 아이의 엄마는 좋은 엄마로 여겨지지만, 공부 못하는 아이의 엄마는 그렇지 않다. 엄마들은 자신의 존재 가치를 입증하기 위해서라도 공부를 강요하게 된다. 그러나 그 과정이 쉽지만은 않다. 자녀들은 성장하면서 자연스럽게 자율성과 독립성을 갖고 싶어 한다. 자율성과 독립성을 침해당한다는 느낌을 받는 자녀들은 엄마에게 불만과 분노를 터뜨린다. 누적된 불만과 분노는 엄마 혐오의 바탕이 된다.

모성애가 없어도 문제, 많아도 문제

엄마와 자녀의 갈등이 입시 경쟁 때문이라면 '엄마들이 입시 경쟁에 휘둘리지 않으면 되지 않을까?'라고 생각할 수 있다. 그런데 그게 쉽지 않다. 어지간히 냉철한 자기 줏대를 갖지 않으면, 엄마들이 경쟁 체제에 빨려들어 가는 것은 시간문제다.

예를 들어 쌍둥이 남매가 이제 막 초등학생이 된 한 엄마는 이런 증언을 한다. "초등학교 입학식 날 나눠 준 준비물 리스트에 따라 색연필, 사인펜, 크레파스, 연필, 공책, 클리어 파일 등 쌍둥이 남매용 학용품에 붙인 이름표만 200개가 넘습니다. 담임선생님과 쓸 준비물뿐만 아니라 돌봄 교실에서 쓸 준비물까지 정말 어마어마한 분량의 문구류를 준비해야 했거든요."[11]

이 엄마는 쌍둥이라 200개 정도의 이름표를 준비해 붙여야 했다. 자녀가 한 명이라 해도 이 정도의 준비물은 도저히 아이 혼자 할 수 있는 수준이 아니다. 아이가 입학하자마자 엄마가 관여하지 않으면 안 되는 교육 현실을 잘 보여 준다.

매 학년 초 학교에서 열리는 '학부모 총회'라는 것도 있다.

말이 학부모 총회지, 실은 '엄마 총회'다. 모임에서는 담임선생님과 소통하면서 학교 일을 맡아 줄 반 대표 어머니와 학부모회 임원을 선출한다. 대체로 회장의 어머니나 부회장의 어머니, 공부 잘하는 학생의 어머니가 맡는다. 이로 인해 엄마들 사이에도 서열이 생긴다. 서열은 시기와 질투, 경쟁 심리를 만들어 낸다. 반 대표 어머니를 중심으로 정기 또는 부정기 모임이 이어지고, 카카오톡에 단체 대화방도 만들어진다.

또 다른 엄마의 증언이다. "아이는 초등학교에 입학한 지 3일째 되는 날, 학부모 자원봉사 모집이라는 가정통신문을 들고 왔다. 가정통신문에는 녹색어머니회와 어머니 폴리스 중 하나는 필수라고 쓰여 있었다. … '학부모'라고 적힌 각종 행사엔 반드시 엄마 참석이 필수라는 사실을 아이를 키우면서 자연스럽게 습득했다."[12]

엄마들은 아빠와 달리 적극적인 학교행사 참여를 요구받는다. 엄마들이 참여하고 싶어서 참여하는 것이 아니다. 학교가 요구한다. 그런 일이 반복되다 보면, 엄마의 참견은 필수고 당연한 일이라고 여기게 된다.

같은 학교, 같은 학원을 다니는 동급생 엄마들이나 같은 아파트 단지에서 사는 엄마들은 자연스럽게 커뮤니티를 형성한다. 이 커뮤니티가 엄마의 억압과 참견의 방아쇠 역할을 한다. 엄마들은 커뮤니티 속에서 자녀 교육에 관해 서로 이야기를 주고받는다. 어느 학원 강사가 수학 일타 강사라더라, 아직도 특정 (사교육) 과정을 시키지 않고 있으면 어떡하려고 하느냐, 아이를 어떻게 다루었더니 게을리하던 공부를 열심히 하더라 하는 식의 정보를 나눈다. 그 과정에서 다른 아이와 자신의 아이를 비교하는 일이 잦아지고, 자녀 교육에 대한 불안과 공포가 점점 커진다. 그 불안과 공포는 아이에 대한 잔소리와 억압으로 나타난다.

사교육 시장도 엄마의 불안과 공포를 영악하게 파고든다. 사교육 업체들은 아이의 장래를 위해 이 정도는 사교육에 투자해 줘야 한다, 지금 사교육을 시키지 않으면 입시 경쟁에서 영원히 밀리게 된다, 아이를 위해 이 정도도 신경 써 주지 않는다면 당신은 나쁜 엄마다, 이런 메시지를 끊임없이 전달한다. 엄마들이 이런 말에 흔들리지 않기란 쉽지 않다. 엄마들은 자식의 미래가 걱정되어서, 엄마 노릇을 제대로 하지 않는다는 주변의 질책이 무서워서, 혹은 자신의 존재 가치를 입증하기 위해서 자녀를 입시 경쟁에 내몬다. 그 결과 자녀와의 갈등도 깊어지기 쉽다.

불평등한 남녀 관계도 엄마들을 양육과 교육에 집착하게 하는 요인이다. 가부장제 때문에 아내는 남편과 수평적 관계를 갖기 힘들다. 여성은 사회생활에서 배제되거나, 사회생활을 하더라도 직업 선택, 고용 안정, 임금, 승진 등에서 공공연하게 차별당한다. 이런 상황에서 여성이 할 수 있는 선택은 양육과 교육에 집중하는 쪽이 되기 쉽다. 엄마들의 양육과 교육에 대한 몰입과 그로 인한 자기만족은 그 자체로 성차별의 증거다.

엄마들은 모성애가 없어도 문제고, 모성애가 있어도 문제다. 모성애가 없으면 무책임한 엄마가 되고, 모성애가 많으면 제 자식만 아는, 이기적이고 극성맞은 맘충이 된다. 엄마들은 질책과 혐오 사이에서 위태로운 줄타기를 해야 한다. 사회는 엄마로 하여금 아이에게 집착하도록 만들어 놓고, 그 역할을 성실하게 수행하면 개념 없다고 욕을 한다. 엄마들은 가해자이자 피해자다. 아이를 종종 억압한다는 점에서는 가해자이지만, 자신의 의지와 상관없이 그런 악역 맡기를 강요당하고, 그 결과로 혐오의 대상이 된다는 점에서 보면 피해자다.

기업에 착취당하고 남편에게 무시당하고

주부 혐오는 돌봄노동에 대한 천시에서 비롯된다. 돌봄노동 천시는 역사적으로 유서가 깊다. 집안일이 힘들다고 하는 아내에게 남편이 "밖에 나가 돈 버는 게 힘들지 집에서 놀면서 살림하는 게 뭐가 힘들어?"라고 말하는 경우는 예전부터 흔했다. 돌봄노동 천시는 남자만 하는 게 아니다. 중·장년 여성이나 시어머니가 자신은 옛날에 더 힘들었다면서 "지 새끼 보는 게 뭐가 어려워? 애 보는 게 대수냐?" 하고 말하곤 했다. 주부 혐오의 토양은 맘충이라는 말이 나오기 전부터 쭉 있어 왔다고 볼 수 있다. 그것이 '맘충'이라는 혐오 표현으로 나타났을 뿐이다.

돌봄노동은 임금노동과 비교해 중요하게 여겨지지 않는다. 상품을 생산하는 일도 아니고, 돈을 버는 일도 아니기 때문이다. 한마디로 비경제적 활동으로 여겨 천시한다. 그러나 이는 단편적인 시각이다. 경제적인 측면에서 따져 봐도, 돌봄노동은 모든 생산적(경제적) 노동을 뒷받침하는 '기반 노동'이다. 모든 사람은 일터에서 집으로 돌아와 쾌적한 환경에서 쉬어야 하고, 먹어야 하고, 자야 한다. 일상생활이 영위되기 위해서는 요리, 청소, 빨래, 설거지, 장보기가 되어야 한다. 각종 공과금도 내야 하고, 가족 중 누가 아프면 돌봐야 하고, 집안 대소사도 챙겨야 한다. 이런 돌봄노동이 없다면 어떻게 될까? 모든 생산적 노동은 '올 스톱' 될 것이다.

돌봄노동은 미래의 노동자(아이)를 길러 내는 일이기도 하다. 누군가 미래 세대를 돌보고 키우지 않는다면 경제적 생산이 문제가 아니라, 사회의 지속 가능성 자체가 불가능하다. 돌봄노동의 가치는 경제적 가치 그 이상이다. 인간은 본질적으로 상호 의존적 존재이며 누구나 돌봄을 필요로 한다. 돌봄이 없다면 우리의 정신과 마음은 피폐해지고 말 것이다. 돌봄노동은 그 자체로 중요한 삶의 원리다.

돌봄노동에 대해 사회는 그 책임을 방기한다. 돌봄노동에 대해 경제적 보상을 해 주지도, 그 가치를 인정해 주지도 않는다. 돌봄노동을 주부 개인의 몫으로 떠넘겨 놓고는 이를 제대로 못한다며 죄책감을 심어 준다. 『엄마의 탄생』이라는 책에서 한 엄마는 이렇게 토로했다. "엄마들은 죽어라고 해도 항상 죄인이야. 남자들은 돈 벌어 주면 땡인데 여자들은 뭘 해도 애한테 죄인이야. 정말 쉬지 못하고 일해도 정서적으로 못해 주면 그것도 죄고. 상담을 받으면 결론이 엄마가 잘해야 한다는 거예요. … 다 엄마 책임이야. 난 이게 사회적으로 심각한 문제라고 봐."

남자의 경제활동은 중요하고, 여자의 돌봄노동은 하찮다고 생각하는 사람들이 알아야 할 것이 있다. 어느 정도 개선되기는 했지만, 중소 기업에서는 지금도 남자에게 여자보다 높은 임금을 주는 곳이 적지 않다. 왜 그럴까? 거기에 여성의 돌봄노동의 몫이 포함되어 있기 때문이다. 상대적으로 높은 남성의 임금은 순전히 능력에 따른 것이 아니다.

사회에서 남자를 노동자로 부릴 때는 대개 가정을 부양할 수 있을 만큼의 임금을 줘야 한다는 묵계가 있다. 그런데 이 '가정을 부양할 수 있을 만큼의 임금'이라는 말이 기만적이다. 그것은 남성 노동자에 대한 기업의 시혜와 배려를 강조한다. 임금 최소화를 비롯해 경제적 이익 추구가 유일한 목적인 기업이 남성 노동자에게 좀 더 많은 임금을 줄 때는 이유가 있다고 봐야 한다. 그 이유는 다름 아닌 '아내의 돌봄노동에 대한 대가'다. 남성 노동자의 임금에는 아내의 돌봄노동에 대한 대가가 포함되어 있다.

물론 '아내의 돌봄노동에 대한 대가'가 남성 노동자의 임금에 포함되어 있다고 해도, 그것이 온전한 대가라고 보기 힘들다. 매우 야박하게 계산된 대가가 포함되어 있을 뿐이다. 기업은 남성 노동자만 부리는 것이 아니다. 남성 노동자 아내의 노동력도 부린다. 그리고 그 몫의 일부를 인심 쓰듯 남성 노동자의 임금에 얹어 준다. 이것을 의식하지 않은 채 남성 노동자들은 자신의 능력 덕분에 여성보다 더 많은 임금을 받는다고 생각한다.

주목해야 할 것은 여성의 돌봄노동 덕분에 더 많은 임금을 받는 남성이 이를 '경제 권력화'해서 다시 여성을 지배한다는 점이다. 남성은 아내와 갈등이 생겼을 때 종종 자신의 경제 권력을 휘두른다. 아내를 통제하고 제압하기 위해 생활비나 양육비를 주지 않거나 조금만 주는 것이다. 이러한 '경제적 폭력'도 가정 폭력의 하나다. 경제적 폭력은 가해자의 피해자 통제 수단이라는 점에서 신체적·물리적·정서적 폭력과 구조가 같다.

남성의 경제 권력은 아내의 돌봄노동에서 나온다. 아내의 돌봄노동이 없다면, 남성은 지금처럼 회사에 나가 일에 집중하는 자체가 힘들어질 것이고, 일하지 못하면 가정에서 남성의 경제 권력은 성립할 수 없다. 경제적 폭력을 당하는 아내는 돌봄노동을 통해 남편의 경제 권력 성립에 이바지했음에도 불구하고, 그 때문에 오히려 억압당한다고 할 수 있다.

소비주의의 포로가 된 엄마들

주부가 체감하는 돌봄노동의 하중은 크다. 남자들은 주부를 '집에서 노는 사람'이라고 생각하지만, 실은 그 반대다. 오히려 주부는 하루 24시간, 1년 365일 일하는 풀타임 노동자라고 할 수 있다. 특히 출산한 지 얼마 안 된 엄마들은 더 그렇다. 아이를 출산한 지 얼마 안 된 엄마들이 '산후 우울증' 때문에 힘들다고 하는 이야기를 우리는 종종 듣는다. 왜 아빠에게는 산후 우울증이 없고, 엄마에게만 있는 것일까? 임신과 출산으로 인한 호르몬 변화도 원인이지만, 출산 후 돌봄노동이 엄마에게만 거대한 홍수처럼 밀려오는 상황도 큰 몫을 한다. 엄마 혼자 밤낮으로 아기와 씨름하다 보면, 세상과 모든 연결 고리가 사라진 것 같은, 소외감과 고립감을 느끼게 된다. 이것이 산후 우울증의 가장 큰 원인이다.

한 엄마는 임신·출산·육아를 밀린 숙제처럼 해치우는 동안에 생긴 자신의 변화를 이렇게 증언했다. "아이를 가진 엄마가 이토록 모든 일에 조심스럽고 보수적으로 변할 수 있는지 이전에는 실감하지 못했다. 어떤 일이든 겁 없이 덤비던 나는 임신과 출산 기간에 전혀 다른 사람이 되어 있었다. 나와 가족, 개인 작업과 살림 이외의 활동이 매우 피곤했으며, 정치·사회·경제 문제 따위는 너무나 멀었다."[13]

실제로 많은 여성에게서 결혼 후 사회적 관심과 인식이 확 쪼그라드는 것을 발견할 수 있다. 쪼그라든 자리는 '내 가족 제일주의'가 차지하게 되는데, 이는 또 주부 혐오의 빌미가 된다.

소비와 관련된 주부 혐오도 있다. 대표적인 것이 '돈은 남편이 버는데, 주부는 맨날 돈을 쓰기만 한다(쓸 궁리만 한다)'는 것이다. 이런 비난도 따지고 보면 주부에게 모든 집안일이 맡겨지기 때문이다. 식구들이 쓸 상품 소비를 관장하는 사람이 주부다 보니, 주부에게 비난의 화살이 쏟아진다. 그러나 표면적으로는 주부가 소비의 주인인 것 같지만, 실질적으로 이를 통제하는 사람은 남편인 경우가 많다. 많은 주부는 남편의 눈치를 살피면서, 남편의 (암묵적) 허락 아래 소비한다.

엄마들은 소비주의의 포로가 되기 쉽다. 가사노동, 돌봄노동을 수행하는 당사자라는 위치가 그렇게 만든다. 『엄마의 탄생』에는 엄마가 소비주의의 포로가 되는 과정들이 상세히 적혀 있다. 그 출발은 산후조리원이다. 아기 마사지, 모빌 만들기, 아기 책 만들기, 찰흙 작품 만들기 등 산후조리원의 다양한 교육 프로그램은 육아 상품 홍보와 연계되어 있다. 업체들은 "소중한 아기의 예민한 피부를 보호하기 위해서는" 천연 원료로 만든 마사지 오일이 필요하고, "하나뿐인 내 아이를 남들한테 뒤지지 않게 키우려면" 육아 잡지 구독이 필요하다며 자사 상품을 슬쩍 들이민다.

의학, 뇌과학, 아동학, 교육학, 영양학, 심리학, 위생학 등을 동원한 소위 '육아 과학'도 엄마들을 소비자로 호명한다. 아이를 너무 울게 하면 우울증, 불안 장애, 공포 발작, 스트레스 관련 질병에 걸릴 수 있고, 알레르기 유발 식품을 처음 먹일 때 조심하지 않으면 평생 알레르기에 시달릴 수 있고, TV를 너무 큰 소리로 틀어 놓으면 소음성 난청에 빠질 수 있다고 육아 과학은 엄마를 협박한다. 요즘 엄마들은 육아 지식의 홍수 속에서 살고 있다 해도 과언이 아니다. 그런 지식을 많이 접할수록 엄마들은 '전문적'으로 아이를 키우고 싶은 욕망으로 충만하게 된다. 이는 더 많은 육아용품의 소비, 돌봄노동 시장의 서비스 소비로 엄마를 이끈다.

엄마들이 돌봄노동 서비스를 소비하는 주된 이유는 이렇다. 독박 육아에서 조금이라도 벗어나 자기 시간을 가지려고, 내 아이가 다른 아이들에게 뒤질까 봐, 전문적으로 키우기에는 자신의 시간과 능력이 부족한 것 같아서, 혹은 시장의 유혹을 이기지 못해 엄마들은 돌봄노동 시장을 이용한다. 육아를 아웃소싱하는 것이다.

그런데 돌봄노동 시장을 이용하는 것에도 이중적 비난이 혼재한다. 엄마들은 돌봄노동 시장을 이용하지 않아도, '아이 발달에 맞는 적절한 돌봄을 제공하는 것에 무관심한 엄마'라는 비난을 들을 수 있다. 반면에 돌봄노동 시장을 너무 많이 이용해도 '제 자식 남에게 맡겨 놓고 자신은 아무것도 하지 않는 무책임하고 불성실한 엄마', 혹은 '아이를 어릴 때부터 사교육 월드로 내모는 극성 엄마'라는 비난을 받을 수 있다.

사회는 엄마에게 늘 '좋은 엄마'가 되기를 요구한다. 엄마들도 그 요구에 부응하려고 노력한다. 엄마가 '좋은 엄마'가 된다면 그 수혜자는 응당 아이가 되어야 할 것이다. 그러나 현실은 그렇지 않다. 그 최대 수혜자는 온갖 육아 관련 재화를 제공하는 기업이다.

엄마 혐오는 모든 혐오의 기초다

'렌트 어 맘rent a mom'이라는 말이 있다. 돌봄노동 시장에서 엄마 역할을 대신 해 줄 엄마를 빌리는 것을 말한다. 말 그대로 엄마를 대여하는 것이라면 양육 문제는 그걸로 다 해결되어야 한다. 그러나 상황은 그렇지 않다. 돌봄노동은 완전히 시장화되기 어려운 영역이다. 돌봄노동 시장을 이용해도 여전히 엄마가 신경 써야 할 일들은 많이 남아 있다.

어린이집에 아이를 보낸 엄마는 아이가 거기서 뭘 먹었는지, 친구들과 다투진 않았는지, 선생님과의 관계는 원만한지 등을 신경 쓰지 않으면 안 된다. 마치 세탁기, 청소기, 식기세척기 등 가사를 돕는 제품이 늘수록 이를 관리하고 청소하는 일이 느는 것처럼, 돌봄노동 시장을 이용하는 것 역시 그 관리에 품이 든다. 관리 노동은 아이가 사교육을 시작하면 더욱 늘어난다. 엄마들은 아이의 학원 스케줄과 스펙을 기획하고 관리하는 CEO가 되길 요구받는다.

그 과정에서 엄마는 아이를 바라보는 관점이 변한다. 엄마는 아이를 자기 스스로 성장하고자 하는 의지를 가진 인격체로 바라보기보다는, 자신의 노력과 의지에 따라, 자신이 원하는 그림을 그릴 수 있는 캔버스 같은 존재로 바라보게 된다. 엄마가 아이의 독립을 도와야 함에도 불구하고 오히려 그 반대로 행동하게 되는 것이다. '헬리콥터 엄마'가 되어 아이 주위를 맴돌며 모든 것을 통제하고 관여하고, '제설차 엄마'가 되어 아이 앞을 가로막는 눈을 모두 치워 준다. 그럴수록 아이는 무기력하고 의존적인 존재가 된다.

아이는 자신을 위해 모든 것을 해 준 엄마에게 간혹 고마움을 표할지 모른다. 그러나 한편으로는 자신이 성장할 기회,

자율성과 독립성을 배양할 기회, 자신의 정체성을 형성할 기회를 모조리 앗아 간 엄마에 대한 증오심도 갖게 된다. 엄마는 모든 사람에게 최초의 인간관계 대상이자, 기본적인 인간관계 대상이다. 그런 엄마가 혐오의 대상이 되는 것은 위험하다. 그것은 여성 혐오, 기성세대 혐오, 나아가 모든 인간 혐오로 발전할 수 있다는 점에서 큰 문제다.

4

노인
혐오

가장 큰 혐오는 눈에 보이지 않는다.
— 미술사학자 이태호

"지하철에서 새치기를 하거나 떠드는 노인을 보면 정말 화가 나요. 물론 살아온 환경이 다르겠지만 받아들이기 어려워요."

얼마 전 대학생 박 모(22) 씨는 지하철에서 황당한 일을 겪었다. 박 씨가 빈 좌석에 앉으려던 찰나 70대로 보이는 할머니가 승객 사이를 무리하게 비집고 들어와 덥석 앉았기 때문이다. 박 씨는 "불쾌한 마음에 한번 쳐다봤지만 할머니는 자리에 앉고는 아무렇지 않은 듯 있었다"며, "오히려 젊은 사람보다 더 예의 없는 느낌을 줘 요새 노인을 왜 욕하는지 알 것 같다"고 답답해했다.

— 「안 늙는 사람 있나요 … '노인충'·'틀딱충' 노인 혐오 심각」에서[14]

노인의 위상이 추락하면서 혐오가 거세졌다

'혐로嫌老'라는 말이 있다. '노인을 혐오한다'는 말로, 고령사회인 일본에서 2010년 즈음부터 유행한 신조어다. 이 말이 지금은 우리 것이 되었다. 틀니를 딱딱거리는 벌레라는 뜻의 '틀딱충', 시끄럽게 떠드는 할머니를 매미에 비유한 '할매미', 나라에서 주는 노령연금 등으로 생활하는 노인들을 가리키는 '연금충'이라는 말이 아무렇지도 않게 사회에서 유행한다. 전통적으로 노인은 공경의 대상이었음을 상기하면 상전벽해桑田碧海의 변화다.

엄밀히 말하면 예전에도 노인 혐오가 없었던 건 아니다. 옛날 코미디 같은 것을 보면, 귀가 잘 안 들리는 노인이나, 체머리 떠는 노인, 굽은 허리로 잔걸음을 걷는 노인을 우스꽝스럽게 표현하는 경우가 많았다. 노인을 비웃음의 소재로 삼은 것이었다. 그럼에도 지금처럼 노골적이고 당당하게, 여봐란듯이 혐오 표현을 내뱉는 일은 드물었다. 예전 사람들이 노인 혐오를 경계한 것은 노인을 위해서가 아니었다. 자신의 '예의(싸가지) 없음'을 드러내는 일이라 삼갔을 뿐이다. 그러나 지금은 그런 것도 없다.

우리는 노인의 위상이 예전만 못하다는 사실을 잘 알고 있다. 특히 우리나라 노인들은 더욱 그렇다. 경제협력개발기구 OECD 국가들 중 노인 빈곤율 1위, 노인 자살률 1위라는 수치들이 이를 단적으로 보여 준다. 예전에는 자녀들이 노부모를 부양하는 것이 당연시되었다. 그러나 외환 위기 이후 이는 쉽지 않은 문제가 되었다. 가족해체가 다반사가 되었고, 젊은 사람들마저 생계유지에 허덕이면서 노인 부양은 뒷전이 되고 말았다. 노인들은 가족 내에서도 늘 후순위다.

외환 위기 이전까지 우리나라는 아시아 국가 특유의 가족 복지 체제로 유지되고 있었다. 은퇴한 노인, 가난한 노인들은 자녀의 부양과 형제의 경제적 지원을 받는 경우가 많았다. 그 속에서 노인들은 자신의 권위와 존엄을 지킬 수 있었다. 외환 위기는 이 질서를 일거에 박살 내 버렸다. 공공복지가 미비한 상황에서 노인은 국가의 보살핌을 받을 수도, 외환 위기로 가족들의 보살핌을 받을 수도 없는 처지가 되었다. 노인의 가난과 부양 문제가 사회문제로 대두된 것도 이때부터다.

노인이 '잉여 인간' 취급을 받는 것도 외환 위기 이전까지는 없었던 현상이다. 젊어서 자식들과 노부모를 부양하는 데 온몸을 바친 사람이, 늙어서 가족들 품에서 쉬면서 공경을 받는 것은 당연하게 여겨졌다. 그러나 외환 위기 이후 노인 부양이 사회적 부담으로 인식되기 시작하면서 분위기는 반전되었다. 노인을 생산적 활동도 하지 않으면서 국민 세금이나 축내는 존재로 취급하는 행태가 나타났다.

여기에 덧붙여 빠른 고령화 속도가 노인들의 존재 가치를 더욱 떨어뜨렸다. 우리나라의 고령화 속도는 전 세계적으로도 유례없는 일이기는 하다. 현재 우리나라의 65세 이상 고령 인구는 15.5%(2019년 말 기준)를 넘는다. 보통 고령 인구가 7%가

넘으면 '고령화사회'라 하고, 고령 인구가 14%가 넘으면 '고령
사회'라 부르는데, 우리나라는 고령화사회에서 고령사회로 진
입하는 데 불과 17년밖에 걸리지 않았다. 세계에서 대표적인
고령사회로 지목되는 일본(24년)보다 훨씬 빠른 속도다.

　　IT 혁명도 노인의 위상을 추락시켰다. IT 혁명으로 인한
급속한 사회 변화는, 노인들이 평생 축적한 경험과 지식을 낡
고 쓸모없는 것으로 만들었다. 예전의 노인은 젊은 세대를 가
르치는 존재였지만, 지금의 노인은 오히려 젊은 세대로부터 디
지털 문물을 배워야 하는 존재로 전락했다. IT 혁명은 인간관
계의 형식과 규범, 시공간에 대한 느낌, 사회적 코드, 행동 양식,
에티켓, 신체 언어에 이르기까지 광범위한 변화를 불러일으켰
다. 이러한 변화는 노인을 급속하게 퇴물로 만들어 버렸다.

누가 노인 혐오를 부추길까?

　　노인 혐오는 주로 20~30대 청년 세대가 활동하는 인터넷
커뮤니티를 기반으로 이루어진다. 청년 세대는 왜 노인을 혐오
할까? 2018년 국가인권위원회가 발표한 '노인 인권 종합 보고
서'를 보면 노인에 대한 청년들의 부정적 인식이 일자리·복지
비용 등을 둘러싼 경제적 갈등 때문이라는 사실을 알 수 있다.
이 보고서에 따르면, 청년 56.6%가 '노인 일자리 증가 때문에
청년 일자리 감소가 우려된다'고 응답했다. 또한 '노인 복지 확
대로 청년층 부담 증가가 우려된다'고 답한 청년 비율은 77.1%

에 달했다.

청년들은 노인들이 자신의 일자리를 뺏는다고 생각한다. 고령사회가 되면서 노인 부양에 자신들이 치러야 할 비용은 커진 반면, 자신들이 노인이 되었을 때는 국민연금 등 공적 연금을 노후 생활에 필요한 만큼 받지 못할 거라는 두려움을 갖고 있다. 이러한 불안과 공포가 노인 혐오의 뿌리다. 그러면 정말 노인들은 청년들의 일자리를 빼앗고 있을까? 구술 생애사 작가인 최현숙의 『할배의 탄생』에는 한 할아버지가 이렇게 말하는 대목이 나온다. "노인들이 청년들 일자리를 뺏는다는 말이 있던데, 그런 거는 아니라고 봐. … 노인 일이랑 청년 일이 다른데, 그럴 리가 없지."

일리 있는 말이다. IT 혁명으로 인한 사회 변화에 발 빠르게 대응하는 것은 노인들에게 매우 어려운 숙제다. 요즘은 어디서 일하든 컴퓨터는 기본적으로 다룰 줄 알아야 한다. 노인들이 젊은이들의 일자리를 빼앗는 것이 쉽지 않은 일임을 알수 있다. 우리나라 노년층 고용률이 높은 건 사실이다. OECD 국가들 중 1위다. 그러나 이는 일하는 노인들이 많다는 사실을 보여 주는 지표일 뿐, 일자리의 질이 좋다는 의미는 아니다. 실제로 노인들은 청년들이 회피하는 '3D 업종'(더럽고 dirty, 힘들고 difficult, 위험한 dangerous 업종)에서 일하는 경우가 많다.

미국 작가 힐라 콜먼 Hila colman 은 《뉴욕타임스 매거진 New York Time's Magazine》에 쓴 에세이 「그저 디저트 Just Desserts」에서 노년의 삶에 대해 이렇게 썼다. "쓸모 있는 존재로 살아가는 데 지쳤다.

지금은 그저 존재하고 다만 멈춰서 바라보고 느끼고 생각하는, 나 자신에게 침잠해 들어가서 고요함을 즐길 수 있는 나만의 시간."[15] 노인은 원하면 이렇게 자기만의 시간을 보낼 수 있어야 한다. 우리나라 노인들이 너도나도 일을 하려고 하는 것은 무엇보다 그렇게 일하지 않으면 생활이 안 되기 때문이다. 연금·복지 제도가 미비한 탓에 은퇴 후에도 생계를 위해 일해야 한다. 우리나라의 높은 노년층 고용률은 결코 환영할 만한 일이 아니다. 이는 늙어도 쉴 수 없는 노인들의 고단한 일상을 보여 준다.

　노인들이 일하는 또 다른 이유는 바로 자식 때문이다. 대부분의 노인은 일을 하고 싶어서 하는 것이 아니라, 자식에게 부담이 되기 싫어서 한다. 자식에게 짐 되지 않게 살다가 저세상 가고 싶다는 말은 노인들에게서 흔히 들을 수 있는 이야기다. '가족에게 짐이 되지 않는 것'은 노인들의 가장 큰 소망이다. 이는 노인들의 자살에서도 드러난다. 노인들은 가족에게 짐이 된다고 느껴 자살하는 사례가 유독 많다. 전문가들은 "노인은 오히려 충동적으로 자살하는 사례가 드물며, 모든 연령대 중 자살을 가장 치밀하게 준비하는 세대"라고 말한다.

　노인들은 오히려 뒷세대에게 짐이 되지 않으려고 분투한다. 그러므로 노인들 때문에 우리의 실업률이 높아진다고 청년들이 생각하는 것은 난센스다. 연세대 사회학과 교수 김영미는 이렇게 말한 바 있다. "세대 착취라는 것이 만약에 성립하려면 세대 간의 적대적 이해관계를 전제로 해야 한다. 다시 말해 한쪽이 부유해진 것이 다른 쪽의 빈곤의 원인이라는 것이고, 부의 이전이 나타나야 한다. 사실 그런 증거는 어디에도 없다."[16]

세대 착취는 착시다. 청년층의 빈곤으로 노년층이 더 잘살게 되었다는 인과관계는 확인된 바 없다. 고령화에 따라 노인 복지 수준을 높이는 일은 긴요한 사회적 과제다. 그러나 잘 안되고 있다. 노인들은 여전히 가난하다. 근본적인 이유는 현대 사회를 지배하고 있는 이데올로기가 신자유주의이기 때문이다. 신자유주의는 복지의 축소를 지향한다. 노인 복지 강화는 신자유주의와 정면으로 충돌한다.

따지고 보면 고령화 현상도 신자유주의의 산물이다. 사회 구성원의 평균 나이가 높아지는 고령화는 젊은 세대들이 결혼하기 힘들고, 결혼을 해도 아이를 낳지 않거나 하나만 낳기 때문에 생기는 현상이다. 고령화와 저출산은 사실상 하나의 문제인 것이다. 그렇다면 젊은 세대들이 결혼, 출산을 하지 못하는 이유는? 신자유주의 체제 속에서 실업, 저임금, 불안정 노동, 대량 해고가 만연하기 때문이다. 신자유주의가 낳은 경제 양극화가 저출산과 고령화의 주범이다.

청년들이 일상적으로 노인을 직접 대면할 일은 많지 않다. 그런 청년들이 노인을 혐오하게 된 데는 무엇보다 언론과 정치권의 역할이 크다. 청년들의 노인 혐오는 '노인 인구의 증가는 청년들의 경제적 부담과 경제적 불이익으로 돌아온다'는 정치인들의 주장을 포함하는 언론 보도에서 시작되어 SNS나 댓글, 인터넷 게시판으로 퍼져 나가는 양상을 보인다. 언론과 정치권이 갈등을 부추기기 전에는 세대 갈등이 이렇게 심하지 않았다. 청년들의 심각한 노인 혐오는 그 이후에 생겨난 것이다.

노인이 청년을 약탈한다고?

청년들이 노인을 혐오하는 핵심에는 국민연금 문제가 자리한다. 국민연금 문제는 노인 혐오의 최전선이다. 청년들은 노인들이 국민연금을 통해 자신에게 손해를 끼친다고 생각하는 경우가 많다. 실제로 그럴까?

우선 국민연금은 기본적으로 고소득층보다 저소득층에게 유리하게 설계되어 있다. 저소득층은 자신이 낸 보험금에 비해 많이 돌려받고, 고소득층은 자신이 낸 보험금에 비해 조금 돌려받는다. 국민연금에는 '소득재분배 효과'가 있다. 소득 양극화를 줄이고자 하는 진보 진영은 당연히 이에 호의적이다. 그러나 보수적 언론과 정치인들은 기득권층(부자)의 입장을 대변하므로 연금 보험률을 올리는 데 저항한다.

보수 언론과 정치인들이 여론을 호도하기 위해 내세우는 것이 '보험료 폭탄론'과 '미래세대 약탈론'이다. 국민연금은 노후 대책으로 내는 돈으로, 노인이 된 후에야 돌려받을 수 있다. 수혜는 먼 미래의 일이고, 당장 내 돈이 보험금으로 빠져나가는 것은 구체적인 현실로 느껴지기 쉽다. 특히 아직 젊은 청년들은 먼 훗날 받을 수혜가 추상적으로 느껴지기까지 한다. 게다가 경제적 사정이 좋지 않은 청년들은 보험금으로 몇 푼이라도 더 빠져나가는 것이 큰 부담으로 다가올 수 있다. 보수적인 언론과 정치인들은 이 심리를 파고들어 보험료가 올라가면 마치 국민이 큰 손해를 입는 것처럼 부풀려 말한다. 이것이 '보험료 폭탄론'이다.

'미래 세대 약탈론'은 노골적으로 청년들에게 국민연금 보험료 인상 반대나 국민연금 탈퇴를 종용한다. 청년들이 낸 보험료는 현재 그 수가 늘어난 노인을 부양하는 데 쓰이지만, 청년들이 정작 노인이 되었을 때는 저출산으로 연기금(연금·기금) 재정이 얼마 안 되거나 고갈되어 결국 '자신이 낸 보험금을 돌려받을 수 없거나 노인들만 이익을 보고, 청년들은 손해를 본다'는 주장이다. 연금 제도의 운영에 대한 논의는 뒤로하고, 우리는 여기서 한 가지 중요한 사실을 파악할 수 있다. 이런 식의 주장이 사실상 노인들을 '약탈자'로 규정함으로써 노인 혐오를 부추긴다는 것이다.

복지 제도가 부실하거나 위태로우면 이를 더욱 단단하게 만드는 것이 국민의 복지를 책임지는 정치인들이 할 일이다. 그런데 '미래 세대 약탈론'은 지금의 제도가 부실해 '이대로 가면 기금이 고갈될 우려가 있으니 보험료 인상에 반대하거나 보험료를 내지 말자고 부추긴다. 이는 국민연금을 무력화시키겠다는 말이나 다름없다. 보수의 이런 전략에 넘어가 국민연금을 탈퇴하는 사람들이 많아지면, 국민연금 제도는 실제로 붕괴할 것이다.

국민연금 제도가 유명무실해지면 이득을 보는 이들은 따

로 있다. 바로 개인연금 상품을 파는 금융 기업들이다. 국민연금과 개인연금은 서로 대척 관계에 있다. 국민연금이 부실해질수록 개인연금 시장은 팽창한다. 사람이 노후 대책을 안 하고살 수는 없기 때문이다. 개인연금의 수익률은 국민연금의 수익률과는 비교가 안 되게 낮다. 국민연금 제도가 유명무실해지면, 청년들은 나중에 눈물을 머금고 개인연금 상품에 가입해야할 처지에 놓이게 될 것이다.

고령화 현상으로 노인들에게 많은 기금이 소요되는 것은 사실이다. 청년들이 내는 국민연금 가운데 많은 부분이 노인들을 위해 소요될 것이다. 하지만 그럴수록 국민연금의 제도적 강화가 이루어져야 한다. 국민연금만으로도 노후가 충분히 보장될 수 있도록 보험률을 높여 가야 한다. 경제적인 측면에서보면, 높은 실업률과 저임금 불안정 노동에 시달리는 청년 세대는 노년층과 마찬가지로 '경제적 약자'라 할 수 있다. 국민연금은 경제적 약자에게 유리한 제도다. 국민연금은 '미래 세대약탈'이 아니라 오히려 '세대 연대'의 틀을 가진 제도라고 봐야한다.

청년들의 노인 혐오는 자발적으로 생기는 것이 아니라 언론의 영향을 받아 생긴다. 예를 들어 보수 언론은 고령 인구 일자리 증가를 다룰 때, 꼭 청년의 일자리를 함께 다룬다. 언론들은 "일자리 '세대 불균형' … 노인은 느는데 청년은 '바늘구멍'", "청년 취업자 수 뛰어넘었다 … '일하는 노인' 역대 최다", "일하는 노인, 쉬는 청년 … 2분기 취업자 수 격차 22만 명" 같은 제목을 실제로 쓴다. 청년의 일자리가 부족한 것과 일하는 노인들이 많아지는 것은 직접적인 관련이 없다. 그런데도 마치 노인들이 청년의 일자리를 빼앗고 있는 것처럼 보도한다.

보수 언론과 정치인들이 세대 갈등을 부추기는 이유가 있다. 그것이 먹혀들면 부실한 복지와 청년층의 빈곤에 대한 정치권의 책임이 면제된다. 청년층의 빈곤은 노년층을 포함한 기성세대가 양보하지 않아 생기는 문제로 변질된다. 정치권에 쏟아질 법한 청년층의 불만과 분노는 노인 혐오 같은 엉뚱한 곳으로 유도된다. 노인을 아무리 혐오한들 청년들의 일자리가 생기거나 일자리의 질이 좋아지지는 않는다. 청년들의 일자리가 부족한 것은 신자유주의 체제하에서 기업과 사회가 일자리를 창출하지 못하기 때문이지, 노인들 때문이 아니다.

청년들이 자신의 노후 문제를 생각해도 그렇다. 지금의 노인들에 대한 사회적 대우가 괜찮아야 청년들이 나중에 노인이 되었을 때 더 좋은 대우를 받게 된다. 늙는 것이 곧 가난함과 비참함으로 여겨지는 현재의 실태를 방치한 채로, 나중에 자신들이 늙었을 때 행복한 노후를 맞이하리라 기대할 수는 없다. 정치권의 기만적 술책으로 노인 복지가 후퇴한다면, 이것이 새로운 기준이 되어 청년들의 노후는 더욱 힘들어질 것이다.

청년의 자기 불안과 노인 혐오

구술 생애사 작가로서 노인 문제에 천착해 온 최현숙은

"어떤 대상에 대한 '혐오'는, 그 대상에 대한 '자기 불안'"이라 정의했다. 손수레를 끌며 폐지를 줍는 노인, 갈 곳 없어 우대권으로 지하철 여행을 하는 노인을 보며 '나도 저렇게 될 수 있다'는 젊은 세대의 자기 불안이 혐오로 발현된다. 노인은 취약성, 무기력함, 퇴화 등 부정적인 사상 감정을 일깨우고, 젊은 사람들은 그것이 싫어 노인을 혐오한다는 뜻이다.[17]

이와 유사한 주장은 미국의 철학자 마사 누스바움Martha C. Nussbaum이 쓴 『혐오와 수치심 Hiding from Humanity』에서도 발견된다. 누스바움은 이렇게 설명한다. 우리는 오염된 음식이나 물건을 보면 인상을 찌푸리고 메스꺼움을 느낀다. 이는 그 오염이 내게로 전가될까 두려워하기 때문이다. 오염물을 피하고자 하는 것은 위험을 피하고자 하는 것으로, 살아가는 데 있어서 필요한 일이기도 하다. 그러면 노인 혐오도 이와 비슷한 감정으로 볼 수 있을까? 그렇지는 않다.

노인은 오염물이 아니다. 노인을 바라보거나 가까이한다고 해서 질병에 감염되지 않는다. 노인을 혐오한다고 청년들을 불안하게 만드는 '사회적 조건'이 변하는 것도 아니다. 노인을 가까이하면 노인이 가진 취약성, 무기력함, 퇴화가 내 것이 되리라는 불안은 망상에 가깝다. 다른 사람을 낙인찍는다고 해서 자기 미래의 불확실성이 사라지는 것도 아니다. 오히려 엉뚱한 곳을 향해 불만과 분노를 터뜨릴수록 청년들을 괴롭히는 사회적 조건은 아무런 저항과 도전을 받지 않으므로 더욱 굳건해질 뿐이다.

사람이 늙으면 병들고 쇠잔해지는 것은 자연의 이치다. 그러나 은퇴한 노인을 경제적 잉여 인간으로 취급하는 것, 평생을 일했는데도 소득 양극화가 심해 기본적인 노후 생활도 보장받지 못하는 것, 복지 제도가 미흡해 조금만 아파도 높은 병원비 때문에 곧장 빈곤층으로 추락하는 것은 사회적 문제이지, 자연적 문제가 아니다. 우리나라에서 늙음이 곧 불행으로 인식되는 것도 대부분 사회적 이유 때문이지, 자연적 이유 때문이 아니다.

늙는다고 다 비참해지는 것은 아니다. 사회적 조건이 어떠냐에 따라 노년의 모습은 천지 차이다. 우리는 이를 덴마크에서 발견할 수 있다. 덴마크는 평균 소득세율이 50.9%로 매우 높다. 번 돈의 절반을 세금으로 낸다. (참고로 2017년 기준 우리나라의 평균 소득세율은 15.5%이지만, 소득 및 세액 공제가 이루진 뒤 실질적으로 부과되는 최종 세율은 4.3%에 불과한 것으로 나타나고 있다.) 대신에 풍요로운 노후를 보장받는다.

덴마크에서는 직장에 다녔든 아니든, 모든 국민은 만 65세가 넘으면 기본 연금으로 매달 4,741크로네(약 85만 원)를 받는다. 미혼자는 여기에 4,773크로네를, 기혼자는 2,228크로네를 더 받는다. 여기에 일하는 동안 매달 적립했던 직장 연금까지 합하면, 덴마크 노인들이 은퇴 후 받는 연금은 대개 직장을 다닐 때 얻었던 소득의 절반이 넘는다. 그래서일 것이다. 덴마크에서는 병에 걸리거나 우울한 노인은 있을망정, 생계 때문에 억지로 일하거나 아파도 병원에 가지 못하는 노인은 상상할 수

없다.[18]

덴마크에서 노인이 된다는 것은 먹고살기 위해 하는 일로부터 벗어나 진짜 하고 싶은 일을 할 수 있다는 것을 뜻한다. "덴마크 노인들은 은퇴하면 1인 기업을 합니다. 다들 시간과 돈이 넘치거든요." 전직 목공 교사였던 요안(67)의 말이다. 이렇게 시간과 돈이 넘치니 늙었다고 해서 자존감 깎일 일도 없고, 남에게 배려받아야 한다는 생각도 없다. 오히려 봉사 활동 등을 통해 남에게 베푸는 생활을 하는 노인들도 많다.

노후의 풍요로운 생활을 자신이 낸 세금에 대한 보상으로 여길 수도 있다. 그러나 전직 교사인 예니(66)는 그렇게 생각하지 않는다. 그는 "내 연금은 젊은 사람들 세금으로 받는 돈이니까 은퇴 후의 시간과 돈을 나만을 위해 쓰고 싶지는 않다"고 말했다. 그가 은퇴 후 봉사 활동에 나선 이유다. 공적 연금 제도가 '세대 착취'가 아니라 '세대 연대'라는 사실을 확인시켜 주는 말이다.

반면에 우리나라 노인들은 어떤가? 여유로움과 온화함보다는 각박함과 자기중심주의가 두드러지는 경우가 많다. '앵그리 실버angry silver'라고 해서 화를 내고 소리를 지름으로써 곳곳에서 마찰을 불러일으키는 노인들도 적지 않다. 우리나라 노인과 덴마크 노인의 차이를 개인의 인성에서 비롯된 것으로 볼 수 있을까? 그렇게 보기는 어렵다. 앵그리 실버는 불만, 소외감, 억울함 등이 해소되지 못한 상태로 쌓여 있는 계층의 특징을 전형적으로 보여 주기 때문이다. 덴마크와 우리나라가 다른 점은 개인의 인성이 아니라 사회 시스템이다.

노인들이 극우에 동조하는 이유

'지공거사地空居土'라는 말이 있다. 공짜 지하철을 타고 다니며 더위와 추위를 피하고 시간도 보내는 노인들을 일컫는 말로, '지하철 공짜'의 줄임말인 '지공'에, 놀고먹는 사람을 뜻하는 '거사'를 붙여 만든 신조어다. 이 역시 노인을 혐오하는 말이다. 실제로 지하철에서 시간을 보내는 노인들이 많아서 생긴 말일 텐데, 이 말이 왜 혐오어냐고 반문하는 사람이 있을지 모르겠다. 현상을 적시했을지라도, 근본적인 이유를 따지지 않은 채 현상만으로 사람을 비웃는 것은 혐오가 될 수 있다.

우리나라 노인들이 이처럼 하릴없이 시간을 보내는 것은 자기 계획을 갖고 삶을 누리는 덴마크 노인들의 삶과 크게 비교된다. 당연한 말이지만, 거동이 불편하지 않는 한, 노년에도 '삶'이 있어야 한다. 그 삶은 사회적으로 의미가 있어야 하고, 그 의미 속에서 존재 이유가 확인되어야 한다. 만약 노년이 단지 죽음을 기다리는 무료한 시간으로 채워진다면, 살아도 산 것이 아니게 된다. 여기서 나올 법한 질문 하나. 양로원이나 노인 대학 같은 곳에서 시간을 보낼 수도 있는데, 왜 지하철에서 시간을 보내는 노인들이 그렇게 많은 것일까?

이에 대해 사회학자 김찬호는 이렇게 설명한다. "집을 나와서도 위엄을 잃지 않을 수 있는 공간이 없기 때문이다. 지금은 지하철이라는 익명의 공간이라도 가야 사회 속에서 그나마 자신을 지킬 수 있다. 익명이 아닌 곳에서 자기 존재를 드러내고, 한 인간으로서 존중받을 수 있는 사회적 공간이 주어지지 않는 한 노인은 지하철에서 내려도 갈 곳이 없다."[19]

지하철은 노인들에게 '내가 퇴물이 아니라 여전히 한 사람의 시민으로 존재한다'는 것을 느끼게 해 준다. 지하철은 남녀노소, 지위 고하를 막론하고 평등하게 섞일 수 있는 공간이다. 노인들만 따로 모아 놓아 자신이 퇴물이 되었음을 실감케 해 주는 양로원, 노인 대학, 치매 센터, 노인 복지 센터와는 다르다. 어디 갈 데가 있는 것처럼 지하철을 타고 이동해 보는 것, 바쁘게 움직이는 대중의 틈바구니에 속해 보는 것만으로도 노인들은 생기를 느낀다.

노인에게 필요한 것은 집 같은 개인적 공간만이 아니다. 사회적 공간도 필요하다. 빈곤한 노인들이 돈 들이지 않고, 자신의 존엄성을 훼손하지 않으면서, 사회적 존재로서의 자신을 확인할 수 있는 곳이 어디 있을까? 거의 없다. 일상의 모든 공간이 시장화되어 버렸기 때문이다. 도시 노인들에게는 지하철이 유일하게 남아 있는 사회적 공간이다. 노인이 지하철에서 시간을 보내는 것은 이런 맥락에서 이해되어야 한다.

노인들은 체력이 떨어지기 때문에 행동반경도 좁다. 이런 상황을 생각하면 집 주변에 노인들이 갈 수 있는 사회적 공간이 있어야 한다. 그런데 노인들을 분리 수용하는 '노인 시설'을 빼면 그런 공간이 거의 없다. (그 외 노인들이 갈 수 있는 사회적 공간은 교회나 성당 같은 종교 시설이 전부다. 종교 시설을 다니는 노인들이 많은 이유 중 하나다.) 그래서 많은 노인이 지하철로 향한다. 사실 지하철은 사람들 간의 교류와 교감이 이루어지는 공간은 아니다. 사람들이 모여 있기는 하지만, '군중 속의 소외'가 느껴지는 공간이다. 그런데도 노인들은 갈 곳이 없어 지하철로 간다. 서글픈 일이 아닐 수 없다.

또 하나, 많은 사람이 이해하기 힘든 것이 '어버이연합(대한민국어버이연합)', '박사모(대한민국박사모-박근혜를 사랑하는 모임)', '가스통 할배' 등으로 대표되는 일부 극우 노인들이다. 나이가 들면 대개 보수적이 된다고는 하지만, 이같이 '극우적 행태'를 보이는 것은 또 다른 문제다. 이들은 대체 왜 그러는 것일까? 여기에도 다분히 심리적인 요인이 있다. 그것은 바로 '인정 투쟁'이다. 전 홍익대 교수 오근재가 『퇴적 공간』에서 그린, 종묘공원에 모인 노인들의 풍경을 요약하면 이렇다.

종묘공원은 나이를 먹었거나 정리 해고를 당해 노동 현장에서의 쓸모를 더 이상 인정받지 못하는 노인들이 모이는 공간이다. 이곳에서는 특별한 일이 없는 한, 매일 오후 1시부터 4시 사이에 어버이연합의 회원들과 노인들이 강연을 듣는다. 강연은 매번 주제는 다르지만, 결론은 매우 도식화되어 있다. 주최 측 연사들은 약소민족이고 자원 빈국이던 한국이 세계 10위권을 오르내릴 만큼 잘살게 된 것이 누구 때문이냐고 묻는다. 그 주역은 '바로 여기 계신 어르신네들'이라고 결론을 내린다.

그러고는 태극기가 분단을 고착화시키는 기표이기 때문에

한반도기를 사용해야 하고, 친일파가 작곡한 애국가 대신 〈님을 위한 행진곡〉을 불러야 하며, 순국선열에 대한 묵념 대신 열사들에 대한 묵념(민중 의례)을 해야 한다고 주장하는 사람들을 우리가 어찌 생각해야 하는가를 묻는다. 이 대목에 이르면 일부 노인들은 소리를 지르고 흥분한다. 연사는 노인들이 젊은 시절 산업 전선에 바친 노고를 위로하고 그들의 투철한 애국심을 인정한다. 노인들은 박수와 환호로 연사의 주장이 정당함을 인정한다.

오근재는 이렇게 썼다. "누가 인정 투쟁에서 추방된 노인들을 이토록 절절하게 인정해 줄 수 있단 말인가. 또 어떠한 연사가 노인들에게 인정받기를 이토록 간절히 바랄 수 있을까. 이들은 오늘의 자랑스러운 대한민국이 만들어지기까지 몸 바쳐 왔던 거룩한 희생과 봉사를 인정하지 않으려는 일부 종북 세력에 의해서만 정말로 억울하게 인정받지 못하고 있는 셈이다. 그렇다면 어찌해야 할까. 그들이 시대의 역군들을 인정하지 않는 정도에 비례해서, 혹은 그 이상으로 이쪽에서도 그들을 인정할 수 없음을 행동으로 보여 주어야 마땅하다 여기는 것이다."

이런 방식으로 극우 세력은 사회에서 차별받고, 배제되고, 소외되는 노인들의 처지를 악용한다. 물론 선동에 화답하는 형태를 띤다고 해서 노인들의 행태가 역사 퇴행적이 아닌 것은 아니다. 이는 분명 역사 발전을 저해한다. 그럼에도 우리는 이를 극복하기 위해서라도 노인들이 이렇게 행동하는 이유를 알 필요가 있다.

생애 구술사 작가 최현숙은 노인들의 '인정 투쟁'이라는 측면에서는 '태극기 집회'가 긍정적인 기능이 있다고 평가하기도 했다. 박근혜 전 대통령을 지키겠다는 마음은 하나의 명분이었을 뿐, 노인들이 자신들의 존재감을 마음껏 드러내고 울분을 분출하도록 허락된 유일한 공간이었다는 해석에서다. 노인들에게 극우 집회에서 외치는 내용들은 중요하지 않을지 모른다. 그보다는 자신의 존재감을 마음껏 드러낼 수 있도록 허락된 유일한 공간으로서의 효능감, 그것이 노인들을 극우 집회로 불러내고 있는지 모른다.

노인들은 현역에서 물러난 게 억울해서 울분에 차 있는 것이 아니다. 노인들도 사회가 젊은 사람들 중심으로 돌아간다는 사실을 잘 안다. 노인들은 현역에서 물러났기 때문이 아니라 늙었다고 무가치한 존재로 취급받기 때문에 분노한다. 이 둘은 다른 문제다. 만약 늙어도 가치 있는 사회적 존재로 대접받는다면, 의미 있는 여생을 보낼 수 있도록 사회적 환경과 조건이 갖추어진다면 적어도 지금과는 다르게 노인들이 행동하리라는 점은 분명하다.

제2장

'이웃'을 혐오하다

혐오는 권력 감정이다. 누군가를 평가할 수 있는
위치에 있는 힘 있는 자들이 하는 것이다.
— 페미니즘 철학자 윤김지영

"미묘하게 저를 '여자 취급'해요. 진짜 미묘해서 뭐라고 말해야 할지 모르겠는데, 이전 회사에서 상사와 같이 퇴근하는데 '어, 나 지금 우리 꼬맹이랑 같이 나가는 길이야.'라면서 통화하더군요."

"하루 연차 썼다가 오면 어제 제가 없어서 분위기가 칙칙했다고들 하더라고요. 제가 '비타민'이래요."

— 「"정수기 물통 갈아 봤자, 여자는 '꽃' 취급받을 뿐"」에서[1]

여성 혐오의 유구한 역사

여성 혐오의 역사는 유구하다. 너무 유구해서 인류의 유산처럼 보일 지경이다. 가장 오래된 여성 혐오의 기록은 헤시오도스^{Hésiodos}의 『신들의 계보』에서 발견된다.

헤시오도스에 따르면 판도라는 그리스신화에 나오는 '최초의 여성'이다. 여성이 창조되기 이전, 남성으로만 이루어진 인류는 신들의 동반자로서 평화롭고 자율적인 삶을 살고 있었다. 그런데 프로메테우스가 신들로부터 불을 훔쳐 인간에게 선사하자, 분노한 제우스가 '벌을 내리기 위해' 인간에게 보낸 것이 최초의 여성 '판도라'다. 판도라는 제우스의 기대에 성실하게 부응한다. 판도라는 절대로 뚜껑을 열어서는 안 되는 단지 하나를 지니고 있었는데, 호기심을 이기지 못해 단지를 열어버리고 만다. 그러자 단지에서는 온갖 악(전쟁, 슬픔, 가난, 질병, 노화, 죽음 등)이 쏟아져 나온다. 여성이 인류 재앙의 씨앗이라는 이야기다.

이런 내용은 성경의 아담과 이브 이야기에서도 발견된다. 이브가 아담의 갈비뼈로부터 나왔으므로(창세기 2장) 여자가 남자에게 종속되는 게 당연하다는 것, 이브가 뱀의 꼬임에 넘어가 선악과를 먹고 아담에게도 먹여, 낙원에서 쫓겨나고 원죄를 입어 인류의 고통이 시작되었다는 이야기(창세기 3장)가 그렇다.

여성 혐오는 당대 최고의 지성인들에게서도 발견된다. "늙어 빠진 이 여인들, 돌아다니는 시체들, 이 몸뚱이들은 사방에 퀴퀴한 관 냄새를 풍기고 다니면서도, 시시때때로 인생보다 더 달콤한 것은 없다고 외쳐 댄다. 이 여인들은 때로는 축 처진 혐오스러운 젖꼭지를 내보이고, 또 때로는 날카롭게 떨리는 목소리로 정부情婦의 활력을 일깨우려 든다."[2] 단지 여인이 늙었다는 이유만으로 혐오 감정을 아무렇지도 않게 드러낸 이 말은 누가 한 것일까? 르네상스 인문주의의 최고 지성인이라 일컬어지는 에라스뮈스Desiderius Erasmus다.

"남자는 강하고 능동적이며 여자는 약하고 수동적이어서, 전자는 힘과 의지를 갖지 않으면 안 되며 후자는 약간의 저항력만 가지면 된다. 이 원칙이 인정되면 여자는 남자를 위해 존재하는 것이 된다. … 나는 이것이 … 자연의 법칙이라고 생각한다." 이것은 누구의 말일까? 당대 최고의 계몽주의 철학자 루소Jean Jacques Rousseau가 『에밀』에서 한 말이다.[3] 그는 사회 문화적 현상으로서의 남녀 불평등을 자연의 법칙으로 둔갑시켰다.

인류 역사에서 가장 유명한 여성 혐오 사건은 15세기 말에서 18세기 말까지 약 300여 년 동안 유럽 전역에서 일어난 '마녀사냥'이다. 이로 인해 수백만 명의 여성들이 마녀로 몰려 화형당했다. 왜 이런 일이 벌어졌을까? 당시는 가톨릭과 프로테스탄트 간의 종교전쟁 시대로, 어떻게 해도 한쪽이 다른 한쪽을 완전히 궤멸시킬 수 없는 상황이었다. 오랜 전쟁으로 인한 피해와 희생은 막대했고, 민중의 절망과 분노는 극에 달했다.

당시는 인플레이션, 생산성의 위기, 교역의 쇠퇴, 흑사병,

기아, 반란, 내전, 계층 분화 등으로 인해 중세적 질서가 뿌리째 흔들릴 때이기도 했다. 권력자들은 자신들을 위협하는 거대한 재앙과 혼란, 분열과 분노의 에너지를 흡수할 희생양이 필요했다. 바로 마녀였다. 가톨릭과 프로테스탄트 두 교파는 경쟁적으로 악마에 대한 이상 과열을 만들어 내며 가난한 여성들을 마녀로 몰아 처형하기 시작했다. '사회적 위기를 초래한 것은 신이 만든 세상의 질서를 뒤엎으려는 악마의 소행으로, 그 하수인인 마녀들이 비밀리에 농촌에 잠입해 재앙을 뿌리고 있다'는 것이 이유였다.

중세의 엘리트들은 여성에 대한 전통적인 혐오와 편견을 적극 이용해 마녀사냥에 나섰다. 그들은 여성을 이브로 대변되는 천한 여성과 마리아로 대변되는 성녀로 이분했다. 생식을 위한 섹스 외에 어떠한 성욕을 드러내는 행위도 음란함으로 치부했다. 마녀사냥의 확산은 성녀 마리아에 대한 숭배 사상의 확산과 궤를 같이했다. 마리아에 대한 숭배와 여성 혐오는 한 뿌리에서 나온 것이었다. 마리아의 성적 순결이 칭송될수록 여성의 몸은 불결하고 음란한 것으로 취급되었다.

마녀사냥은 대부분 연쇄 고발의 결과였다. 먼저 재판을 받은 마녀가 동료 마녀의 이름을 대면, 그 동료들이 재판에 회부되어 유죄판결을 받고, 이들은 다시 동료의 이름을 대도록 강요받았다. 당시 시골에는 토속신앙을 믿는 여성들이 많았는데, 이는 마술과 주술에 사로잡힌 마녀라는 증거가 되었다. 여성들은 언제 마녀로 고발될지 모른다는 공포 속에서, 자신이 마녀가 아니라는 사실을 증명하기 위해 마녀사냥을 지지해야 했다. 그들은 친구나 이웃이 하늘을 날아다니거나 사바트Witches' Sabbath (마녀 집회)에 참석하는 것을 보았다고 거짓 증언했다. 16~17세기 극에 달했던 마녀사냥은 부자, 법학자, 성직자, 주교, 고위 관리 같은 남성 권력자들까지 마녀로 지목되는 상황에 이르러서야 비로소 종식되었다.

여성에 대한 억압과 차별은 프랑스혁명 같은 진보적인 사건에서도 여전했다. 프랑스혁명 당시 여성들은 남성들과 함께 절대왕정에 맞서 싸웠다. 상퀼로트Sans-culottes (하층민 공화당원) 여성들은 루이 16세가 지롱드파 내각을 해산하고 푀양파 내각을 통해 반동으로 돌아섰을 때 튈르리궁전으로 쳐들어갔고, 1792년 8월의 민중봉기를 통해 파리 코뮌이 결성될 때도 그 중심에 있었다. 1792년 9월의 공화정 수립은 여성들의 봉기가 있었기에 가능한 것이었다. 그럼에도 그 결실을 누리는 데 있어서 배제되었다.

여성운동가 올랭프 드 구주Olympe de Gouges는 "여성이 단두대에 오를 권리가 있다면 의정 단상에도 오를 권리가 있다."라면서 남성과 똑같은 참정권을 주장했다. 그리고 남성의 권리만 인정한 「인간과 시민의 권리선언」(인권선언)에 반발해 이를 보완한 「여성과 여성 시민의 권리선언」을 발표했다. 그러나 그 주장은 묵살되었고, 여성의 정치 운동 역시 집권 세력인 자코뱅당에 의해 모진 탄압을 받았다. 구즈는 '성별에 적합한 덕성을 잃어버린 사람'이라는 이유로 단두대에서 처형되었다. 프랑스혁명의 3대 구호인 '자유, 평등, 박애'는 남성들 간의 '형제 계약'일 뿐이었다.

　이러한 행태는 우리나라 1980년대 학생운동권에서도 발견된다. 겉으로는 남녀 똑같이 '동지'지만, 실제로 여성 운동가들의 역할은 성별 분업과 위계를 따랐다. 대외적이고, 활동적이며, 논리적인 직무는 남성에게, 총무나 연락 수행, 대자보 쓰기 같은 보조적인 직무는 여성에게 할당되는 식이었다. 남성 운동가와 결혼을 해도 가사와 육아는 대개 여성의 몫이었다. 진보적인 남성들에게서도 봉건적인 성차별을 발견하는 것은 그리 어려운 일이 아니었다. 여성 운동가들은 '말로만' 가사를 분담하는 남편 뒤에서 2인자로 머물다 조용히 운동판에서 은퇴하는 경우가 많았다.

여성 혐오 부추기는 미디어들

　현대사회에서 여성 혐오는 공기 같은 것이다. 여성 혐오를 공기처럼 만드는 일등공신은 미디어다. 미디어의 모든 곳에 여성 혐오가 있다고 해도 과언이 아니다. 방송, 신문, 광고, 인터넷, SNS 할 것 없이 여성에 대한 성 상품화는 어디에나 널려 있다. 심지어 성차별이나 여성 혐오 문제가 실린 진보적인 언론의 홈페이지에도 여성을 성적으로 대상화한 광고들이 아무렇지 않게 실려 있다.

　여성 혐오가 가장 많은 곳은 연예 매체나 스포츠 신문이다. 너무 흔해서 여성 혐오가 필수 요소가 아닌가 생각될 정도다. 연예 매체는 흔히 여성 연예인의 몸매를 부각한 사진을 게재해 놓고, 여성 연예인이 얼마나 예쁜지, 얼마나 몸매가 좋은지를 설명한다. 스포츠 기사에서도 여성 스포츠 선수를 '흑진주', '섹시 여전사' 같은 찬사를 하며 눈요깃거리로 만들어 관음적으로 소비한다. 정론지를 자처하는 신문들도 다르지 않다. 정도는 덜하지만, 여성 정치인을 다룰 때 정책이나 업적보다 외모나 패션, 장신구 등을 강조하곤 한다.

여성에게 '예쁘다'고 칭찬하는데 그것이 왜 여성 혐오가 되는지 모르겠다고 생각하는 사람도 있을 것이다. 그러나 여성에게 못생겼다고 하건 예쁘다고 하건 상관없이, 외모를 두고 품평하는 것은 모두 여성 혐오다. 사람을 물화物化시킴으로써 그가 가진 인격과 존엄을 훼손하기 때문이다. 여성들은 '당신은 눈은 커서 예쁜데, 팔뚝에 살이 많은 게 흠이다' 하는 식으로 몸의 부위별로 품평당하는 경우도 흔하다. 거기에 지知, 정情, 의意를 갖춘 통일적 인격체는 온데간데없다.

자본의 논리 속에서 성 상품화는 보편적인 것이 된다. 여성의 몸은 여성의 것이 아니라, 타인에게 보여지고 평가받아야 할 상품이나 다름없다. 여성의 몸은 그 자체로 물신주의적 행태를 띠게 되는 것이다. 이는 단지 '사람을 물건 취급하다니, 기분 나쁘다' 하는 기분상의 문제가 아니다. 여성을 물건 취급한다면, 그와 인간 대 인간으로서 유대 관계를 맺는 것은 사실상 불가능하다. 물화된 대상은 지배와 이용의 대상일 뿐 이해와 연대의 대상이 될 수 없다.

물화된 대상으로서의 여성을 가장 적나라한 형태로 제시하는 것이 포르노그래피^{pornography}다. 포르노그래피에서 여성은 결코 독립적인 인격체로 등장하지 않는다. 여성은 기본적으로 남성의 의도와 목적에 따라 움직인다. 오로지 남성만이 여성과 주변 환경을 통제할 수 있고, 판단할 수 있다. 상대방의 기분이나 의사를 무화無化시킨다는 점에서 포르노그래피는 파시즘적이다. 남성의 욕망을 충족시키는 도구로 여성을 이용해 놓고, 그 결과 여성의 욕망 역시 충족된다고 치환함으로써 성폭력을 정당화한다.

철학자 마사 누스바움은 『혐오와 수치심』에서 "대부분의 포르노그래피가 여성을 저열하고 학대받을 만한 존재, 학대를 원하고 요구하는 존재, 모욕을 주고 학대하고 싶은 남성 욕구의 배출구로 묘사함으로써 여성 혐오적인 고정관념을 강화하려는 의도로 섹슈얼리티를 기술하고 있음은 결코 새삼스러운 일이 아니다. … 이러한 의미에서 포르노그래피는 반유대주의나 인종주의 문학과 유사하다."라고 말한 바 있다. 맞다. 포르노그래피는 인종주의적이다. 여성과 남성의 차이는 미세한데도 그 차이를 극대화시키고, 여성을 남성과 다른 종種, 남성보다 열등한 종, 학대를 당하면 기쁨을 느끼는 마조히스트적 성격을 가진 종으로 인식한다는 점에서 그렇다.

이런 논리는 포르노그래피에만 있는 것이 아니다. 강도가 좀 약해서 그렇지, 영화나 드라마에도 여성에 대한 가학적 폭력이 낭만적으로 묘사되는 경우는 많다. 예를 들어 드라마 〈미안하다 사랑한다〉(2004)에는 차무혁(소지섭 분)이 송은채(임수정 분)를 차에 태우고 "나랑 사귈래, 나랑 죽을래?"라며 거칠게 차를 모는 장면이 등장한다. 이는 협박이고, 범죄다. 그럼에도 불구하고 드라마에서는 열정적이고, 남자답고, 멋진 프러포즈로 묘사된다.

남자가 여자의 손목을 낚아채 벽에다 몰아세우고 키스하는 '벽치기 키스'도 드라마에 흔히 나오는 장면이다. 역시 성폭력이다. 실제로 여성이 이런 상황에 맞닥뜨린다면 큰 공포를 느낄 것이다. 그런데도 드라마에서는 그 박력 있는 키스 때문에 여성이 남자의 진심을 이해하고, 그에게 매료되어 마음을 돌리는 것으로 그려진다. 성폭력이 여성의 마음을 얻는 하나의 방식으로 제시된다. 미디어는 융단폭격 하듯 이런 장면들을 무수히 쏟아냄으로써 우리의 윤리적 감각을 무디게 한다.

여성 혐오는 공기처럼 떠돈다

우리는 '여성 혐오' 하면 '된장녀', '김치녀', '김 여사' 같은 혐오 표현을 떠올린다. 지금은 이런 표현이 문제가 된다는 사실을 많은 사람이 알고 있다. 그래서 '○○녀' 같은 표현이 조금 줄어들기는 했다. '○○녀' 같은 표현이 문제가 되는 이유는 여성을 대상화하고 남성 중심적 시선을 고착화하기 때문이다.

예전에 한 여성이 영화관에서 팔걸이 시비 끝에 남성에게 폭행당한 사건이 있었다. 한 언론이 뽑은 제목은 이랬다. "'팔 안 치운다' 옆자리女 폭행 혐의 40대 조사." 이 사건에서 주목받아야 할 대상은 가해자여야 한다. 그런데도 '옆자리女'라고 지칭하면서 피해자를 강조했다. 만약 피해자가 남성이었다면 '옆자리男'이라고 지칭하지 않았을 것이다. 가해자보다 피해자인 여성에 주목하는 이런 제목은 여성에 대한 호기심을 유도할 뿐 아니라, 여성이 뭔가 잘못했으니 피해를 입었을 거라는 선입견을 부지불식간에 심어 준다.

'○○녀' 같은 표현이 언론에 아무렇지도 않게 등장하는 이유는 언론이 남성 중심으로 돌아가기 때문이다. 현장에서 활동하는 기자는 남자들이 대부분이고, 편집권을 갖고 있는 고위 간부도 대부분 남자. 이런 현상을 막으려면 언론사 차원의 방침과 교육, 토론이 필요하지만 이런 것들이 이루어질 리는 만무하다.

'○○녀' 같은 표현은 남성을 인간의 기본형으로 삼는다. (위 기사 제목에서도 남성은 '40대男'이 아니라 그냥 '40대'로 표현된 것을 보라.) 그런 점에서도 여성 혐오적이다. 남자를 디폴트^{default}(기본형)로 삼는 표현들은 많다. 남자배우는 '배우'라 불리는데 여자배우는 '여배우'로 불린다. 말은 실존을 규정한다. 여자배우가 '여배우'로 불리는 한, 그는 '여배우답게' 행동하고 사고하기를 요구받는다. 여배우는 촬영 현장의 '분위기 메이커'가 되어야 하지만, 남자배우는 그냥 '연기'만 열심히 하면 된다. 이것이 기본, 표준, 정상, 디폴트가 가진 권력이다.

일상적으로 늘 접하지만 인식이 안 되는 여성 혐오는 많다. 예를 들어 남녀공학이나 남학교의 교훈은 자율적이고 성실한 지도력 있는 '인간'을 강조하지만, 여학교의 교훈은 '여성'으로서의 자세와 태도를 강조한다. 상당수의 여학교는 '여성'이라는 단어를 교훈에 넣고 있지만, '남성'을 교훈에 담고 있는 남학교는 단 한 곳도 없다. 여성이 따라야 할 교훈이 따로 존재한다는 생각도 차별적이고, 여학교만 '여성'이라는 단어를 쓰고 남학교는 '남성'이라는 단어를 쓰지 않는 것도 차별적이다.

특히 여성은 선정성의 상징으로 많이 묘사된다. 영화에는 '전체 관람가', '12세 이상 관람가', '청소년 관람 불가' 같은 '관람 등급 분류'가 있다. 이 같은 등급 분류는 주제, 선정성, 폭력성, 모방 위험 등을 기준으로 한다. 그런데 여기서 '선정성'을 상징하는 아이콘을 보면, 몸에 착 달라붙는 옷을 입은 여성이 비스듬히 앉아 있는 실루엣이 그려져 있다. 이것도 여성 혐오다. '선정성은 왜 하필 여성으로 표현되어야만 하는가?' 하고 질문할 수 있기 때문이다. 남성이 그 자체로 선정성의 상징이 될 수 없듯이, 여성도 그 자체로 선정성의 상징이 되어서는 안 된다.

2019년 5월, 이화여자대학교에서 '여성스러움 찍어 내는 졸업 사진 문화 거부하자'는 내용의 대자보가 붙은 적이 있다. 대자보의 내용은 이랬다. 대다수 학생들은 졸업 사진 촬영 전 다이어트를 시도하고, 안경을 벗고 렌즈를 착용하고, 머리 세팅과 메이크업을 위해 5만~10만 원의 비용을 들여 한껏 치장한다. 졸업 앨범 속 여성의 모습은 결국 남자들에게 전시되기 위한 것이나 다름없다. 실제로 여대 졸업 앨범은 외모가 준수한 여성 회원 확보를 위한 결혼 정보 업체의 기초 자료로 적극 활용된다.

이런 문제는 걸 그룹에도 적용될 수 있다. 우리나라 걸 그룹들은 대부분 귀여움, 청순함, 섹시함을 콘셉트로 한다. 걸 그룹에게 그런 콘셉트를 부여하는 것은 대부분 엔터테인먼트 사업에 종사하는 남성 권력자들이다. 어린 나이에 연습생으로 연예기획사에 들어가는 청소년들의 꿈은 사실 소박하다. 그저 연예인이 되는 것이다. 그런데 막상 일을 시작하면, 여성 연예인을 성 상품으로만 바라보는 언론사, 기획사, 제작사, 광고주(대기업)가 형성한 촘촘한 구도에 갇힌다.

걸 그룹 멤버들은 대개 어린 나이에 연예기획사에 들어가는 까닭에 이런 문제를 깊이 인식하기 어렵다. 시키는 대로 일을 하다 보면, 자신도 모르는 사이에 여성에 대한 왜곡된 이미지를 창출하고 확산시키는 데 동참하게 된다. 여성 혐오의 이미지 구현을 강요받는다는 점에서 보면, 걸 그룹 멤버들은 기본적으로 피해자다. 그러나 이를 통해 부와 문화 권력을 누리기도 한다는 점에서 보면, 가해자이기도 하다. 페미니즘적 시각에서 그 성공은 다른 여성들을 '여성 혐오'의 궁지로 몰아넣은 대가라고 할 수 있다.

자기혐오를 강요하는 사회

남성이 여성 혐오를 제대로 이해하기란 쉽지 않다. 경험은 상대를 이해하는 첩경인데, (성전환 수술을 하지 않는 한) 남자가 여자가 되는 일은 거의 없다. 여기에 남성과 여성은 태생적으로 다르다는 생물학적, 심리학적, 뇌과학적 해석들이 난무하는 분위기도 여성 혐오를 부추긴다. 사실 물리적인 힘의 차이와 임신 가능성을 제외하면, 지금까지 남녀 간의 차이에 대해 정확하게 밝혀진 것은 없다. 그럼에도 불구하고 생물학, 심리학, 뇌과학은 남녀 간의 차이를 침소봉대針小棒大해 건널 수 없는 간극을 만들기를 좋아한다. 그것은 여성은 남성과 다른 종種이라는 인식, 여성에 대한 억압과 차별 역시 당연하다는 인식으로 귀결된다.

우리는 가부장제 사회를 벗어나 살아 본 적이 없다. 태어났을 때도 가부장제 사회였고, 자라면서도 가부장제 사회였다. 그러므로 특별한 일이 없는 한, 남존여비를 자연스러운 것으로 여기게 된다. 남성들이 여성 문제를 이해하려면 특별한 관심과 노력을 기울여야 하는 이유다. 남성들은 '나도 여성 문제에 대해 알 만큼 안다'는 오만함보다는 '모르는 게 훨씬 많다'는 겸손함을 갖고 자신을 성찰할 필요가 있다.

『그 남자는 왜 이상해졌을까?』를 쓴 사회학자 오찬호는 이렇게 말했다. "한국 남성은 기본적으로 성차별 구조에서 자유롭지 않아요. 저부터가 그렇습니다. 제가 양성평등을 지향하면서 살아가려고 해도 현실은 어떻습니까? 한국 사회에서는 아내보다 남성인 제가 돈을 버는 데 집중하는 게 유리합니다. 경제적인 부분을 저한테 의지할 수밖에 없는 아내를 비롯한 다른 가족 구성원은 돈 벌어 오는 제 눈치를 볼 수밖에 없죠."[4]

남성들은 흔히 '나는 성차별을 하지 않는다', '여성 혐오를 하지 않는다', '여성을 억압하고 착취하지 않는다'고 생각한다. 그러나 가부장제 속에서 사는 남성들은 무의식적으로 성차별적 언어를 구사하고, 여성 혐오적 태도를 취하는 경우가 많다.

물론 남자들 중에는 페미니즘에 동의하는 사람도 있다. 그런 남성에게 어떤 이는 '여자한테 사랑받으려고 저런다'고 말한다. 이 말이 맞을까? 이는 동물권(동물에게도 생명권과 학대받지 않을 권리 등이 있다는 견해)을 옹호하는 사람들에게 '동물에게 사랑받으려고 저런다'고 하는 것과 같다. 무엇보다 '여자한테 사랑받으려고 저런다'고 생각하는 것 자체가 '모든 남성은 여성을 성적 대상으로만 바라본다'는 것을 전제로 한 여성 혐오다. 여성 문제에 대한 관심조차 여성 혐오로 조롱하는 꼴이다.

페미니즘을 옹호하는 남성에게도 조심해야 할 점이 있다. 앞서 말했듯이 남성들이 여성 문제를 정확히 인지하기란 쉽지 않다. 이를 깊이 생각하지 않고 '이 정도면 나도 여성 문제에 대해 충분히 안다', 심지어 여성들보다 더 잘 안다'는 태도로 여성 앞에서 여성 문제에 대해 '맨스플레인mansplain'(여성은 마땅히 남성의 가르침을 받아야 한다는 태도로 설명하는 것) 하면 안 된다. 혹은 페미니즘조차 남성이 전유하는 행태를 보여서는 안 된다.

이는 자칫 페미니즘의 이름으로 여성의 분노할 권리를 빼앗고, 고분고분한 피해자로서의 이미지를 여성에게 강요하는 꼴이 될 수 있다.

여성 혐오 문화는 흔히 여성들에게도 여성 혐오, 즉 자기 혐오를 불러일으킨다. 일본의 여성학자 우에노 지즈코上野千鶴子의 말이다. "여성 혐오라는 것은 남녀를 불문하고 결국 내 안에 이미 깊이 탑재된 것이다. 사람들을 만나 어떤 이성에게 매력을 느끼는지를 물어보면 남성들은 대부분 '내가 다루기 쉬운 여성', '나보다 열등한 여성'이라고 답한다. 반면에 여성들은 나보다 크고, 의지가 되고, 사회적 지위가 있는 남성에게 끌린다고 이야기한다. 남성의 지배, 집착, 성욕을 사랑으로 착각하는 여성들이 아직도 많다."[5]

여성들은 가부장제 사회에서 적응하기 위해 자신을 열등한 지위에 놓는다. 연애나 결혼 생활을 할 때도 마찬가지다. 여성은 남성의 보호가 필요한 존재, 남성의 리드를 잘 따르는 존재, 남성의 뒷바라지를 잘해 주는 존재가 되어야 한다. 그래야 연애나 결혼 생활이 순조롭다. 반대로 주체적이고 독립적인 존재가 될수록 연애나 결혼 생활은 어려워지는 경우가 많다.

그렇다고 해서 자신을 열등한 존재로 놓는다고 모든 문제가 해결되는 것은 아니다. 자신을 열등한 지위에 놓으면 일상생활은 순조롭지만 '내가 왜 이러고 있나?' 하는 생각이 들면서 자괴감에 빠진다. 반대로 자신을 내세우면 일상생활이 순조롭지 않아 '나에게 무슨 문제가 있나?' 하면서 자책감에 빠진다.

가부장제하에서 이래저래 여성은 자기혐오에서 벗어나기 힘들다.

남자들은 흔히 자신의 연인인 여성을 보호해야 한다고 생각한다. 그러나 이것도 자칫 여성 혐오가 될 수 있다. 사랑하는 사람을 보호하고 싶어 하는 마음은 당연히 나쁘지 않다. 그러나 '넌 여자고 난 남자니까 나의 보호를 받아야 한다'고 생각한다면 여성 혐오가 될 수 있다. 실제로 이런 생각을 가진 남자는 보호라는 명분 아래 여성을 지배하는 경우가 적지 않다. 보호의 이름으로 구속과 통제를 일삼는 것이다. 여성이 자신의 구속과 통제를 벗어나려 하면, 데이트 폭력이나 이별 범죄도 저지른다. 우리가 신문이나 방송에서 목도하는 바다.

가부장제 사회에서 여성이 자기혐오에 빠지지 않는 방법은 두 가지밖에 없다. 하나는 여성에 대한 억압과 편견에 맞서 싸우는 것, 또 하나는 '명예 남성'이 되는 것이다. 예를 들어 우에노 지즈코가 쓴 『여성 혐오를 혐오한다』에는 이런 내용이 나온다.

"진짜 여자는 너무 감정적인 것 같아. 나도 그게 싫어."
A 양이 말한다.
"근데 너는 좀 특별하잖아."
남자가 인정한다.
"응, 나는 '평범'한 여자는 아니지."
그녀는 자랑스럽게 선언한다.

사회에서 여성들은 남성에 비해 '논리적이지 않다'는 평가를 받는다. 이런 분위기에서 그녀는 "나는 '평범'한 여자는 아니"라고 말함으로써 자신을 다른 여자와는 다른 사람, 즉 '예외자'로 선언한다. 남성도 '너는 좀 특별하다'면서 명예 남성임을 인정해 준다. 그녀는 명예 남성이 됨으로써 자기혐오를 피할 수 있었다. 그러나 한편으로는 스스로 여성 혐오를 재생산한 셈이 되었다. 이처럼 가부장제 사회는 여성에게 자기혐오를 유도한다.

남성들의 착시에 따른 여성 혐오

최근 여성 혐오에 대한 표출은 젊은 남자들에게서 두드러진다. 정확히 말하면, 30대 남자보다는 20대 남자가, 20대 남자보다는 10대 남자가 더 그렇다. 남자들의 여성 혐오는 갑자기 생긴 것이 아니다. 앞서 말했듯이 10대의 엄마 혐오로부터 발아된다. 그러면 여자아이의 경우는 어떨까? 같은 10대여도 여자아이들은 남자아이들과는 차이가 난다. 여자아이들도 엄마에 대한 불만과 분노가 있을 수 있지만, '같은 여자'이기 때문에 남자아이와 달리 온전히 혐오의 대상으로 바라보기 힘들다.

젊은 남자들 사이에서 여성 혐오가 심한 이유를 하나만 든다면, 신자유주의적 경제 조건이 대표적이다. 신자유주의로 인해 일자리가 줄어들어 취직하기도 힘들고, 취직을 해도 비정규직이나 임시직에 종사하는 경우가 많아졌다. 언제 일을 그만두게 될지, 언제 실업자가 될지, 언제 또 다른 일자리를 알아봐야 할지 모르는 경제적 불안에 늘 시달려야 한다. 불안감은 끝이 없다. 집은 살 수 있을지, 결혼을 해서 가정은 꾸릴 수 있을지, 결혼은커녕 연애라도 할 수 있을지, 이러다 영원히 루저loser로 남는 건 아닌지….

이런 상황에서 20대 여자들을 보니, 그들은 오히려 자신보다 경제적으로든, 심리적으로든 여유가 있고 오히려 처지가 나은 것 같은 느낌이 든다. '나'는 힘들어 죽겠는데, 여자들은 돈 벌어 여행이나 다니고, 명품이나 사고, 스타벅스 같은 데서 값비싼 커피를 즐긴다(된장녀!). 요즘에는 옛날과 달리 여자아이도 남자아이들과 똑같이 교육받는다. 가정에서도 똑같이 대우받아 남자 보는 눈도 높다. '나'처럼 가난한 남자는 쳐다보지도 않는다. 왠지 여자들을 미워하고 싶은 마음이 치솟는다.

그러면 여자들은 왜 저렇게 여유 있는 생활을 즐기게 되었을까? 여기서 다시 '무임승차' 논리가 등장한다. 우선 여자들은 군대를 가지 않는다. 남자들이 군대에서 고생하는 동안, 여자들은 공부하고 자기 계발해서 좋은 직장을 선점한다. 연애를 할 때도 여자들은 데이트 비용을 잘 내지 않는다. 여자는 결혼이라는 도피처가 있으니 직장 생활도 설렁설렁한다. 그러다 결혼하면 남자가 다시 먹여 살려 준다. 이것이야말로 기생충의 삶이 아니고 무엇인가. '나'에게는 여자를 혐오할 권리가 있다! '나'의 여성 혐오는 정당하다! 이런 것이 요즘 젊은 남자들의 심리다.

그렇다고 해서 가난한 남자만 여성 혐오의 감정을 갖는 것은 아니다. '버닝썬 게이트'에서 보듯 상류층 남자들도 여성을 성범죄의 대상으로 본다. 야만적인 신자유주의 질서하에서 자신보다 '아랫것'이라고 생각되는 사람들에 대한 멸시와 폭력은 일상이다. 가부장제에서 여성은 통상적으로 남성보다 '아랫사람'으로 인식되는데, 그 신분 격차는 신자유주의 질서 내에서 증폭된다. 그 결과 여성을 막 대해도 좋다는 식의 비인격적 태도가 상류층 남성들에게서 흔히 발견된다.

그러면 젊은 여성들이 사회적으로 수혜를 입고 있다는 논리는 정당성이 있는 것일까? 결론부터 말하면 '없다'. 각종 지표들은 오히려 여성들이 노동시장에서 차별받고 있음을 드러낸다. 우리 사회에서 여성 임금은 통상적으로 남성 임금의 70%가 안 된다.

OECD 통계에 따르면, 2017년 기준 우리나라 남녀 임금 격차는 34.6%로 가입국 중 최선두다. 20대 고용률은 남녀 간에 별 차이가 안 나지만, 30대에서 여성의 고용률은 남성에 비해 30% 가까이 떨어지는 것으로 조사되고 있다.[6] 승진에 있어서도 성차별은 심하다. 기업에서건 공무원 사회에서건 관리직이나 고위직은 거의 남자들 차지다.

그런데도 20대 남성들이 오히려 여성들이 수혜를 입고 있다고 주장하는 이유는 무엇일까? 이는 노동시장에 뛰어든 지 얼마 되지 않은, 20대의 경험에 따른 착시 때문이다. 앞서 말했듯이 20대에는 여성들의 고용률도 남성에게 뒤지지 않는다.

공무원 시험이나 교사 시험에서 여성의 합격률은 남성의 합격률을 상회한다. 언론에서도 이를 '여풍女風'이라며 대대적으로 보도한다. 그러나 역설적으로 들리겠지만, 20대 여성들의 고용률이 높은 것, 공무원이나 교사 시험에서 여성 합격률이 높은 것도 성평등의 결과가 아니라 성차별의 결과다.

자본의 시각에서 봤을 때 20대 여성은 성적 상품 가치는 가장 높을 때지만, 임금은 가장 낮을 때다. 그래서 기업들은 여성을 20대에 잠깐 쓰고 도태시켜 나간다. 여성들도 이러한 분위기를 모르지 않는다. 괜찮은 기업에 취직하기도 쉽지 않지만, 설사 취직한다 해도 승진이 힘들고, 오래 일하기 어렵다는 사실을 잘 알고 있다. 여성들이 공무원이나 교사 시험에 몰려드는 이유는 그 때문이다. 이런 시험은 성별에 상관없이 점수만 높으면 합격이 되고, 일단 합격하면 특별한 일이 없는 한 잘리지 않는다.

공부나 시험에 관해선 여성이 남성에게 밀리지 않는다. 일반적으로 여학생들은 남학생들에 비해 학습 태도가 우수하고, 수행평가와 수능 대부분의 영역에서 남학생들보다 좋은 성적을 거두는 것으로 알려져 있다. 그러나 이것도 성차별의 결과인 측면이 있다. 우리나라에서는 학생들에게 학교와 선생님의 가르침을 순종적으로 따를 것을 요구한다. 환경에 적응이 빠르고, 스스로를 통제하는 능력이 뛰어난 여학생들은 어릴 때부터 쉽게 학교가 하라는 대로 순응하며 공부하는 것에 익숙한 경우가 많다. 사회에 나가면 당연히 성차별을 당할 것으로 여겨지

는 문화 속에서, 여성은 이를 돌파할 수단이 공부밖에 없다고
확신한다.

고용률에서 여성이 남성과 대등한 정도의 비율을 보이는
시기는 20대에 잠깐뿐이다. 30대 이후에는 고용률이 남성과
비교가 안 되게 떨어진다. 이렇게 고용률이 떨어지는 가장 큰
이유는 결혼과 육아 때문이다. 여성들은 독박 육아와 살림 때
문에 직장을 그만두는 경우가 많다. 기업에서도 결혼한 여성에
게 은근히 퇴직을 종용한다. 직장맘을 위한 복리후생은 여전히
미흡하다. 여성들은 자의 반 타의 반으로 직업전선에서 일탈하
게 된다.

아이가 어느 정도 크면, 남편의 외벌이로는 생활이 힘들어
여성이 다시 직업전선에 뛰어드는 경우가 많다. 여성은 '경력
단절녀'로서, 심지어 20대에 받던 임금에도 못 미치는 임금을
받고 저임금 비숙련 노동을 하게 된다. 다시 밑바닥에서부터
시작하게 되는 것이다. 이런 점들을 살펴봤을 때, 여성이 취업
시장에서 수혜를 입고 있다는 주장은 전혀 사실이 아니다.

"저는 여자를 좋아하는데요?"

신자유주의가 도래하기 이전, 남성이 노동시장에 진출하
면 특별한 일이 없는 한 평생 같은 직장에서 일하며 가족을 부
양할 수 있었다. 남성의 가부장적 권위는 이를 바탕으로 한 것
이었다. 그러나 신자유주의 시대가 되면서 평생직장 개념은 사

라졌고, 빈부 격차는 심화되었으며, 저임금·불안정 노동에 시달리는 남성이 많아졌다. 그와 함께 여성에 대한 남성의 우월적 지위도 붕괴되었다.

남성들의 경제력이 수축되고 불확실성에 휩싸이자, 남성들은 여성들을 통제하는 데 있어서 두려움과 불안감을 갖게 되었다. 그리고 이는 여성 혐오로 분출되었다. 여성 혐오에는 기존에 남성들이 가졌던 우월감을 그대로 유지하고자 하는 심리와, 남성들의 구겨진 자존심을 여성에 대한 모욕과 억압을 통해 보상받고자 하는 심리가 뒤섞여 있다.

남성들의 여성 혐오는 여성의 입장에서 봤을 때 "아닌 밤중에 홍두깨" 같은 격이었다. 신자유주의 질서하에서 여성들 역시 힘들기는 마찬가지였기 때문이다. 우리나라 여성들의 학력 수준은 세계 1~2위권으로 매우 높다. 그러나 여성의 사회적 지위 및 기회 평등 정도를 수치화한 '유리 천장 지수'는 OECD 국가들 중 최하위다. 여성들에 대한 처우가 좋아져도 시원찮을 판에 분풀이 대상이 된 여성들은 분노할 수밖에 없었다. 분노한 여성들은 페미니즘으로 화답했고, 이를 반격과 도발로 여긴 남성들은 더욱 여성 혐오에 동참했다.

남자들 중에는 '나는 여자를 좋아하기 때문에 여성 혐오를 하지 않는다'고 말하는 경우가 있다. 그러나 여자를 성적 대상으로서 좋아하거나, 엄마나 애인처럼 자기 주변의 여자를 좋아하는 것은 여성 혐오와 무관하다. 여성 혐오는 '여성 일반'을 부정적으로 대상화·범주화하는 것을 말한다. 여성을 나보다 낮은 존재로 여기고 멸시하는 것, 여성에 대해 부정적 의견을 표시하는 것, 모욕·조롱·위협하는 것, 차별·적대·폭력을 정당화하거나 고취·선동하는 것 등이 여성 혐오에 포함된다. 여성 혐오는 개인적 감정의 문제가 아니다. 여성 혐오는 성차별적 사회구조와 긴밀히 연결되어 있다.

2

장애인
혐오

혐오는 실제적 위험보다는 자신이 오염될 수 있다는
신비적 사고에 바탕한다.
— 미국의 철학자 마사 누스바움

"2016년은 정준하의 해가 될 것 같아요. 2016년이 무슨 해죠?"

"병신년丙申年."

"네? 내년이 진짜 병신년이에요?"

"병신년이에요."

"와, 그러면 진짜 준호 [7] 형 해가 맞네!"

"하하하하."

"정준호! 정준호! 정준호! 병신년! 병신년! 병신년!"

— MBC 예능 프로그램 〈무한도전〉에서 [8]

장애인 혐오는 일상이다

장애인 혐오도 여성 혐오와 마찬가지로 유서가 깊다. 대표적인 예가 속담이다. 속담은 옛말이고, 옛말 그른 것 하나 없다는 얘기도 흔히 하지만, 속담의 내용을 들여다보면 장애인에 대한 비하와 혐오의 정서를 거침없이 드러내는 것들이 적지 않다. 예를 들면 이렇다.

"귀머거리 들으나 마나." 귀머거리는 알아듣지 못하니 들으나 안 들으나 매한가지인 것처럼, '일을 하나 하지 않으나 별로 차이가 없다'는 뜻이다. 진짜 그럴까? 청각장애인도 사람이고, 직감이라는 게 있다. 소리는 못 들어도 상대방의 표정이나 입 모양, 주변의 분위기만으로도 무슨 이야기를 하고 있는지 대부분 안다. 명백한 장애인 혐오다.

"벙어리가 서방질을 해도 제 속이 있다." '말은 하지 않더라도 제 딴에는 정당한 이유나 뜻이 있다'는 뜻으로, 언어장애인이 '꼴에 저런 것도 한다'고 놀리고 비아냥거리는 의미가 담겨 있다. 언어장애인은 말을 잘 못할 뿐, 다른 사람들과 똑같이 행동하고, 또 그렇게 하는 것이 당연하다. 언어장애인을 비장애인과 전혀 다른 사람, 달라야 하는 사람으로 취급한다는 점에서 이 속담은 인종차별적이다.

"장님이 넘어지면 지팡이 나쁘다 한다." '어떤 일이 잘못됐을 때 원인을 자신이 아니라 남에게서 찾는다'는 말로 해석된다. 문제의 원인을 자신이 아니라 남에게서 찾는 일은 일반인들에게도 흔히 나타나는 현상이다. 이런 메시지를 전달하기 위해 굳이 시각장애인 운운해야 할 이유가 없다. 장애인에 대한 편견을 조장하는 말이다.

"문둥이 죽이고 살인당한다." 이것은 '대수롭지 않은 일을 저질러 놓고 큰 화를 당한다'는 말이다. 나환자도 똑같은 사람이다. 당연히 인권도 갖는다. 그런데도 '대수롭지 않은 일', 곧 '사람 같지 않은 사람' 나아가 '죽일 만한 가치도 없는 사람'으로 취급한다는 점에서 매우 악랄한 혐오다.

사실 이런 속담은 그 내용을 따지기 이전에 귀머거리, 벙어리, 장님, 문둥이라고 부르는 것 자체가 혐오다. 귀머거리는 청각장애인으로, 벙어리는 언어장애인으로, 장님은 시각장애인으로, 문둥이는 나환자로 불러야 한다. 이런 속담이 생긴 것은 옛날이다. 인권 의식이라는 것이 별로 없을 때 생겼다.

그렇다면 인권 의식이 발달한 지금은 장애인 혐오가 좀 수그러들었을까? 그렇지 않다. 장애인 인권에 대한 교육이 잘 이루어지지 않고, 신자유주의로 인해 차별 의식이 만연해진 탓에 장애인 혐오는 좀처럼 줄지 않고 있다. 오히려 새로운 표현들이 생겨나기도 한다. 네티즌이나 청(소)년들 사이에서 많이 쓰이는 '애자'(장애자의 줄임말)나 '병맛'(어떤 언행이나 표현이 병신 같지만 재미있다는 뜻)이라는 표현이 그렇다.

우리가 일상적으로 쓰는 말에도 장애인 혐오가 많다. '벙어리장갑'이나 '절름발이식 행정', '눈먼 돈', '외눈박이의 시각', '권력에 눈먼' 같은 말이 그렇다. 워낙에 통상적으로 쓰이는 말들이라 사람들은 별생각 없이 사용하지만, 장애인들로서는 가슴을 후벼 파는 말들이 아닐 수 없다. 최근 '벙어리장갑'을 '손모아장갑'으로 부르는 사람들이 생겨나고 있는데, 다른 말들도 이처럼 바뀌어야 한다.

전혀 혐오 표현이 아닌 것 같은데 문제가 되는 경우도 있다. '장애우'라는 말이 그렇다. 여기서 '우' 자는 '벗 우友'다. 장애인에 대한 친밀감을 높이려는 의도에서 나온 말이다. 그러나 이런 말도 묘하게 장애인을 차별한다. 왜냐하면 이 말은 장애인을 늘 다른 사람의 배려, 보호, 도움을 받아야 할 사람, 나아가 좋든 싫든 그러한 타인의 호의를 받아들이지 않으면 안 되는 사람으로 규정하기 때문이다.

장애인의 반대말로 '정상인'을 쓰는 것도 지양해야 한다. 이 말은 장애인을 정상이 아닌 사람으로 내몬다. 정상인 대신 '비장애인'이라는 말을 써야 한다. 혹자는 '비장애인'이라는 말을 쓰는 것이 오히려 일반인에 대한 역차별이라 주장한다. 장애인을 디폴트로 삼아 일반인을 판단하기 때문이다. 그러나 장애인은 몸의 어떤 기능에 장애가 있을 뿐, 다른 존재가 아닌 사람이다. 이 말은 장애인을 '비정상인'으로 내몬다기보다, 말 그대로 사람의 장애 유무를 따져 부르자는 의도가 반영된 것이라 보아야 한다.

누군가를 혐오하지 않는 일은 생각보다 쉽지 않다. 역사적으로, 사회적으로 축적된 관용적으로 쓰이는 혐오 표현들이 적지 않기 때문이다. 그런 표현들을 씀으로써 우리의 내면은 자

121

연스럽게 혐오 정서에 물들게 된다. 혐오 정서에 함부로 물들지 않기 위해서는 섬세한 감수성을 갖고 자신과 주변을 자꾸 돌아보지 않으면 안 된다.

장애는 하나의 독자적인 존재 방식

요즘 핫한 인물로 스웨덴의 청소년 환경 운동가 그레타 툰베리Greta Thunberg가 있다. 2018년 9월부터 기후변화에 대한 대응을 촉구하며 금요일마다 등교 거부 운동을 한 것을 시작으로, '유엔 기후변화협약 당사국총회'와 '유엔 기후행동 정상회의'에서 기후변화에 안이하고 기만적으로 대처하는 정치인들과 기성세대를 강력히 비판함으로써 환경 운동의 상징적 인물로 떠올랐다. 툰베리의 사회적 영향력이 커지면서 반대론자들의 인신공격도 거세지고 있는데, 대표적인 것이 툰베리가 갖고 있는 아스퍼거 증후군에 관한 것이다.

아스퍼거 증후군은 자폐 스펙트럼 장애의 일종이다. 그러나 다른 자폐증과 달리 인지 및 언어 발달은 비장애인과 별 차이가 없다. 그럼에도 불구하고 반대론자들은 툰베리의 아스퍼거 증후군을 유독 강조한다. 그 이유는 툰베리를 '정신병자' 취급함으로써 그녀의 발언권을 빼앗고, 나아가 사회적 영향력을 차단하려는 데 있다.

2019년 9월 미국 '폭스뉴스'의 뉴스 프로그램 〈더 데일리 와이어〉에 패널로 출연한 시사 평론가 마이클 놀스Michael Knowles는 툰베리를 '정신적으로 병든 스웨덴 소녀'라 불러 논란이 됐다. 호주의 콥스 하버 크리스천 커뮤니티 학교의 교장 로드니 린^{Rodney Lynn}은 가정통신문에 게재한 칼럼에서 "정신적·정서적 문제로 인해 다가오는 종말에 대한 통찰이 있다고 믿는 어린 소녀의 말을 듣지 말라"면서 그녀를 관심병 환자로 몰고 갔다. 그외 툰베리를 비난하는 네티즌들의 댓글에서도 아스퍼거 증후군을 문제 삼는 것을 어렵지 않게 볼 수 있다.

아스퍼거 증후군이 있는 사람들은 흔히 사회적 상호작용에 어려움을 겪는다. 자신이 관심을 갖는 특정한 것에만 집중하거나 예민하게 반응하고 그 나머지에 대해서는 무신경하다. 또 이들은 대인 관계를 원만하게 하는 데 필요한 인사치레를 할 줄 모르며, 말도 자신이 필요하다고 생각할 때만, 자신이 하고 싶은 말을 가감 없이 하는 것으로도 알려져 있다. 툰베리에게도 이런 면이 발견된다.

그러나 이게 꼭 나쁜 것만은 아니다. 아스퍼거 증후군이 있는 사람은 입에 발린 인사치레나 꾸민 말을 하지 않는다. 또한 거짓말도 안 한다. 자신이 생각한 대로, 자신이 생각하기에 진실된 것이면 거침없이 말한다. 그리고 무엇 하나에 꽂히면 엄청난 집중력을 갖고 그것을 집요하게 파고들거나 탐구해 나간다. 이것은 큰 장점이다. 남들에게는 강박이나 불안처럼 보일지 모르지만 이러한 속성, 즉 특정한 것에의 강한 관심과 몰입은 해당 분야에서 큰 성취를 낳는 자질이 될 수 있다.

툰베리는 "아스퍼거 증후군이 나를 남들과 '다르게' 만든 것은 사실이지만, 난 이것을 '초능력'으로 받아들이고 있다"고 말했다. 또한 "아스퍼거 장애를 갖고 있는 나는 가끔 표준과 다소 다르지만, 조건이 충족되면 그 다름이 슈퍼파워가 된다"고 이야기하기도 했다. 맞는 말이다. 이런 자질은 아스퍼거 증후군의 세계적 권위자 토니 애트우드Tony Attwood에게서도 확인된다. 그는 이렇게 말했다. "이 증후군을 앓는 사람들은 대체로 자신의 생각을 직설적으로 말하며, 정직하고 단호하다. 강한 사회 정의감을 갖고 있다."

비장애인들은 흔히 장애를 '결핍缺乏'(있어야 할 것이 없거나 모자란 것)으로 본다. 이 때문에 장애인은 기피의 대상 혹은 동정의 대상이 된다. 그러나 조금만 인식을 바꾸면 장애는 전혀 다르게 보일 수 있다. 장애는 결핍이 아니라 '차이'다. 비정상이 아니라 '또 다른 정상', 무능이 아니라 '또 다른 능력'이다. 장애인은 모자란 존재가 아니라, 또 다른 존재다.

장애인이 무임승차자로 여겨지는 이유

아이린 테일러 브로드스키Irene Taylor Brodsky 감독의 〈히어 앤 나우Here and Now〉(2007)라는 다큐멘터리 영화가 있다. 이 다큐멘터리 영화에는 감독의 부모이자, 청각장애인인 노부부가 나온다. 노부부는 태어날 때부터 청각장애를 갖고 있었던 탓에 한 번도 소리를 들어 본 적이 없다. 그런데 어머니의 취미가 매우 인상적이다. 어머니는 귀가 안 들리는데도 시끄러운 헤비메탈을 즐긴다. 귀가 아니라 피부 진동으로 음악을 즐기는 것이다.

비장애인들은 음악을 귀로 듣는 것이라고만 생각한다. 그러나 음악은 귀와 신경계, 뇌로 연결되는 청각의 메커니즘에 한정되지 않는다. 음악은 각기 고유한 울림을 갖고 우리 몸을 감싼다. 브로드스키 감독의 어머니처럼 진동을 통해 음악을 즐기는 방식은 청각 장애인에게 그리 특별한 일이 아니다. 청력 장애를 앓았던 에디슨도 축음기 테스트를 위해 치아를 썼다.

영화에서 어머니는 인공 달팽이관 이식 수술을 한다. 감독도 현재보다 더욱 행복한 삶을 살 것이라는 기대 속에서 이 장면을 화면에 담는다. 그러나 영화는 예상치 못한 방향으로 흘러간다. 인공 달팽이관이 전하는 소리를 어머니의 뇌는 제대로 구분하지 못했고, 귀로 들리는 소리들은 그녀의 신경을 날카롭게 긁어 댔다. '듣는 일'로 인해 일상적 사물의 질서는 낯설고 기괴한 세계로 돌변했고, 스트레스를 받은 어머니는 고통을 호소했다. 결국 그녀는 '정상적인 생활'을 위해 인공 달팽이관 전원을 꺼야 했다.

어머니의 수술은 '청각장애 = 비정상'이라는 인식 속에서 이루어진 것이었다. 만약 청각장애가 하나의 독자적인 존재 방식이면서 동시에 정상적 범주의 하나로 받아들여졌다면 굳이 수술받을 이유가 없었을 것이다. '장애의 세계가 하나의 독자적인 세계'라는 말에 이의를 제기하는 사람도 있을 것이다. 그러나 과연 그럴까? 극단적으로는 '장애란 없다'고 주장할 수 있는 건 아닐까? 장애가 존재하는 것이 아니라, 장애를 장애로 만드는 사회적 조건들—법과 제도, 설비, 문화, 편견—만이 존재하는 건 아닐까?

철학자 마사 누스바움은 이런 얘기를 한 적이 있다. "휠체어 진입 램프가 없으니 장애인이 접근하려면 리모델링을 해야겠죠. 하지만 애초부터 이런 설비를 해 놓았다면요? 이는 장애가 있건 없건 모두 함께 이용할 거고 거기에 장애 설비 비용이라는 질문이 나올 이유도 없을 겁니다. 지적장애인들과 함께할 때도 마찬가지입니다. 이 아이들을 집중하게 하려면 수업이 보다 사려 깊어져야 해요. 교사가 세심하게 마음 쓰는 거죠. 애초에 교사들이 잘 수련받았다면 그들은 지적장애 제자가 들어왔다고 해도 다시 교육받을 필요가 없습니다. 단순합니다. 바로이 사람들을 애초부터 제외시켰다는 겁니다. 나중에 함께하려니 비싼 거죠."[9]

장애를 가진 사람들은 흔히 '무엇 무엇을 못하는 사람, 할수 없는 사람'으로 규정된다. 그러나 장애가 있더라도 조건만 충족되면 그들은 자신의 방식대로 일을 해낸다. 장애인들이 무능력자, 무임승차자, 피부양자, 나아가 사람 같지 않은 사람으로 여겨지는 이유는 애초부터 사회가 비장애인만을 위해 디자인되었기 때문이다. 장애인들이 무능력자, 무임승차자, 피부양자가 되는 것은 장애 때문이 아니라, 처음부터 사회가 장애인들을 배제한 채 설계된 탓이다.

미국의 심리학자 앤드루 솔로몬Andrew Solomon은 『부모와 다른아이들』에서 "대다수 청각장애인은 청각장애를 청능聽能의 부재가 아니라 청각장애의 존재로 본다"고 이야기한다. 여기에서 '부재'가 아니라 '존재'로 본다는 말이 중요하다. 어떤 능력이 '없음'이 아니라 '있음'으로 본다는 말인데, 장애에 대한 부정적 뉘앙스가 아니라 긍정적 뉘앙스를 띤다. 이 책에는 "농문화는 하나의 어엿한 문화이자 삶이며, 언어이면서 미학적 특징이고, 신체적인 특징이자 다른 사람과 구분되는 지식"이라는 말도 나온다. 이런 말들은 전혀 과하지 않다.

이런 얘기를 해 보자. 청각장애인들은 주로 수화를 쓴다. 비장애인들은 수화를 '불완전한 언어'로 본다. 그래서 말을 가르친다면서, 청각장애 아동들에게 입으로 말하는 구화口話를 억지로 가르치는 경우가 있다. 그러면 청각장애인은 미숙하고 어눌하기 짝이 없는 발음, 비장애인이 거의 알아듣기 힘든 발음으로 말을 하게 된다. 이를 들은 비장애인들은 청각장애인들의 지능이 떨어지는 것으로 오해하게 된다. 실은 전혀 그렇지 않은데 말이다.

청각장애인들이 수화를 쓸 때는 이런 일이 발생하지 않는다. 일반적인 인식과 달리 수화는 그 자체로 섬세하고 정교한 문법을 가진 언어다. 피식민지 민중이 모국어를 금지당하면 언어능력이 저하되듯이, 청각장애 아동도 수화를 금지당하면 언어능력이 저하된다는 연구 결과도 있다. 비장애인들이 똑같은 단어를 말하면서도 그 안에서 다양한 뉘앙스를 전달할 수 있듯이, 수화를 이해하는 사람은 상대방의 몸짓을 보고 그 안에서 아주 미묘한 의미의 차이를 구분할 수 있다.

장애인들이 일상적으로 강요당하는 무력감을 비장애인들이 실감하거나 이해하기란 쉽지 않다. 대부분의 비장애인들은 장애가 나와 상관없는 일이라고 생각한다. 그러나 장애는 남의 일이 아니다. 전체 장애인들 중 90% 이상이 사고나 병으로 장애가 생긴 후천적 장애인이다. 이는 나도 언제 어디서 병이나 사고를 당해 장애인이 될지 모른다는 뜻이다.

2015년 국내에서 개봉된 〈트라이브 The Tribe〉(감독 미로슬라브 슬라보슈비츠키)라는 러시아 영화가 있다. 2014년 칸영화제 비평가 주간에서 대상을 수상한 이 영화는 우리나라에서도 평론가들의 호평을 받았다. 그러나 막상 영화를 본 관객들 중에는 '답답하다', '내용을 알 수 없어 힘들었다'는 반응을 보이는 사람도 많았다. 그도 그럴 것이 청각장애인들이 주로 등장하는 이 영화는 대사와 자막이 아예 없었기 때문이다. 관객들은 오로지 상황과 배우들의 수화나 몸짓만으로 스토리를 이해해야 했다.

비장애인들에게는 다소 당혹스러운 영화였지만, 청각장애인에게는 전혀 그렇지 않았다. 청각장애인들이 영화에 나오는 수화를 다 이해했기 때문은 아니었다. 영화에 나오는 수화는 러시아 수화였고, 이를 모르기는 우리나라 청각장애인들도 마찬가지였다. (수화도 나라마다 다르다.) 하지만 청각장애인은 비장애인에 비해 스토리를 쉽게 이해할 수 있었다. 상황과 몸짓을 통해 상대방의 의사를 이해하는 능력이 이미 체화되어 있었기 때문이다.

청각장애인이 주로 등장한다고 해서 이 영화가 특별히 청각장애인 관객을 염두에 두고 만들어진 것은 아니었다. 그럼에도 (감독이 의도한 것은 아니지만) 이 영화는 특정 상황에서는 청각장애인이 오히려 비장애인보다 유능할 수 있음을 실감케 했다. 비장애인의 유능함과 장애인의 유능함은 정해져 있는 것이 아니다. 상황에 따라 변하는 것이다.

강력 범죄가 조현병 탓이라고?

어떤 강력 범죄가 발생했는데, '알고 봤더니 조현병 환자의 짓이더라' 하는 얘기를 우리는 각종 언론을 통해 흔히 듣는다. 이런 얘기를 너무 자주 듣는 탓에 우리는 조현병을 비롯한 정신장애자[10]의 강력 범죄율이 매우 높을 것으로 생각하는 경우가 많다. 그러나 이는 사실이 아니다. 대검찰청과 보건복지부 통계를 보면 2015년 전체 정신장애 범죄자 7,008명 중 강력범죄(흉악)자는 781명(11.1%)이었다. 인구 10만 명당 강력 범죄자 수를 환산하면 평균 61.67명인 반면, 정신장애자 평균은 27.21명으로 절반에 못 미치는 수준이다. 간단히 말해, 정신장애자의 강력범죄율은 일반인의 절반이 되지 않는다.[11]

'정신장애와 인권 파도손' 대표 이정하는 이렇게 말한다. "심지어 의사의 범죄율이 정신장애인보다 더 높다. 조현증 당사자들이 비장애인에게 폭력당하고, 사기당하고, 죽는 경우가 압도적으로 많은 것이 현실이지만 방송에는 좀처럼 나오지 않는다." 이런 말은 결코 과장된 것이 아니다. 사회에서 정신장애인들은 대표적인 약자다. 오죽하면 정신장애인의 인권은 한 사회의 인권 수준을 가늠할 수 있는 척도가 된다는 말이 있겠는가. 사실을 들여다보면, 폭력의 패러다임에 있어서 정신장애인은 가해자보다는 피해자 지위를 갖는다.

2018년 대한신경정신의학회가 발표한 성명에 따르면 전체 범죄 중 조현병 환자에 의한 범죄율은 0.04%에 불과하다. 이 수치는 너무 낮은 것이어서, 범죄 확률이 거의 없다고 볼 수 있는 수준이다. 그런데도 사람들이 강력 범죄와 조현병을 연관 지어 생각하게 된 까닭은 '언론'의 탓이 크다.

사람에게는 다양한 측면이 있다. 예를 들어 어릴 때 한부모 슬하에서 자랐고, 커서는 히키코모리(집 안에만 틀어박혀 지내는 사람) 생활을 했으며, 동시에 조현병이 있었던 사람이 강력 범죄를 저질렀다고 하자. 이 가운데 무엇을 강조하는가는 언론 마음이다. 언론이 히키코모리를 강조하면 히키코모리의 범죄가 되지만, 조현병을 강조하면 그냥 조현병 환자가 저지른 범죄가 된다. 언론이 유독 정신병을 강조하는 이유는 기사의 선정성을 높이기 좋고, 선정성은 높은 구독률로 이어지기 때문이다.

조현병은 생각보다 흔하다. 보건복지부의 『2016 정신질환 실태 조사』에 따르면 국민 중 약 76만 명이 평생 한 번 이상 조현병 증상을 경험한다. 이 많은 사람을 근거도 없이 잠재적 범죄자로 모는 것은 온당할까? 무엇보다 이런 보도는 정신질환에 대해 사회적 낙인을 찍는 것이 된다. 사회적 낙인이 심해지면, 사람들은 이상 증세를 발견해도 병원 방문을 꺼리게 된다. 그러면 증세는 갈수록 심해지고, 이에 따라 고립되는 정신질환자들은 더욱 많아진다. 사회적 낙인은 정신질환 치료에도 전혀 도움이 되지 않는다.

조현병을 강조하는 보도는 '그럼, 조현병 환자들을 모조리 잡아다 사회에서 격리시키면 되겠네.' 하는 반응을 불러일으킨다. 조현병 환자들에게 환청, 환시, 망상이 있는 것은 사실이다. 그러나 그 방향은 타인을 향한 것이 아니다. 오히려 자신의 내면세계에 빠지는 경우가 많다. 타인에게 위협을 가할 확률이 비정신장애인보다 낮은 이유는 그 때문이다. 이런 사람들을 잠재적 범죄자로 몰아 사회로부터 격리시키는 것은 명백한 인권침해다.

설사 조현병 환자에 의해 강력 범죄가 발생했다고 해도, 그것이 정신장애 때문이라고 속단해서는 안 된다. 범죄에는 사회적 스트레스나 제도적 요인, 혐오와 같은 문화적 요인 등이 복합적으로 작용하기 때문이다. 예를 들어 2016년 세상을 떠들썩하게 했던 강남역 화장실 살인 사건을 보자. 이 사건 역시 가해 남성은 조현병 진단을 받은 적이 있는 것으로 경찰에 의해 확인되었다. 그리고 많은 언론이 여성 혐오 범죄가 아니라 단순한 조현병 환자의 일탈로 보도했다.

그러나 조현병 환자의 범죄라고 해서 여성 혐오 범죄가 아니라고 단정 지어 말할 수는 없다. '조현병'과 '여성 혐오'는 상호 배타적이지 않기 때문이다. 조현병 환자들의 망상에도 사회적 맥락이 있다. 사회에 여성 혐오 문화가 만연해 있으면, 조현병 환자들의 망상에도 여성 혐오가 깃들기 쉽다. 과거 독재 정권 시절에는 중앙정보부가 자신을 미행하고 도청하고 있다는 식의 망상이 조현병 환자들에게서 흔하게 발견되었다. 그러나 지금은 이런 망상이 거의 없다.

조현병 환자들이 겪는 환청, 환시, 망상도 사회와 동떨어져 있는 것이 아니다. 서울대 사회학과 교수 배은경은 강남역 살인 사건에 대해 이렇게 말했다. "이 사건이 진짜 조현병 증상 때문에 생긴 거라면, 오히려 여성 혐오가 작동한 (사회적) 무의식을 잘 보여 주는 것이다."[12]

당연한 말이지만, 범죄의 근본에 여성 혐오가 있다면, 단지 조현병 환자들을 잡아 가둔다고 해결될 일이 아니다. 여성 혐오가 생기지 않게 하는 제도문화 개혁, 사회구조 개혁, 의식 개혁이 필요하다.

강남역 살인 사건이 조현병 탓이라고 주장하는 것에는 악질적인 면이 있다. 여성 혐오를 또 다른 혐오, 즉 정신장애인 혐오로 덮는 것이기 때문이다. 사회적 약자에 대한 혐오 범죄를 또 다른 약자에 대한 혐오로 치환시킨다. 그렇게 해서 약자끼리 증오하고 갈등하게 만든다. 이를 통해 이러한 사회구조를 만들어 놓은 지배층은 책임을 면제받는다. 정신장애인들을 분노와 불만의 희생양으로 대중에게 던져 주고, 자신들은 유유히 비판과 책임으로부터 빠져나가는 것이다.

장애를 생산하는 사회

강남역 살인 사건이 발생한 후, 그에 대한 대응 조치로 이득을 본 사람은 누구였을까? 여성? 국민? 아니었다. 그것은 경찰과 정신질환 전문가(심리학자, 정신과 의사)들이었다. 강남역 살인 사건이 발생한 후 정부와 여당(새누리당)이 내린 방침은 잠재적 범죄자로 의심되는 정신질환자에 대해 경찰이 의뢰하면 전문가의 의학적 판단을 거쳐 강제로 입원시킬 수 있도록 하는 것이었다.

이러한 조치는 정신질환자들에게 엄청난 공포를 불러일으켰다. 아무런 죄를 짓지도 않았는데, 폐쇄 병동에 언제라도 강제 입원 당할 수 있고, 한번 들어가면 마음대로 나올 수 없다는 공포에 시달리게 된 것이다. 말이 입원이지, 내 마음대로 퇴원할 수 없다는 점에서 보면 감옥 생활이나 다름없다. 경찰과 전문가들은 정신질환자들에 대한 임의 처분권을 갖게 되었다. 반면에 정신장애인들의 인권은 무참히 짓밟혔고, 피해자인 여성들은 그대로 방치되었다.

정신질환자들을 강제 입원시킬 수 있는 권한은 정신병원에 큰 이득을 가져다준다. '정신장애와 인권 파도손' 대표 이정하는 정신병원 관련 산업을 "여관업과 비슷하다"고 말한다. 병원이 병상 수에 따라 국가로부터 수당을 받고 병원끼리 환자들을 사고팔기 때문이다. 보통 1명이 입원하면 월 100만 원가량의 수당이 병원에 지원된다. 입원하는 환자들이 많을수록 정신

병원은 더 많은 돈을 번다.

안 그래도 정신질환자에 대한 우리나라의 강제 입원 비율은 지나치게 높은 편이다. 보건복지부 자료에 따르면 2016년 말 기준 정신 의료 기관에 입원 중인 환자는 총 6만 9,232명이었으며, 이 중 강제 입원 환자는 61.6%인 4만 2,684명에 달했다. 다행히 무분별한 강제 입원을 막기 위해 2017년 5월 정신건강복지법이 시행되면서 그 비율이 2018년 4월 말 기준 37.1%까지 떨어지는 등 많이 줄긴 했다.[13] 하지만 해외 선진국의 경우 독일은 17%, 영국 13.5%, 이탈리아 12% 등에 불과한 것으로 보아, 정신질환자들에 대한 우리나라의 인권 의식은 여전히 낮은 수준이다. 정신질환자들은 언제라도 잡아 가둬도 된다는 생각이 제도권에 만연해 있다.

사회적 격리는 여타 장애인들에게도 보편적으로 행해진다. 우리나라의 장애인 복지는 '시설'을 중심으로 이루어진다. 즉 '장애인'에 대한 복지가 아니라 장애인 '시설'에 대한 복지나 다름없다. 대부분의 재정적 지원이 시설에 집중되어 있기 때문에, 장애인들이 복지 정책의 수혜를 입으려면 시설에 가야 한다. 그에 따라 장애인의 삶이 풍요로워지는 것이 아니라 시설장이 부자가 된다.

진정한 복지라면 장애인의 재활과 독립에 도움을 주어야 할 것이다. 시설 생활은 재활과 독립을 배양하기 위해 필요한 만큼만 머무르는, 한시적인 것이어야 한다. 그런데 우리나라의 시설들은 그렇지 않다. 장애인들은 어릴 때 부모와 잠시 생활한 것을 제외하고는 평생 시설을 전전하면서 사는 경우가 많다. 사실상 시설에 '유폐'되는 꼴이다. 장기간의 시설 생활은 장애인으로부터 자기 인생을 스스로 결정할 권리를 빼앗고, 모든 사회적 관계를 단절시킨다. 장애인의 무능력은 이에 기인한다. 장애인 인권 단체들이 '탈시설 복지'를 주장하는 이유다.

정신장애인들이 가장 필요로 하는 것이 무엇일까? 이에 대해 조울증이 있는 정신장애인 강은일(33)은 '주변 사람들의 지지'라고 답했다.¹⁴ 장애인들이 주변의 지지를 얻지 못하는 이유는 장애인을 차별하고, 혐오하고, 고립시키는 제도와 문화적 환경 때문이다. 일단 장애인으로 분류되면 일할 능력이 있어도 취업이 어렵다. 장애인에 대한 차별과 낙인 때문에 사람들과 어울리기 쉽지 않고, 드러내 놓고 치료를 받기도 힘들다. 반복되는 강제 입원도 사회적 관계와 경력을 분절시킨다. 무엇보다 시설에서의 생활은 장애인들을 치명적으로 고립시킨다.

우리나라 정신장애인의 자살자 수는 2016년 기준 인구 10만 명당 207.6명으로 일반인(25.6명)보다 무려 8.1배 높다. 사람이 고립되어 있으면 극단적인 선택을 하기가 쉽다. 이는 장애가 있어서가 아니다. 비장애인이라 하더라도 만약 장애인들이 겪는 차별과 낙인, 고립을 당한다면 누구라도 극단적인 선택을 하기 쉽다. 우리는 '장애' 하면, 주로 생물학적 손상을 떠올린다. 그러나 장애는 거기에 덧붙여 '사회적 억압'이 가해졌을 때 비로소 완성된다.

3

동성애자
혐오

'혐오 표현'이냐 아니냐를 가르는 건 '소수자'다.
표현은 우리의 환경을 구성한다.
— 연세대 커뮤니케이션연구소 전문연구원 이선민

정서영 한교연(한국교회연합) 대표회장은 "동성애는 기독교 교리상 용납할 수 없다. 차별금지법에 동성애가 포함돼서는 안 된다"고 말했다. 이에 문재인 더불어민주당 전 대표는 "동성애를 지지하지 않는다. 다만 성 소수자가 차별받아서는 안 된다고 생각한다"고 말했다.

— 「문재인 "동성애 지지하지 않지만, 차별받아선 안 돼"」에서 [15]

'동성애를 지지한다'는 것도 차별이다

2017년 4월 25일, 대통령 후보 토론회에서 새누리당의 홍준표 후보는 더불어민주당의 문재인 후보에게 "동성애에 반대하십니까?"라는 질문을 던졌다. 그러자 문재인 후보는 "반대한다"고 말했다. 이어서 그는 "동성혼을 합법화할 생각은 없지만 차별에는 반대한다"고 정리하듯 말을 보탰다.

홍준표 후보가 이런 질문을 한 것은 동성애에 대한 대중의 막연한 정서적 거부감을 동원해 문재인 후보를 몰아붙이기 위한 것이었다. 그런데 문재인 후보의 '동성애에 찬성하지는 않지만, 차별에는 반대한다'는 대답은 일반 대중이 아니라 진보적인 사람들과 성 소수자들 사이에서 많은 비판을 받았다. 문재인 후보는 인권 변호사 출신이었다. 사람들은 인권 변호사 출신으로서 해서는 안 되는 말을 했다고 봤다. 그의 말에 어떤 문제가 있었던 것일까?

이 토론회에서 동성애에 대한 발언을 한 것은 두 사람만이 아니었다. 정의당의 심상정 후보도 했다. 심상정 후보는 "동성애는 찬반의 문제가 아니다. 성 정체성은 그야말로 정체성"이라며 "성 소수자들의 인권은 존중돼야 한다"고 말했다. 이 발언은 동성애에 관한 정답에 가까운 말이었다. 동성애는 한 인간의 성적 지향에 관한 문제다. 누가 지지하거나 말거나 할 성질의 것이 아니다. 이는 이성애가 누가 지지하거나 말거나 할 성질의 것이 아닌 것과 같다. 문재인 후보가 비판을 받은 이유는 그 때문이었다. 동성애를 누구의 지지를 받아야 하는 문제로 받아들였다는 사실 자체가 이미 '차별'이다.

혹자는 이렇게 반문한다. '그러면 세상 사람 모두가 동성애를 지지해야 한다는 말이냐', '우리에게는 동성애를 지지하지 않을 자유가 있다. 그 자유를 억압하는 것은 또 다른 인권유린 아니냐'고 말이다. 이에 대한 답변도 같다. 동성애는 누가 지지하거나 말거나 할 성질의 것이 아니라고 답해야 한다. 동성애자들은, 이성애자들이 존재하듯이, 그냥 세상에 존재한다.

성적 지향은 다른 사람이 지지한다고 해서 더 많아지는 것도 아니고, 지지하지 않는다고 해서 더 사라지는 것도 아니다. 동성애자의 인권이 존중되어야 한다는 말은 이성애자의 인권이 존중되어야 한다는 말과 같다. 이성애자의 인권은 성적 지향의 문제로 침해받지 않지만, 동성애자의 인권은 그렇지 않기 때문에 '동성애는 인권의 문제'라고 말하는 것이다. 동성애 지지 여부 논쟁에는 그 자체로 인권에 대한 무관심이 전제되어 있다. 성적인 것을 포함해 개인의 취향에 대한 간섭은 인권침해가 맞다.

사람들은 '동성애' 하면, 변태, 비정상, 음란함 같은 단어를 떠올리지만, 다양한 성적 지향은 자연스러운 인간의 특성이다. 이는 인류 역사가 증명한다. 고대 기독교 세계나 서구의 지배를 받기 전의 비기독교 세계에는 동성애자와 이성애자의 구분 자체가 없었다. 예를 들어 그리스의 유명한 철학자들 대부분이 젊은 제자들과 동성애 관계를 맺었다. 동성애는 이성애와 함께 자연스러운 성적 패턴의 하나였다.

수메르에서 동성애가 일상적으로 행해졌다는 사실은 『길가메시 서사시』에 남아 있으며, 고대 인도에서도 남색^{男色}은 당연한 일로 여겨졌다. 지금은 성 소수자에 대한 무슬림의 혐오가 세계 어느 곳보다 심하지만, 정작 이슬람교의 창시자인 무함마드_{Muhammad}는 남성들의 동성애에 대해 관대했다. 동성애는 남자들 사이에서만 있지 않았다. 플라톤주의 철학자인 플루타르코스_{Plutarchos}에 따르면 고대 그리스에서는 여성의 동성애도 매우 흔했다.

동성애의 역사는 인간이 이성애만 하도록 규정되어 있지 않다는 사실을 보여 준다. 동성애는 성욕이 충분히 해소될 만한 조건에 있지 않거나, 이성애와는 다른 성적 쾌락을 즐기고 싶거나, 심지어 그리스의 철학자들처럼 플라토닉한 사랑까지 충족시킨다는 문화적인 이유로도 얼마든지 행해졌다.

동성애 반대론자들은 "동성애를 허용하면 근친상간도, 수간도, 소아성애도 허용해야 할 것"이라며 동성애에 반대한다. 그러나 동성애는 근친상간, 수간, 소아성애와 같은 차원에서 논의될 것이 아니다. 동성애는 얼마든지 대등한 성적 주체가 서로의 의지에 따라 결정하는 정신적·육체적 행위가 될 수 있다. 동성애는 그 자체로 성폭력을 뜻하지는 않는다. 그러나 근친상간, 수간, 소아성애는 대부분 성적 자기 결정권을 갖기 어려운 대상(자녀, 조카, 동생, 아이, 동물 등)을 상대로 한 것으로 그 자체로 성 착취를 의미한다.

동성애 혐오의 근저에는 이성애에 대한 판타지가 존재한다. 이성애는 건강하고 건전하며 순수한데, 동성애는 그렇지 않다는 것을 전제로 한다. 그러나 정말 그럴까? 예를 들어 근친상간은 어떤가? 근친상간을 생각했을 때, 사람들이 일반적으로 떠올리는 그림은 이성애다. 그렇다면 근친상간도 순수한가? 언론에 걸핏하면 보도되는 이성애자들에 의한 많은 강간 사건들은 또 어떤가? 이성애라고 해서 모두 건전하고 순수하다고 할 수는 없다.

흔히 '동성애는 불결하다'고 인식된다. 동성애는 불결한 성행위이고, 그로 인해 에이즈^AIDS 같은 치명적인 질병이 퍼진다는 것이다. 동성애 반대론자들은 에이즈에 걸린 동성애자들이 복지 예산까지 축낸다며 비난한다. 역시 무임승차론이다. 동성애자들 중에서도 특히 게이들 사이에서 에이즈 감염 비율이 다소 높은 것은 사실이다. 그러나 이는 안전하지 않은 성관계 때문이지, 동성애 그 자체 때문만은 아니다. 이성이든 동성이든 안전하지 않은 성관계는 에이즈 감염의 원인이다. 에이즈의 전파를 줄이기 위해서는 '동성애'가 아니라 '성관계 습관'을 바꿔야 한다.

국가가 동성애를 싫어하는 이유

동성애와 음란함을 연결시키는 데는 언어의 문제도 있다. 일반적으로 '동성애자'라고 하면, 단순히 동성을 좋아하는 것

뿐 아니라 성행위에 과도하게 탐닉하는, 동물적인 사람을 연상하게 된다. 이성애자라는 말도 있기는 하지만, 이성애자가 다수인 까닭에 우리는 일상생활에서 이 말을 거의 사용하지 않는다. '이성애자'라는 말은 동성애자와 비교할 때만 쓰일 뿐이다.

사람들은 '동성애자' 하면, 성행위할 사람을 찾는 데 혈안이 된 사람을 연상한다. 그러나 동성애자라고 해서 모두 성에 탐닉하는 것도 아니고, 하루 종일 섹스만 생각하는 것도 아니다. 동성애자의 일상도 다른 사람들과 다를 바 없다. 보통 사람들이 자신을 이해해 주고, 위로해 주고, 대화하고, 같이 밥 먹고, 손잡고, 안아 주고, 같이 잠잘 연인을 필요로 하는 것처럼, 동성애자도 그런 사랑을 원한다. 그 대상이 동성이라는 점이 다를 뿐이다.

다만 동성애자가 소수인 까닭에, 사랑할 만한 사람을 만날 기회가 이성애자보다 적을 수는 있다. 그래서 연인을 만나려면 좀 더 특별한 노력을 요구하게 되는데, 그런 모습이 성적 욕망에 더욱 탐닉하는 모습으로 비춰질 수는 있다. 그러나 이는 대상을 만나기 어려워서 그런 것일 뿐, 성적 욕망이나 집착이 심해서 그런 것은 아니다. 또 하나는 결혼 제도의 문제가 있다. 이성애자들은 자신이 사랑하는 사람과 결혼할 수 있고, 이를 바탕으로 안정된 동반자 관계를 유지할 수 있다. 그러나 동성애자들은 그렇지 않다. 동성혼이 인정되지 않는 까닭에 불안정한 연인 관계에 머물러야 한다.

그냥 같이 살면 되지, 꼭 결혼을 해야 하느냐고 생각할 수도 있다. 하지만 그렇지 않다. 레즈비언 딸을 가진 엄마, '뽀미'라는 닉네임으로 불리는 이은재 씨는 이렇게 말한다. "수십 년을 같이 살아도, 갑자기 응급실에 실려 가 수술을 받아야 할 때 동성 배우자는 사인을 할 수가 없어요. 어느 한쪽이 먼저 죽으면 연금도, 보험도, 상속도 못 받고, 정작 같이 산 사람보다 먼 친척한테 돌아가요. 우리더러 왜 사냐고 물으면 자식 때문에, 가족 때문에 산다고 하잖아요. 합법적인 가족을 가지는 건 '평생 살아야 하는 이유를 만드는 거'예요."[16]

동성애자들은 서로 가족이 될 수 없다. 물론 결혼을 한다고 해서 안정된 동반자 관계가 무조건 보장되는 것은 아니다. 그러나 주변의 인정과 지지를 받으며 결혼하고 생활할 수 있는 것과 이런 생활이 불가한 것의 차이는 크다. 사랑하는 사람과 가정을 꾸리고 행복하게 살아가는 것은 그 자체로 삶의 에너지와 가치가 된다. 자신의 자존감에도 큰 영향을 미친다. 그런데 동성애자들은 법적으로 결혼을 할 수 없는 것은 물론이고 연애도 비밀스럽게 해야 한다. 이는 연인 관계도 불안하게 만들어, 동성애자들은 이별과 만남을 반복하는 경향이 있다.

커밍아웃 coming out 하고 당당하게 연애하면 되지 않느냐 생각할 수도 있다. 그러나 이 역시 쉽지는 않다. 동성애자에 대한 차별과 배제 때문에 당해야 하는 불이익은 둘째치고, 자신의 성적 지향을 남들 앞에서 밝힌다는 사실 자체가 매우 부끄러운 일이기 때문이다. 성적 지향이란 누구에게나 개인적이고 내밀한 것이다. 이를 공개적으로 밝히는 일이 쉽겠는가. 이성애자에게도 누군가가 '당신의 성적 지향을 공개하라'고 한다면 매우 폭력적으로 느껴질 것이다.

국가가 성 소수자들을 싫어할 이유가 있기는 하다. 인구는 국력의 유지, 신장에 핵심적인 요소다. 인구가 늘어야 경제활동인구와 병력이 늘고, 이를 바탕으로 국력을 키울 수 있는데, 성 소수자들은 출산을 하지 않는다. 그래서 제도적으로 성 소수자들을 배제한다. 그러나 인권보다 국력 신장이 우선시될 수는 없다. 국민의 인권 보호는 국가의 기본 의무다. 요즘에는 비혼을 고수하는 이성애자들도 많고, 결혼하고도 아이를 안 낳는 부부도 적지 않다. 그런 점을 생각하면 인구 축소를 동성애자 탓으로만 돌리기는 어렵다.

동성애는 치유 대상이 아니다

혐오가 목표하는 바는 무엇일까? 가장 큰 목표는 해당 소수자 집단이 위축되거나 사라지는 것이다. 혐오가 소수자 집단을 심리적으로 위축시키는 것은 가능하다. 그런데 성 소수자들을 사라지게 할 수는 없다. 성 소수자들을 죽이지 않는 한, 사라지게 할 방법은 그들을 이성애자로 전환시키는 것밖에 없다. 실제로 동성애 반대론자들은 동성애를 교정이 가능한 질병으로 보고, 이를 바탕으로 동성애자를 억압한다.

심지어 남아프리카공화국 같은 데서는 '교정 강간'도 한다. 레즈비언인 여성들을 이성애자로 교정하겠다며 강간한다. 특별히 악독한 사람들이나 범죄자가 이런 일을 하는 것이 아니다. 마을의 평범한 남자들이나 친척, 목사 등이 이런 일을 벌인다. 심지어 엄마가 딸을 교정하겠다며 남자를 불러들이는 경우도 있다. 잘못된 관념이 어떻게 끔찍한 범죄로 이어지는지를 보여 주는 예다.

그러면 교정 강간은 레즈비언만의 문제일까? 아니다. 교정 강간의 논리는 여성 전반으로 확대될 수 있다. 레즈비언이 아니더라도, 축구를 하는 여성, 남자같이 구는 여성처럼 고정된 성 역할이나 성 규범에서 조금이라도 벗어나면, 레즈비언으로 의심받거나 잠재적 레즈비언으로 여겨져 교정 강간의 대상이 될 수 있다. 그러나 교정 강간을 통해 동성애가 줄어들었다는 증거는 어디에도 없다. 이러한 억압은 동성애자들을 지하로 숨게 만들 뿐이다.

전통적인 여성의 역할은 가족 등을 위해 밥을 차리고, 빨래를 하고, 아이를 낳아 키우고, 아픈 이들을 돌보는 것이다. 교정 강간은 이러한 역할 모델에서 벗어난, 혹은 벗어날 위험이 있는 레즈비언이나 남자 같은 여자를 '길들이기' 위해 이루어진다. 가부장제에 의한 이러한 본보기 처벌은 다른 여성들에게도 심한 공포감을 준다. 여성들은 그런 처벌이 두려워서라도 정형화된 성 역할과 성 규범에서 벗어날 엄두를 못 내게 된다.

하지만 성 정체성은 자기 마음대로 바뀌는 것이 아니다. 세계적으로도 동성애는 질병이 아니며, 어떤 약물 치료나 심리 치료도 효과 없음이 증명되었다. 1973년 미국정신의학회가 동성애를 정신질환 목록에서 삭제하고, 1990년 5월 세계보건기구ᵂᴴᴼ가 질병 분류 목록에서 제외한 것도 그 때문이다. 그런데도 우리나라 보수 개신교 세력은 여전히 치료 가능한 병으로 여기고, 탈동성애 운동을 전개하고 곳곳에 동성애치유상담센터를 설립, 운영한다.

동성애자들이 받는 차별과 불이익은 적지 않다. 앞서 말했듯이 동성애자들은 결혼이 인정되지 않는다. 그래서 신혼부부를 위한 대출이나 주택 제도도 이용할 수 없어 열악한 주거 환경에서 사는 경우가 많다. 4대 보험이 보장되는 직장에 다닌다 해도 파트너는 국민건강보험 피부양자로 인정되지 않는다. 파트너는 지역 가입자로서 별도의 보험료를 내야 한다. 파트너와 사별해도 그의 장례를 치러 주거나 재산상속권을 주장할 수 없다. 직장 생활도 순탄치 않다. 트랜스젠더의 경우 상당수가 신분이 잘 드러나지 않거나, 신분을 드러내지 않아도 되는 아르바이트, 비정규직 등 노동조건이 열악한 곳에서 일을 한다. 성 소수자라는 것이 알려지면, 변태성욕자나 잠재적 에이즈 바이러스 보균자로 낙인찍혀서 직장에서 쫓겨나는 경우도 많다. 이래저래 성 소수자들은 의료·주거·직장·연금 등에서 차별당한다.

차별과 배제는 자아에도 깊은 상처를 입힌다. 사회적으로 '동성애는 비정상'이라는 생각이 너무 강한 탓에 동성애자는 자기 스스로를 긍정하거나 사랑하기 힘들다. 남들 말처럼 '내가 몹쓸 병에 걸린 것은 아닌가?', '신의 저주를 받은 것은 아닌가?', '과연 나는 살아갈 필요가 있는 사람인가?' 하는 생각에 정체성 혼란, 자기혐오, 자아분열에 시달리는 경우가 많다. 부모라도 자신을 있는 그대로 받아들여 주면 좋으련만, 그것도 흔한 일은 아니다. 부모 역시 지배적인 성 관념으로부터 자유로운 경우가 많지 않기 때문이다. 자기를 낳아 준 부모에게조차 받아들여지지 못할 때, 성 소수자들의 절망감은 이루 말할 수 없이 크다.

문제의 심각성은 통계로도 드러난다. 2006년 한국청소년정책연구원의 『청소년 성 소수자의 생활 실태 조사』에 따르면, 청소년 성 소수자의 77.4%가 자살을 생각해 봤고, 실제로 자살을 시도한 비율도 무려 47.4%에 이른다. 청소년 성 소수자들은 학교에서 자퇴하는 비율도 높다. 우리나라 최초의 트랜스젠더 변호사인 박한희는 이런 말을 했다. "한번은 20대 성 소수자를 대상으로 설문 조사를 했는데 그중 일부는 기대 수명을 40세 아래로 적어 냈더라. 눈물이 났다."[17] 자신이 40세까지 살 수 있을 거라고 생각하지 않는다는 말이다.

성적 지향이 쉽게 바꿀 수 있는 것이라면, 온갖 불이익과 목숨의 위협을 느끼면서까지 이를 고수할 사람은 없을 것이다. 성 소수자들은 자신의 정체성을 바꿀 수 없기 때문에 그냥 그렇게 살아간다. 억지로 정체성을 바꾸려는 모든 시도는 우울증, 자살 시도 등 다양한 부작용만 심화시킬 뿐이다.

우리나라는 공식적으로 조사된 바가 없어 성 소수자가 얼마나 되는지 알 수 없다. 다만 OECD의 통계로 추측할 수 있는

데, OECD 14개 국가의 레즈비언, 게이, 양성애자[LGB]는 성인 인구의 2.7%에 달한다고 한다. 아마 우리나라에도 이 정도의 성소수자가 있지 않을까 싶다. 2.7%면 적지 않은 숫자다. 요즘 한 반 정원이 30명 정도 되니, 한 반에 1명 정도는 성 소수자라는 얘기다. 혐오 문화 때문에 잘 드러나지 않아서 그렇지, 성 소수자는 늘 우리 주변에 있다고 보는 것이 옳다.

호모소셜의 동성애 혐오

가부장제 사회는 남자들의 연대로 구성된다. 남자들은 서로를 '진짜 남자'로 인정해 주고, 포용하고, 협력하고, 끌어 주고, 밀어준다. 남자가 사회에서 우월한 지위를 누리고 정치적·경제적으로 성공을 이루는 밑바탕에는 남자들끼리만 사회적 연대를 맺는 '호모소셜[homosocial]'이 자리하고 있다.

호모소셜이 유지되기 위해서는 한 가지 원칙이 있다. 서로를 향한 에로티시즘은 억제되어야 한다. 같은 남자를 놓고 남자들끼리 성적 경쟁을 벌인다면 호모소셜에 균열이 생긴다. 게이들은 남자들끼리 성관계를 맺음으로써 성별의 우열에 기초한 지배 질서를 혼란스럽게 만든다. 그래서 호모소셜은 게이들을 남성들의 연대를 해치는 배신자로 취급한다. 남자들이 게이를 혐오하는 이유다.

혐오의 이면에는 공포가 있다. 게이는 남자 이성애자들로 하여금 자신을 성적 객체로 전락시킬 수 있다는 불안과 공포를 불러일으킨다. 성 역할이 고정된 남녀 관계에서 남자들은 '삽입당하는' 존재가 될 가능성이 없다. 그런데 게이에게는 삽입당할 가능성, 욕망의 대상으로 전락할 가능성이 생기게 된다. 이는 남자가 여성화될 수 있음을 의미한다. 여성화된다는 것은 곧 그들의 세계에서 약자가 된다는 것이다. 그에 대한 반감 때문에 호모포비아homophobia, 곧 동성애 혐오증이 발생한다.

성폭력은 주로 강자가 약자를 상대로 행사한다. 동성애자는 오히려 위력을 행사하기 힘든 사회적 약자에 속한다. 동성애자는 차별당하고 조롱당하는 위치에 있지, 위력을 가하는 위치에 있지 않다. 예를 들어 미국 연방수사국FBI의 조사에 따르면 2018년 미국에서는 7,120건의 증오 범죄가 발생했는데, 이중 약 20%가 동성애자를 겨냥한 사건이었다. 동성애자들은 오히려 혐오 범죄에 노출될까 두려워한다.

남자 이성애자들이 레즈비언을 혐오하는 것도 가부장제와 관련이 있다. 가부장제 아래에서 여성은 남성만을 위한 성적 대상이어야 한다. 그런데 레즈비언은 이러한 구도를 벗어나 스스로 성적 주체가 된다. 레즈비언은 남편을 뒷바라지하고, 아이를 낳아 기르고, 살림을 도맡아 하는 성 역할에서도 벗어난다. 이는 전통적인 가족 구조를 위협할 뿐 아니라, 남성의 통제로부터 벗어난다는 사실을 의미한다.

동성애 혐오는 여성 혐오와 마찬가지로 '성별 권력 관계'가 핵심이다. 남성성은 절대적 타자로서 여성성을 설정한다. 남성성은 언제나 여성성과 함께 견주어 보아야 하는 관계적인 개념이다. 게이들은 남성과 여성의 역할을 벗어난 성행위를 한다는 점에서, 레즈비언들은 남성의 지배 권력으로부터 벗어나 독립적인 섹슈얼리티를 추구한다는 점에서 남성성을 위협한다.

호모포비아는 게이들만 희생양으로 삼지 않는다. 게이가 아니더라도 여성처럼 말하거나 행동하는 남자도 조롱과 폭력의 대상이 된다. 특히 남자들만 모여 있는 남학교나 군대 같은 데서 이러한 경향이 강하게 나타난다. 혹은 남성적인 문화가 지배적인 건설 현장이라든가 스포츠 팀, 검찰, 경찰 같은 곳도 마찬가지다. 이런 곳에서도 여성적인 행동이나 말투는 위험에 노출되기 쉽다.

이성애자들은 '게이' 하면, 주로 여성적인 남자를 떠올린다. 웃을 때 손으로 입을 가린다거나, 말할 때 몸을 흐느적흐느적 흔들면서 '어머, 어머'를 연발하는 모습을 상상하며, 게이들을 연약한 사람들이라고 분류하는 경향이 있다. 그러나 동성애와 여성성은 필연적 연관성이 없다. 이는 역사가 증명한다. 역사적으로 남자 동성애의 제도화는 오히려 강한 남성성을 추구하는 전사들 사이에서 이루어졌다. 고대 그리스 병사들은 전쟁터에 나갈 때 반드시 어린 소년들을 데리고 가서 군사기술을 가르쳐 주는 대가로 섹스 파트너로 봉사하도록 했다. 그들의 불요불굴의 용감성은 남자 전사 커플들의 단결과 헌신성에서 나오는 것이었다.

고대 그리스에만 이런 양상이 있었던 게 아니다. 남부 수단의 아잔데족Azande 전사들은 소년들과 '결혼'해 성적 욕구를 해소하다가 재산을 충분히 모으면 여자에게 다시 장가를 들었다. 동성애 관계는 연약한 소년을 용감한 전사로 만드는 정교하고도 기나긴 입문식의 한 부분이었다. 북미 인디언의 전사들은 종종 '베르다쉬berdache'라는 동성연애자들을 두었는데, 이는 엄청난 명예로 여겨졌다. 그뿐 아니라 동성애는 일본 사무라이들에게도 공인된 즐거움이었다.

게이들이 남성성과 반대되는 존재라는 사실은 편견에 불과하다. 현실에서는 남자다운 성격을 가진 게이들도 얼마든지 있을 수 있다. 그러면 우리가 '게이' 하면, 주로 여성적인 남자를 떠올리게 된 이유는 무엇일까? 이 역시 가부장제 때문이다. 남성들의 연대로 유지되는 가부장제는 남성적인 것을 미덕으로 삼는다. 그러므로 가부장제에 반하는 존재인 게이의 특성은 남성적이지 않은 것으로 규정되어야 한다. 또한 어떤 게이에게 여성적인 특성이 있다면, 그 특성이 강조되어야 한다. 게이를 여성적인 존재로 바라보는 이유는 가부장제의 논리적 필요성 때문이지, 실존적 성격 때문이 아니다.

기독교의 동성애 혐오

우리가 일상적으로 접하는 종교들 중 동성애 혐오가 가장 심한 종교는 단연 기독교, 그중에서도 개신교다. 개신교의 경우 동성애에 관용적인 교단도 일부 있기는 하지만, 대부분의 교단이 극렬히 반대한다. 동성애가 창조 질서에 어긋난다는 것, 비성경적인 행위라는 것이 그 이유다. 그러나 앞서 말했듯이, 동성애가 자연법에 어긋난다면 왜 그렇게 동성애자들이 꾸준히 생겨나는지, 온갖 탄압에도 불구하고 동성애자들이 성적 지향을 바꾸지 못하는지가 쉽게 설명되지 않는다.

주류 교단은 성경이 동성애를 죄악으로 규정하고 금지한다고 믿는다. 그러므로 동성애 혐오 역시 정당하다고 여긴다. 근거는 창세기 19장, 레위기 18장 22절, 레위기 20장 13절, 로마서 1장 26~27절, 고린도전서 6장 9절, 디모데전서 1장 10절, 히브리서 13장 4절 등이다. 그러나 이러한 근거 자체가 논란의 여지가 많다. 특정 구절이나 단어를 어떻게 번역하고 해석하느냐에 따라 그 의미가 달라지는 경우가 대부분이기 때문이다.

동성애 혐오의 정당성을 주장할 때 가장 많이 근거로 동원되는 대목은 창세기 19장의 '소돔과 고모라' 이야기다. 이 이야기는 오늘날 기독교 신자는 물론 비신자들에게도 강력한 영향력을 행사하고 있다. 소돔에서 유래한 '소도미sodomy'라는 단어 자체가 항문 성교, 즉 남색을 의미한다. 일상적으로 쓰이는 이 단어 때문에 '소돔 = 동성애'라는 생각이 일종의 상식처럼 여겨지고 있다. 소돔과 고모라 이야기를 간단히 소개하면 이렇다.

소돔에 살던 아브라함의 조카 롯이 두 사람의 남자를 손님으로 맞아 대접하고 있는데, 마을에서 남자들이 몰려와 "오늘 밤 당신의 집에 온 남자들이 어디 있는가, 우리가 관계를 해야겠다"고 소리쳤다. 이에 롯은 악한 짓이라 타이르고 대신 성 경험이 없던 자신의 두 딸을 내어 주려 했으나, 몰려온 남자들은 이를 거부하고 문을 부수려 들었다. 그런데 사실 롯의 집에 찾아온 손님들은 천사였다. 이 천사들은 소돔을 멸망시키기 전에 소돔에도 의로운 사람이 있는지를 알아보기 위해 찾아왔던 것이다. 천사들은 롯이 재앙을 피할 수 있도록 도와주었고, 곧 소돔은 유황불이 떨어져 멸망했다.

이 이야기는 만연한 동성애 때문에 소돔이 하나님의 심판을 받아 멸망했다고 주로 해석된다. 그러나 이는 다르게 해석될 수도 있다. '동성애' 때문이 아니라, 약한 이방인들을 대상으로 집단 성폭행을 저지르려 한 소돔의 '불의'에 대해 하나님이 심판한 것으로 읽을 수도 있다. 실제로 진보적인 교단이나 성경학자들은 그렇게 해석한다. 그러면 이는 사회적 약자인 동성애자들을 혐오하는 이야기가 아니라, 반대로 사회적 강자의 약자에 대한 폭행을 질타하는 이야기가 된다.

이런 해석에는 일리가 있다. 예를 들어 구약성경 에스겔 16장 48~50절에는 소돔의 죄들이 상세히 나열되어 있는데, 거기서 지목된 것은 교만, 지나친 부, 게으름, 가난한 이들에 대한 무관심, 우상숭배이지 '동성애'가 아니다. 소돔이 동성애 때문에 망한 것이라면, 그 죄를 가장 강조해야 함에도 불구하고 그런 말이 없다. 그뿐 아니라 성경에 기록된 예수나 구약시대 예언자들의 어떤 어록에도 소돔의 죄가 동성애라고 명시된 적이 없다.

전체적으로 보면, 성경은 동성애에 대해 어떠한 명시적 판단도 내리지 않는다. 오히려 성경에는 다윗과 요나단, 룻과 나오미, 마태복음에서 소년을 사랑하는 백부장(로마 보병 부대의 최소 단위인 100명으로 구성된 부대의 지휘관) 등 동성 간의 사랑이 아무렇지도 않게 등장한다. 이 대목들에서도 성경은 무관심하다 싶을 정도로 아무런 가치판단을 내리지 않는다. 결론적으로 성경이 동성애 자체를 죄악으로 봤다는 주장은 아무런 신학적 근거가 없다.

역사적으로도 기독교가 본래부터 동성애를 혐오했던 것은 아니었다. 성경 연구의 권위자인 예일대 역사학 교수 존 보스웰John Boswell에 따르면, 예수 탄생 이후 처음 500년 동안은 기독교도 동성애를 광범위하게 용인했다.[18] "기독교가 200년 이상 로마의 국교였는데도" 6세기가 되어서야 비로소 로마제국은 동성애를 불법화했다. 그리고 동성애가 불법화된 후에도 중세 초기까지는 동성애가 간음보다 덜 음란한 것으로 여겨졌다. 예를 들어 8세기에 교황 그레고리우스 3세Gregorius III는 성직자들을 처벌할 때, 동성애 행위보다 사냥하러 간 것을 더 가혹하게 처벌했다.

13세기까지 게이 문화는 교회 내부에서도 공공연한 것이었고, 심한 정죄의 대상도 아니었다. 사제들과 수녀들 사이에서도 동성애는 흔했다. 그들은 서로에게 사랑을 담은 편지와 시를 써서 보내곤 했다. 변화가 일어난 것은 그 이후였다. 십자군 원정이 결정적이었다. 중세만 전문적으로 연구한 프랑스의 사학자 장 베르동Jean Verdon이 쓴 『중세에 살기』에는 이런 대목이 나온다. "동성애자들은 십자군 원정으로 촉발된 감정의 여파를 겪는 것으로 여겨졌다. 서구의 많은 문적들은 이처럼 광적인 행태를 이슬람교도들의 탓으로 돌렸던 것이다."

오랜 십자군 원정으로 사람들이 격렬한 감정의 여파를 겪었고, 그 결과 동성애자가 생겼다는 관념이 싹트기 시작했다. 그러니까 십자군 원정은 이슬람교도 때문에 비롯되었으므로, 동성애가 생긴 것도 그들 탓이라는 것이다. 유럽인들은 이슬람에 대한 적개심을 동성애 혐오의 계기로 삼았고, 그때부터 동성애는 혐오의 대상이 되었다.

자비로운 종교의 자비 없는 혐오

2003년 4월 26일, 서울 동대문구 동성애자인권연대 사무실에서 한 청소년이 목숨을 끊었다. 만 18세에 자살을 택한 고故 윤현석 군은 동성애자였으며 독실한 가톨릭 신자였다. 동성애자 인권을 위해 열심히 활동하던 그의 장래 희망은 시조 시인이었다. 그의 유서에는 이런 내용이 적혀 있었다. "소돔과 고모라 운운하는 가식적인 기독교인들에게 무언가 깨달음을 준다면 난 그것만으로 죽는 게 아깝지 않다고 봐요. 수많은 성적 소수자를 낭떠러지로 내모는 것이 얼마나 잔인하고도 반성경적이고 반인류적인지 ⋯ 우리더러 죄인이라 하기 전에 자기네들이나 먼저 회개하고 이웃 사랑 실천해야 할 거예요."

인권 단체에서는 이 죽음을 사회적 타살로 명명했다. 이는 기독교에 의한 '사회적 타살'이었다. 세계적인 신학자 테드 제닝스Ted Jennings는 이렇게 말했다. "가정과 교회에서 '게이인 것보다는 차라리 죽는 게 낫다'는 메시지를 듣는 수많은 게이 성향의 아이와 젊은이들이 극심한 고통을 이기지 못해 자살을 택하고 있다. 이 고통은 자본주의나 군사독재 때문도 아니고 바로 교회가 만들어 낸 것이다."**19**

원수까지 사랑하라고 한 예수의 이름으로 사회적 약자인 동성애자들을 학대하는 아이러니. 테드 제닝스는 이러한 아이러니가 발생하는 이유를 '교회의 타락'에서 찾았다. 성경을 상세히 살펴보면 '죄'는 '힘 있는 자들이 사용하는 오만과 폭력'임이 분명한데, 교회가 '힘 있는 사람들'과 한편이 되기로 마음먹으면서 '죄'가 성경과 완전히 뒤바뀌고 말았다는 것이다. 교회는 특권층의 죄를 거론하는 대신 보통 사람들의 '성'을 '죄악'의 대타로 등장시켰고, 가장 대표적으로 약자인 동성애자를 희생양으로 삼았다.

교회가 타락했다는 말은 맞다. 성범죄, 막말, 성직 매매, 장부 은닉, 노동 착취, 재정 횡령, 권력 다툼, 교회 세습, 금권 선거, 논문 표절, 불법 의료 행위, 감금, 납치, 폭행 등 목회자의 비위는 하루가 멀다 하고 신문 지면을 장식하고 있다. 그렇다 보니 기독교, 그중에서도 개신교의 교세는 약해지고 여론은 나빠지고 있다. 개신교가 동성애 혐오에 적극 나서는 이유에 이런 상황도 일조하는 것으로 보인다. '국민 정서'에 위배되는 동성애를 적으로 규정하면 개신교 내의 비리와 성적 방종으로부터 국민의 시선을 돌리고, 내부를 결집시키는 효과를 얻을 수 있다.

　더군다나 우리나라 개신교는 반공 개신교다. 우리나라 개신교가 냉전·반공 체제를 발판으로 성장해 왔다는 사실은 역사가 증명한다. 한국은 세계 선교 역사에서도 유례가 없을 만큼 단기간에 교세가 확장되었다. 해방 당시만 하더라도 전 인구의 1%에도 미치지 못하던 개신교가 2014년 국민의 21%가 믿는 최대 종교가 됐다.[20] 1993년 미국 월간지 《크리스찬 월드》가 선정한 세계 50대 교회 중 23개가 한국 개신교회다. 권력층의 신자 비율은 더욱 높아서 19대 국회의원 중 40%가 개신교 신자다. 개신교 재단들은 우리나라 주요 사립대학과 대형 언론사를 소유하고 있기도 하다.

　전쟁과 분단을 빼고는 한국에서 일어난 선교 기적을 설명할 방법이 없다. 반공 이데올로기는 교회의 가장 중요한 보루였다. 한국 교회에서 극우 반공주의는 거의 신앙이다. 정치적으로 개신교 신자가 되는 것은 반공주의자로서의 신원을 보증하는 역할을 해 주었다. 그런데 탈이념 시대가 도래하고, 개신교 내부의 각종 비리가 알려지면서 교회의 사회적 영향력이 축소되었다. 교회의 색깔론과 종북 타령 역시 낡은 것으로 치부되며 대중에게 먹혀들지 않고 있다. 교회로서는 자신의 헤게모니를 회복할 만한 어젠다가 필요했는데, 동성애 혐오는 그에 적합한 것이었다. 개신교가 동성애 문제에 집착하는 이유다.

　같은 혐오라도 무신론자가 자행하는 것과 종교인이 자행하는 것 중 무엇이 더 악랄할까? 단연 후자다. 종교인의 혐오는 사랑과 자비의 신앙을 차별과 배제의 신앙으로 왜곡시키기 때문이다. 종교인의 혐오가 더욱 문제 되는 이유는 신의 이름으로 혐오를 자행하기 때문이다. 그러므로 오히려 아무런 양심의 가책을 느끼지 않는다. 혐오 행위를 신앙적 가치를 수호하는 일로 여기게 되면 죄의식은커녕 긍지와 자부심을 갖게 된다.

일반적으로 기독교 국가들은 동성애 혐오가 심하다. 그런데 예외가 있다. 덴마크, 스웨덴, 아이슬란드 같은 나라가 그렇다. 이들 나라도 기독교가 국교다. 그런데도 동성애에 전향적인 사회 분위기 때문에 기독교인들 역시 동성애자들에 대한 편견과 차별이 별로 없다. 종교 역시 독자적으로 존재하는 것이 아니라, 사회의 일부라는 사실을 보여 주는 예다. 종교 내부의 개혁도 중요하지만, 이에 못지않게 사회적 분위기가 중요하다. 사회 전반적으로 동성애에 대해 편견과 차별이 줄어들면 종교도 이를 따를 수밖에 없다.

4

세월호
혐오

강자의 무지는 쉽게 폭력이 된다.
— 시인 노혜경

자식의 죽음에 대한 세간의 동병상련을 회 쳐 먹고, 찜 쪄 먹고, 그것
도 모자라 뼈까지 발라 먹고 진짜 징하게 해쳐 먹는다. 그들이 개인
당 10억의 보상금을 받아 이걸로 이 나라 학생들 안전사고 대비용
기부를 했다는 얘기 못 들었다. 귀하디귀한 사회적 눈물 비용을 개인
용으로 다 쌈 싸 먹었다. 나 같으면 죽은 자식 아파할까 겁나서라도
그 돈 못 쪼개겠다.

— 전 자유한국당 의원 차명진 페이스북에서[21]

유가족에게 종북 딱지 붙이기

2014년 4월 16일에 일어난 세월호 참사는 인천에서 제주로 향하던 여객선 세월호가 진도 인근 해상에서 침몰하면서 전체 탑승자 476명 중 304명이 사망·실종된 대형 참사다. 4·16 세월호 참사는 전 세계에서 일어난 조난 사고들 중에서도 가장 미스터리한 사건이다. 배가 왜 전복됐는지, 전복 후 배는 왜 그렇게 빨리 가라앉았는지, 해경은 왜 한 명도 구조하지 않았는지, 언론들은 왜 사고 직후 '전원 구조'라는 오보를 동시다발적으로 내보내 골든 타임을 놓치게 하는 데 일조했는지, 검찰은 왜 수사를 제대로 하지 않았는지, 정부는 왜 세월호 특별조사위원회의 활동을 방해했는지가 지금까지도 공식적으로 명확히 해명된 것이 없다.

사람이 사고로 죽을 수는 있다. 그러나 사고와 죽음의 원인이 명확히 밝혀져야 한다. 그래야 유족은 피해자를 온전히 마음으로부터 떠나보낼 수 있다. 세월호처럼 사고와 죽음의 원인이 밝혀지지 않으면, 유족들은 자식을 떠나보낼 수 없을 뿐아니라 커다란 트라우마에 시달리게 된다. 트라우마는 세월이 지난다고 없어지는 것이 아니다. 유족들의 시간은 사건 발생 시점에 멈추게 된다. 이후의 시간은 고통 때문에 사는 게 사는 것이 아닌, 죽지 못해 사는 '여생餘生'이 된다. 우리 사회는 그렇지 않아도 참척慘慽의 슬픔을 겪은 유가족들을 혐오함으로써 너무 많은 고통을 주었고, 지금도 그러고 있다.

세월호 혐오의 시작은 극우 사이트 일간베스트저장소(이하 일베)였다. 사고 직후 며칠간은 당시 집권 여당인 새누리당을 포함, 전 국민이 슬퍼하고 추모하는 분위기였다. 그런데 일주일도 안 돼 추모의 의미로 온라인에 퍼지던 나비 모양 리본 이미지를 일베의 초성인 'ㅇㅂ'로 바꾼 이미지가 유포되었다. 그다음엔 사망자를 소재로 한 음란 게시물이, 사망자 가족을 '유족충'이라 칭하는 글이 올라왔다. 2014년 9월에는 급기야 '세월호 참사 진상 규명을 위한 특별법' 제정을 촉구하며 광화문에서 단식 투쟁 중인 유족들 앞에서 치킨과 피자를 주문해 먹는 소위 '폭식 투쟁'이 벌어졌다.

새누리당을 중심으로 한 보수 인사들의 혐오 발언도 이어졌다. 보수 인사들의 세월호 혐오 발언은 헤아리기 힘들 정도로 많았다. 대표적인 혐오 발언은 색깔론이었다. 유가족들 중 일부가 '종북'(북한 추종 세력)이거나 유가족들을 정치적으로 이용하려는 불순 세력이 개입되어 있다는 주장이었다. 근거 없는 이런 주장은 언론에 의해 대거 확산되었다.

애초 피해자 가족들이 정부에 요구한 것은 지극히 상식적인 내용이었다. 사고 직후 그들은 승객 구조에 총력을 다해 달라고 요구했다. 그러나 당시 대통령은 사고 직후 7시간 동안 행적이 묘연했다. 500명의 잠수사와 121대의 헬기, 69척의 함정이 동원되어 대대적인 구조 작업을 벌이고 있다는 정부의 발표가 있었지만, 순 거짓말이었다. 12명의 잠수부, 헬기 2대, 군함 2척, 특수 보트 6대만이 동원되었으며, 심지어 구조 작전이라

부를 만한 활동을 하지 않았다. 해경이 한 일이라곤 조타실의 선원들을 실어 나른 것, 스스로 배에서 탈출해 바다에 동동 떠 있는 승객들을 건져 올린 것이 전부였다.

　박근혜 정부와 해경의 행태는 단순한 부실 대응이나 무능을 넘어 일부러 구조하지 않았다는 말이 어울릴 정도로 이상한 것이었다. 피해자 가족들의 비난과 분노가 폭발한 것은 당연했다. 마음을 졸이며 사태를 지켜보던 시민들 사이에서도 정부에 대한 질타가 터져 나왔다. 세월호 참사가 자칫 정치적 부담 혹은 정권의 위기로 이어질까 두려웠던 탓일까? 박근혜 정부는 사과와 재난 대응 시스템 정비 대신 유가족들을 공격하기 시작했다.

　경찰과 국가정보원은 유족들을 사찰했고, 여당 정치인들은 혐오 발언을 쏟아냈다. 정부는 앞서 말한 '폭식 투쟁'도 지원했다. 일베와 극우 단체들(자유청년연합, 대한민국엄마부대, 대한민국어버이연합, 새마음포럼 등)이 광화문에서 벌인 폭식 투쟁은 박근혜 정부와 긴밀히 유착된 삼성이 돈을 댄 것이었다. 2014년 1월 청와대와 전국경제인연합은 삼성 주도로 서울 시내의 한 고급 일식당에 모여 극우단체 지원 계획을 수립했고, 세월호 참사 후에도 이들이 폭식 투쟁 등에 나설 때마다 거액을 송금했다.[22]

　유가족들은 별안간 사고로 가족을 잃은 사람들일 뿐이었다. 그런데도 여권 인사들은 지속적으로 색깔론을 제기함으로써 세월호 참사를 정치적 논란거리로 만들었다. '세월호 참사

진상 규명을 위한 특별법' 제정을 위해 단식에 나섰던 유민 아빠 김영오는 "너 정치하려고 그러지?", "관종(관심 종자)이군.", "곧 새정치민주연합(현 더불어민주당) 비례대표 1번 받겠네." 같은 말을 들어야 했다. 어떤 정치적 목적이나 손익계산에서 단식하고 있는 것 아니냐는 비아냥이었다.

세월호 사망자 대부분이 학생들이었다. 사망자와 유족에 대한 공감대가 더욱 클 수밖에 없었다. 자식을 잃은 부모의 슬픔과 고통에는 그 어떤 것보다 보편적인 데가 있다. 이런 사건의 경우, 그 공감으로부터 국민을 떼어 놓는 것이 쉬운 일은 아니다. 그 때문에 여권 인사들은 더욱 색깔론에 집착했던 것으로 보인다. 세월호 참사가 정치적인 문제, 즉 좌우의 문제가 된다면, 정부에 대한 비판 여론으로부터 일단은 보수적인 사람들을 뭉텅 덜어낼 수 있기 때문이다. 일종의 '갈라치기'였다.

과도한 배·보상금 요구한 유가족?

유가족에 대한 '종북 딱지 붙이기'는 생각보다 잘 먹히지 않았다. 색깔론으로 핵심 보수층을 결집시키고, 정부에 대한 비판을 위축시키는 효과를 볼 수는 있었지만, 딱 거기까지였다. 배가 바닷속으로 가라앉는 광경을 모두 지켜본 상황에서 국민의 절대다수가 안타까움, 절망, 그리고 직무 유기로 일관한 정부에 대해 분노를 느끼는 것은 당연했다. 색깔론은 보수쪽이 너무 오랫동안 써 먹은, 낡은 수법이기도 했다. 세월호 참사에 대한 정서적 유대감을 깨는 데는 한계가 있었다.

유가족 혐오에 큰 역할을 한 것은 따로 있었으니, 바로 '유가족 특권층 만들기'였다. 시중에 유포된 유가족들이 받을 혜택 목록은 이랬다. '거액의 배·보상금, 사망자 전원 의사자 지정, 대학 특례 입학, 병역 특례, 세월호 희생자 추념 국가 기념일 지정, 추모 공원 건립, 추모비 건립, 공무원 시험 가산점, 주기적 정신적 치료 평생 지원, 생활 안정 자금 평생 지원, 세금으로 세월호 추모 재단을 설립해 유가족들이 평생직장으로 이용하는 것, 치유 휴직, TV 수신료·전기·통신·수도 요금 등 공공요금 감면, 상속세·양도세 등 조세 감면, 형제자매들에 대한 교육비(급식비·수업료) 감면, 아이 보기 지원, 간병 서비스, 화물 등 물적 피해 지원, 경제적 어려움을 겪고 있는 피해자 금융거래 관련 협조 요청' 등이 그것이다.

어지러울 정도로 많이 쏟아져 나오는 혜택 목록을 본 사람들의 반응은 어땠을까? 정보의 신뢰성에 의문을 가진 사람들도 있었지만, "이거 좀 과한데." 하는 반응을 보이는 사람들이 많았다. 나아가 이를 근거로 '죽은 자식 팔아서 한몫 단단히 챙기려는 것 아니냐', '시체 팔이다', '무임승차다', '파렴치한이다', '유족이 벼슬이냐' 같은 혐오 발언을 하는 사람들도 있었다. 무엇이 사실이고 무엇이 아닌지를 체크하고 정리해 주는 언론이 있었으면 좋으련만, 당시만 하더라도 메이저 언론 중에 그런 언론은 없었다. 그사이 세월호 유가족에 대한 혐오는 갈수록 커졌다.

위 목록 중에 세월호 유가족이 요구한 것이 있을까? 정답은 '하나도 없다'이다. 우선 배·보상금 문제를 짚어 보자. 배·보상금은 기본적으로 논쟁이 될 수 없는 문제다. 왜냐하면 배·보상은 법과 제도에 따라 이루어지는 것이지, 유가족들이 더 달라고 요구한다고 해서 더 주는 것이 아니기 때문이다. 그런데도 '유가족들이 생떼를 쓴다'는 말들이 시중에 횡행하면서 유가족 혐오를 부추겼다. 유가족들이 그런 적도 없지만, 법과 제도가 엄존한 나라에서 '생떼를 쓴다'고 배·보상금을 더 준다고 믿는 것, 더 줄 수 있다고 주장하는 것은 무지의 극치거나 악의적인 선동이라고 할 수밖에 없다.

배·보상금은 정해진 법적 기준과 판례에 따를 뿐이다. 그런데 세월호 참사의 경우는 단순 해상 사고가 아니라, 국가의 직무 유기에 대한 책임이 크다. 그에 대한 부분은 조사와 수사, 그리고 소송 재판 결과에 따라 배상받으면 될 일이었다. 이는 세월호 유가족뿐 아니라 국가에 의해 피해를 입은 국민이라면 누구나 갖는 권리고, 진상 규명 문제와도 긴밀히 연결되어 있었다. 국가의 잘못이 밝혀지면서 그 내용에 따라 배·보상 금액도 결정되게 마련이다. '유가족들이 돈 욕심이 너무 많다'며 비난하는 것은 결국 국가에 의한 학살이라고 봐도 과언이 아닌 세월호 참사가 대체 왜, 어떻게 발생했는지를 밝히려 하지 말라는 것과 같았다.

이렇게 생각해 보자. 일제 치하에서 강제징용당한 사람들이나 일본군 '위안부' 할머니들이 일본 정부에 항의하고 소송을 거는 것을 두고 '돈 때문에 저런다'고 비난한다면 말이 될까? 사실 강제징용당한 사람들이나 일본군 '위안부' 할머니들이 아무리 많은 배상금을 받는다 해도 그동안의 고통과 절망이 사라지지는 않을 것이다. 이는 돈으로 보상될 수 있는 것이 아니다. 그런데도 일본 정부를 상대로 소송을 하고 보상을 받으려는 이유는, 그것이 일제 스스로 잘못을 인정하는 표식이자, 피해자들이 사과를 받는 표식이기 때문이다. 세월호 참사도 마찬가지다. 진상을 규명하고, 책임자를 처벌하고, 소송 결과에 따라 유가족들이 배·보상을 받는 것은 돈 욕심 때문이 아니다. 이는 최소한의 정의를 실현하는 문제다.

돈 얘기로 세월호 유가족을 조롱하기 시작한 것은 언제부터일까? 놀랍게도 참사 당일 저녁부터였다. 참사 당일 이미 피해자와 사망자에 대한 보상금이 얼마가 될 것이라는 얘기가 신문·방송을 통해 보도되었다. 승객들의 생사도 불분명한 상황에서 돈 얘기부터 꺼낸 것이다. 이는 피해자 가족에게 참기 힘든 모독이었다. 당연한 일이지만, 참사 직후 피해자 가족들의 관심사는 오로지 가족을 구하는 것이었다. 그 이후의 관심사는 오로지 시신 인양과 진상 규명이었다. 배·보상 문제는 진상 규명에 따라 결정될 부수적인 문제였다. 그런데도 정부와 언론은 처음부터 돈 얘기로 유가족의 얼굴에 먹칠을 했다.

악의적인 음해는 또 있었다. 국민 성금은 국민이 주는 것이고, 보험금은 보험사에서 주는 것이다. 그런데도 언론과 정부 고위 관료들, 보수 정치인들은 국민 성금 모금액과 개인이 가입한 보험에서 받는 금액까지 합쳐 국가와 청해진해운으로부터 엄청난 배·보상금을 받는 것처럼 부풀려 유포했다. 금전 취득에 혈안이 되어 자식의 죽음을 이용하는 패륜 부모로 유가족들을 매도했고, 일부 네티즌과 보수층이 유가족에 대한 악플과 혐오로 화답했다.

혐오 폭발시킨 특례 입학 논란

세월호 유가족 혐오를 부추긴 또 다른 유언비어가 있다. 바로 공무원 시험 가산점과 사망자 전원 의사자 처리다. 피해자 중 의사자로 지정된 사람들이 극소수 있긴 했다. 다른 승무원들이 배를 버리고 도망가는 와중에 홀로 남아 승객들의 구명조끼를 챙긴 박지영(비정규직 승무원), 사람들을 구하다 본인은 빠져나오지 못한 김기웅(세월호 아르바이트생), 정현선(세월호 승무원), 구명조끼를 입지 않은 친구를 위해 자신이 입었던 조끼를 벗어 준 정차웅이 의사자로 지정됐다. 이들이 다였다. 사망자 전원 의사자 처리는 거짓이었다.

풍문의 근거를 제공한 이들은 정치권이었다. 새정치민주연합이 낸 '4·16 세월호 참사 진상 규명 및 피해자 지원 등에 관한 특별법안'(소위 '새민련 안')에 '희생자 전원을 의사자로 지정 예우'하자는 조항이 있었다. 이것이 와전되어 유가족들이 여러 금전적 혜택을 노리고 의사자 지정을 바란 것처럼 소문이 퍼졌다. 법안을 대표 발의한 전해철 의원실에 따르면, 이는 순전히 희생자들의 명예를 감안한 것이지 금전적 보상과도 무관했다.

금전적 보상이 되는 의사자 지정이든, 명예만 부여되는 의사자 지정이든 세월호 유가족은 의사자 지정을 요구한 사실 자체가 없었다. '새민련 안'이 제출된 시기는 2014년 7월 초였다. 그 당시에도 유가족들의 관심은 오로지 시신과 배 인양, 그리고 진상 규명에 있었지, 의사자 지정 따위가 아니었다. 결과적으로 정치권의 섣부른 논의가 유가족에 대한 혐오만 유발한 꼴이 되었다.

유가족 혐오에 있어서 가장 큰 폭발력을 발휘한 것은 뭐니 뭐니 해도 대학 특례 입학이었다. 대학 입시는 매우 예민한 문제인 만큼 이를 건드릴 때는 신중에 신중을 기해야 한다. 그러나 이 문제에 있어서도 정치권은 그러지 않았다. 참사의 당사자였던 2학년은 물론이고, 3학년들에게도 '대학 특례 입학'을 추진한다는 정치권발 뉴스들이 줄을 이었다. 그러자 수험생과 학부모를 중심으로 '역차별이다', '형평성에 어긋난다'는 불만에서부터 '친구 팔아 대학 간다', '나도 후배들 잃고 좋은 대학 가고 싶다' 식의 혐오성 발언들까지 난무했다. 단원고 2·3학년과 희생자 직계비속, 형제자매에 대한 배려가 필요하긴 했다. 사고 당사자인 단원고 2학년 생존 학생들은 심각한 정신적 충격으로 장기간 심리 치료를 받아야 했다. 동급생 대부분이 사망하여 남은 아이들끼리 경쟁한다 해도 내신 등급을 제대로 매길 수 없었다. 3학년 학생들도 피해를 입었다. 그들도 후배들과 교사들의 뜻하지 않은 죽음으로 큰 정신적 충격을 받았다. 기자들은 날마다 학교를 둘러싸고 포진해 있었고, 휴교 조치와 학사 행정 마비로 정상적인 수업과 시험이 불가능했다. 사망한 학생의 형제자매도 온전히 학업에 열중할 수 없기는 마찬가지 였다. 정신적 충격도 충격이지만, 부모들이 시신 인양과 진상 규명에 매달리는 통에 학업 뒷바라지를 받을 수 없었다. 집안 이 풍비박산 난 것이나 다름없었다.

　당장 수험생들에 대한 대책이 필요했다. 유가족들이 정부 에 요구한 것도 그에 대한 '대책이 필요하다'는 원칙적인 내용 이었지, 특혜를 요구한 것이 아니었다. 정작 특례 입학을 제시 한 것은 정치권이었다. 결론은 어떻게 되었을까? '특례 입학'으 로 대학에 입학한 피해 학생은 한 명도 없었다. 여야 협상안에 들어 있던 '세월호 피해학생 대입지원 특례법'(소위 '세월호 특례 법') 자체가 폐기되었기 때문이다. 이 법이 폐기된 이유는 다름 아니라 단원고 측의 거부 때문이었다.

　이미 수시에 합격한 3학년 학생들이 있는데, 이 법이 통과 되면 학생들 사이에 형평성 문제가 일면서 오히려 진학지도가 어려워진다는 입장이었다. 그러나 거부의 이면에는 '세월호 특 례법'이 통과되면, 특례로 대학을 간 학생은 물론, 자기 실력으 로 대학을 간 학생들까지 모조리 단원고 출신이라는 이유만으 로 '무임승차자'로 낙인찍힐 것에 대한 염려가 있었다.

　그러면 참사의 당사자였던 고2 학생들은 어떻게 됐을까? 고2 학생들은 나중에 '정원 외 특별전형'에 지원 자격을 주는 것으로 결론이 났다. '정원 외 특별전형'은 말 그대로 정원과 별개로 신입생을 뽑는 것이어서 다른 입시생들의 자리를 빼앗지 않는다. 세월호 특례 입학이 워낙에 대대적으로 보도된 탓에, 생존 학생이나 희생자 자녀들은 서울대건 연·고대건 아무 대학이나 지원하는 대로 그냥 입학이 되는 것으로 아는 경우도 많다. 그러나 그렇지 않다. 해당 대학에서 정원 외 특별전형을 추진해야만 갈 수 있다. 그 추진 여부는 정부 강요가 아니라, 대학 자율에 의해 시행되었다.

대학들 중 이를 시행한 곳은 몇 군데 되지 않았다. 세월호 생존자 학생들이 대학에 입학하는 2016년도의 경우 7개 대학(경기대, 경희대, 상명대, 선문대, 안양대, 한양대 에리카, 협성대)에 불과했다. 이것도 그냥 '지원 자격'을 줄 뿐이지, '합격 보장'이 되는 것은 아니었다.

세월호 피해 학생들이 지원할 수 있는 전형은 '사회배려자전형' 혹은 '고른기회전형'이었다. '사회배려자전형' 혹은 '고른기회전형'에는 한부모 가정 자녀, 군인·경찰·소방공무원 자녀, 의사상자 또는 그 자녀, 다문화 가정 자녀 등이 포함된다. 여기에 세월호 피해 학생을 끼워 넣어 지원 자격을 준 것에 불과했다. 이 전형으로 지원한 다른 학생들과 경쟁해야 대학에 들어갈 수 있다는 말이다.

이것을 특혜라 할 수 있을까? 지난 2010년도 연평도 포격 사태 직후에도 서해 5도 지원 특별법이 만들어져 서해 5도(백령도·대청도·소청도·연평도·소연평도와 인근 해역) 학생들에게 '정원 외 특별전형' 지원 자격이 주어졌고, 이는 지금도 유지되고 있다. 연평도 사건에 비할 때, 세월호 참사는 학생들이 직접적으로 피해를 당한 경우다. 이를 감안하면 '혜택'이라고 말하기도 민망한 수준의 배려다. 그런데도 일반 전형에 비해 경쟁률이 낮다는 이유로 여전히 특혜라고 주장하는 사람들이 있다.

경제와 민생의 발목 잡는 유가족?

세월호 희생자 추념 국가 기념일 지정, 추모 공원 지정, 추모비 건립 역시 유가족이 요구한 적이 없다. 이런 얘기를 꺼낸 사람은 누구였을까? 당시 대통령이던 박근혜였다. 참사 발생한 달이 지난 2014년 5월 19일 대국민 담화 중에 대통령 스스로 해 주겠다고 약속한 것이었다. 그런데도 이 역시 유가족이 요구한 내용으로 둔갑했다. '치유 휴직, TV 수신료·전기·통신·수도 요금 등 공공요금 감면, 상속세·양도세 등 조세 감면, 형제자매들에 대한 교육비(급식비·수업료) 감면, 아이 보기 지원, 간병 서비스, 화물 등 물적 피해 지원, 경제적 어려움을 겪고 있는 피해자 금융거래 관련 협조 요청'도 유가족이 요구한 것이 아니다. 이는 법으로 정해진 '특별재난지역'에 대한 지원 내용이었다.

'특별재난지역'은 누가 선포했을까? 역시 박근혜 전 대통령이었다. 참사 이후 박근혜 전 대통령은 진도군과 안산시를 특별재난지역으로 선포했다. 대통령이 이런 조치를 취하는 것은 특별한 일이 아니다. 과거에도 삼풍백화점 붕괴, 대구 지하철 참사, 구미 불산 누출 등 사회적 재난이 있을 때마다 대통령은 관련 지역을 특별재난지역으로 선포하고, 법에 정해진 대로 지원한 바 있었다. 세월호 참사의 가해자 격인 대통령이 지원한 것을 피해자인 '유가족'의 죄로 뒤집어씌운 일, '지역'에 지원한 것을 '유가족'에 대한 특혜로 둔갑시킨 일은 매우 악의적이라 할 수 있다.

'유가족을 위한 주기적 정신적 치료 평생 지원', '유가족 생활 안정 자금 평생 지원'을 받았다는 것도 유언비어다. '평생'이 아니라 '한시적' 지원이다. 자식과 가족을 잃은 슬픔이야 평생 가겠지만, 유가족들은 그런 요구를 한 일이 없다. 누군가 '평생'이라는 말을 슬쩍 끼워 넣었다는 점에서 역시 악의적이다. 마지막으로 세금으로 세월호 추모 재단을 만들어 유가족들에게 평생직장을 보장해 주고, 병역 특례 혜택을 줄 예정이라는 소문도 있었다. 이 역시 완전한 허위 사실이다.

일베를 비롯한 극우 세력은 천안함 유가족과 세월호 유가족을 비교했다. 천안함 유가족이야말로 충분한 자격이 있음에도 세월호 유가족보다 적은 보상을 받았다는 점을 지적하며, 세월호 유가족을 무임승차자로 비난했다. 보상의 격차는 차별의 결과가 아니라, 군인 보상 체계와 민간인 보상 체계가 다르기 때문에 발생한 문제였다. 그 보상 체계를 만든 사람은 세월호 유가족이 아니라 정치인들이다. 정말로 천안함의 보상이 적다고 느꼈다면 군인의 보상 체계에 대한 제도 개선을 정부에 요구해야 했다. 그러나 이에 대해서는 일언반구도 없이 오로지 세월호 유가족을 공격하기 위해 천안함을 호출할 뿐이었다.

세월호 수색 중 민간 잠수사 이광욱이 사망했을 때도 그랬다. 민간 잠수사 운용을 비롯한 모든 구호 업무의 지휘권은 해경이 가진다. 민간 잠수사가 수색 중 사망한다면, 그 일차적 책임도 당연히 해경에게 있다. 그런데도 빨리 시신을 인양해 달라는 유가족의 조급증이 민간 잠수사의 죽음을 불렀다는 식의 보도와 악플이 난무했다. 민간 잠수사들은 아무 대가 없이 달려와 자원봉사를 했건만, 그들에 대한 해경의 지원과 처우는 엉망이었다. 민간 잠수사들은 해경의 푸대접과 수색 방해 속에서 극심한 탈진과 잠수병에 시달려야 했다. 고 이광욱의 죽음도 그런 와중에 발생한 것이었다. 그런데도 정부와 해경, 언론은 사고의 잘못을 유가족들에게 덮어씌웠다.

유가족들에 대한 여권의 공격은 집요했다. 새누리당 김진태 의원은 "세월호 인양에 돈이 너무 많이 든다"며, "세월호 인양을 포기하자"고 주장했다. 진상 규명을 위해서는 세월호 인양이 반드시 필요했다. 세월호 인양을 포기하자는 주장은 진상 규명을 하지 말자는 이야기와 같았다. 유가족들로서는 결코 동의할 수 없는 일이었다. 박근혜 전 대통령은 "세월호 특조위(특별조사위원회)를 연장하느냐 하는 문제는 국민 세금이 많이 들어가는 문제"라고 말하기도 했다. 역시 돈이 많이 들어가니, 세월호 참사에 대한 조사를 그만하고 특조위를 해산시키자는 것이었다. 세금 낭비의 주범으로 몰린 유가족들은 수많은 악플과 비난에 시달려야 했다.

유가족은 국가 경제와 민생의 발목을 잡는 주범으로 지목되기도 했다. 박근혜 전 대통령은 2014년 5월 9일 열린 긴급민생대책회의에서 이렇게 말했다. "경제에 있어서 뭐니 뭐니 해도 가장 중요한 것은 국민의 심리가 아니겠습니까. 심리가 안정돼야 비로소 경제가 살아날 수가 있습니다. 그런데 사회불안이나 분열을 야기시키는 일들은 국민경제에 전혀 도움이 안 될 뿐 아니라 결정적으로 우리 경제에 악영향을 끼치게 됩니다." 이에 새누리당 대표 황우여는 최고위원회의에서 이렇게 맞장구쳤다. "세월호 참사 이후 민간 소비 심리가 위축되고 있어 소상공인을 중심으로 어려움이 많습니다." 모두 세월호 유가족들이 경제와 민생의 발목을 잡고 있다는 프레임이었다.

'세월호 피로증'도 대표적인 유가족 혐오다. '세월호 피로증'은 세월호 참사를 둘러싼 논란과 논쟁이 오래 지속되니 피곤하다, 지겹다는 것이다. 그러면서 유가족더러 이제 시간도 꽤 지났으니 '그만 잊어라', '이제 그만했으면 좋겠다'고 말했다. 그러나 '세월호 피로증'을 생산한 주체는 유가족이 아니라 '정부'다. 진상을 규명해야 할 책임과 의무가 있는 정부가 석연찮은 이유로 이를 방기하고, 사실을 축소·조작·은폐하는 데 급급했기 때문이다. 유가족들로 하여금 오랜 시간 차가운 길바닥에서 농성하게 하고, 진상 규명 촉구 활동을 하게 만든 장본인은 정부였다.

'세월호 피로증' 운운하는 사람들은 유가족들을 비난한다.

하지만 참사 때문에 가장 피곤한 사람, 평화로운 일상으로 돌아가기를 누구보다 간절히 바라는 사람은 다름 아닌 유가족일 것이다. 이를 위해서는 세월호 참사에 대한 진상 규명이 이루어져야 한다. 진상 규명을 통해 다시는 이런 참사가 발생하지 않도록 하는 것은 유가족들에게는 자식의 죽음을 헛되이 하지 않는 일이기도 하다. 이를 이기심의 발로라고 비난해서는 안 된다. 진상 규명으로 사회적 교훈을 얻고 안전한 나라가 된다면 사회 구성원 모두에게 이로운 일이기 때문이다.

어떤 환경이 혐오를 양산하는가?

세월호 참사의 주된 희생자는 청소년들이었다. 예전에도 여러 재난 사고가 있었지만, 이렇게 많은 청소년이 한꺼번에 죽은 경우는 없었다. 세월호 참사는 누구에게나 충격적인 사건이었지만, 그중에서도 특히 또래 청소년들에게 큰 심리적 충격을 주었다. 하지만 우리 사회는 아무런 조치를 취하지 않았다. 청소년들은 세월호 참사에 대한 추모도, 이에 대한 토론도 할 수 없었다.

단원고 학생들은 '가만히 있으라'는 선내 방송만 믿고 있다가 수장되었다. 그런데도 교육부는 여전히 학생들의 동요를 막는 데만 주력했다. 유언비어 유포로 처벌받을 수 있으니 학생들은 세월호 관련 집회에 참석하지 말라는 공문을 보냈고, 세월호 특별법 제정 관련 공동 수업이나 1인 시위를 한 교사들은

'정치적 중립' 의무를 어겼다며 징계했다. 학생들은 학교에서 "너희들이 지금 세월호에 관심 가질 때냐?", "세월호도 세월호지만, 너희 대학 가야 하는데 공부에 더 신경 써야 하는 거 아니냐?", "슬퍼하는 것은 시험이 끝나고 해."라는 말을 들어야 했다. 한마디로 '너한테 닥친 일 아니잖아. 네 일이나 잘해.' 였다.

학생들은 세월호 참사 때문이 아니라, 이렇게 말하는 교사들을 보고 더 큰 충격을 받았다고 한다. 자신의 앞가림에만 신경 쓰도록 유도하는 입시 교육 때문이었을까? 일부 학생들은 자기 또래의 학생들이 무참히 죽어 간 세월호 참사를 보고도 별로 슬프다는 느낌을 받지 않았다. 어떤 학생은 "내가 공감 능력이 너무 없는 것 같아 두려움을 느낀다"고 한 언론과의 인터뷰에서 말하기도 했다.

진지한 사유와 공감, 유대가 생기기 어려운 환경 속에서 청소년들에게 남는 것은 재미와 놀이뿐이었다. "진도 앞바다 물맛", "오늘이 오뎅 먹는 날이냐?"라는 제목으로 어묵 사진을 인터넷에 올려 참사 피해자를 모욕하는 것, 세월호 참사 1주기를 맞아 안산 합동 분향소를 조문한 후 눈물을 흘리는 단원고 여학생들 사진을 올려놓고 여학생들의 교복 핏이 야릇하다며 성희롱 발언을 일삼는 것은 모두 이런 환경 속에서 가능한 일이었다. 참다못한 유가족들이 고소·고발해 범인을 잡고 보면, 희생된 자식과 나이 차이도 별로 나지 않는 청(소)년들이었다. 재미와 놀이는 청소년의 이성과 감각을 집어삼켰다.

반면에 어른들을 집어삼키고 있는 것은 주로 돈 문제였다.

어른들은 '부모에게 ○억 남기고 죽었으니 효자다', 세월호로 '안전 관련 주가 뜨겠다', '선박 인양 관련 주가 뜨겠다'는 식의 대화를 주고받았다. 또한 그렇게 투자해서 큰 수익을 올리면 "빅수익 축하"한다며 인터넷 카페에서 서로 덕담을 주고받았다. 사회적 비극조차 돈 벌 기회로 여기는 사람들이 세월호 참사에 공감할 수 있을까? 비극에 감응하기 어려운 이런 환경 속에서 일정한 계기만 주어지면 혐오가 폭발하는 것은 당연한 일 아닐까?

지금도 유가족들에게 '이제 그만 잊으라'고 말하는 사람들이 적지 않다. 이런 말을 하는 사람들 중에는 선의에서 그러는 사람들도 있다. '그런다고 죽은 자식이 살아 돌아오는 것도 아니고 남은 가족을 위해서라도 그만 잊으라'는 것이다. 그러나 이런 말은 아무리 선의라 해도 유가족들에게는 비수가 될 수 있다. 그렇지 않아도 진상 규명에 매달리느라 나머지 자녀들에게 소홀한 부모들이 많을 텐데, 이런 말은 그 아픈 부분을 정확히 찌른다. 그것은 '자식을 못 지킨 죄'에다 '남은 자식들에게까지 소홀한 죄'까지 부모 개인에게 덮어씌우는 꼴이다.

여기에서 빠진 것은 '사회적 책임'이다. 세월호 참사 자체가 사회적 재난이므로 그 책임 역시 사회가 져야 한다. 그 책임을 함께 나눠야 할 '사회'에는 '이제 그만 잊으라'고 말하는 사람도 포함된다. 자신이 져야 할 사회적 책임은 도외시한 채 유가족에게 모든 책임을 떠넘기는 이런 발언이야말로 희생자와 유가족을 두 번 죽이는 것이나 다름없다.

요즘에는 "박근혜도 감옥에 갔으니, 이제 다 끝난 것 아닌가?"라고 말하는 사람들도 있다. 유가족을 응원했던 사람들 중에도 박근혜 전 대통령이 구속된 것을 계기로 세월호 문제에 관심이 식은 경우도 많다. 세월호 참사가 박근혜 정부에 대한 불신과 반감을 키워 촛불 개혁에 도움을 준 것은 사실이다. 그러나 엄밀하게 말하면, 박근혜는 국정 농단 때문에 수감되었지, 세월호 참사 때문에 수감된 것이 아니다. 세월호 참사는 여전히 진상 규명이 되지 않은 채로 남아 있다.

정권이 바뀌고 검찰에 의해 세월호 특별수사단이 꾸려졌지만, 진상 규명이 이루어질지는 여전히 미지수다. 2014년 세월호 참사를 부실 수사했던 검사들이 모두 검찰 지휘부에 남아 있기 때문이다. 더구나 검찰은 군에 대한 수사권이 없어 해군, 공군, 육군, 군사안보지원사령부 등을 수사할 수 없고, 청해진해운과 유착 관계에 있는 것으로 의심되는 국가정보원 역시 현실적으로 수사가 어렵다. 세월호 공소시효(2021년 4월 21일)가 얼마 남지 않은 것을 고려하면, 오히려 특별수사단이 진실을 덮는 마지막 카드의 역할을 할 가능성도 배제할 수 없다.

우리는 세월호 유가족들에게 '잊으라'고 말하는 대신 '함께 기억하겠다'고 답해야 한다. 세월호 참사에서 침몰한 것은 한 척의 배가 아니었다. 그때 침몰한 것은 우리가 믿고 의지했던 사회시스템 전체였다. 세월호 참사는 우리를 받쳐 주고 있다고 믿은 사회시스템 자체가 얼마나 허약한 것이었는지를 보여 주었다. 우리는 세월호 참사가 폭로한 근원적인 문제들—왜곡된

권력 구조, 불의, 부패, 불평등—을 기억해야 한다. 세월호 참
사를 기억하고 추모하는 것은 유가족들을 위한 일이 아니다.
우리의 미래를 위해 필요한 일이다.

제3장

'타자'를 혐오하다

1

이주 노동자
혐오

잘 알지 못하는 것에 두려움이 더해지면 혐오가 된다.
— 국립정신건강센터장 이영문

인천의 한 골목길에서 외국인 유학생 한 명이 술에 취한 한국 남성에게 무차별 폭행을 당했습니다. 피해 남성은 미얀마에서 온 35살 팻승 씨, 신학을 공부하며 9년째 한국에 거주해 온 유학생입니다. 폭행이 벌어진 건 팻승 씨가 가게에 들러 식료품을 사서 나온 직후였습니다. 함께 온 지인이 가게 앞에 차량을 세우려는데, 지나가던 한국 남성이 시비를 걸었다는 겁니다.

"'무슨 문제인지 말하세요' 하니까, '외국인 맞지', '불법 개××들 다 추방하라'고. 그래서 갑자기 세게 주먹으로 맞은 거예요."

폭행한 한국 남성은 '이주 노동자들이 일자리를 뺏어 간다'고 주장하며 불만을 내비친 것으로 알려졌습니다.

― 「'유학생'에 무차별 폭행 … 커지는 '외국인 혐오'」에서 [1]

"한국 사람 다 됐네."

요즘에는 외국인들이 등장하는 TV 프로그램이 많다. 거기에 보면 외국인 출연자들에게 '한국인 다 됐다'고 말하는 것을 자주 볼 수 있다. 한국말을 유창하게 하거나, 한국식 예절을 잘 따르거나, 한국 음식을 좋아하고 잘 먹을 때 주로 이런 말을 한다. 마치 어른이 아이 대하듯, '기특하다', '가상하다'는 투로 "어이구, 순댓국도 먹을 줄 알아? 이제 한국 사람 다 됐네?", "좋아하는 음식이 국밥? 한국 사람 입맛이네!" 한다.

이런 말을 듣는 당사자는 주로 우리보다 못사는 빈국 출신의 이주 노동자나 결혼 이주 여성이다. 말투도 반말이다. 우리보다 잘사는 선진국 출신(특히 백인)에게도 이런 말을 할 때가 있기는 하다. 그러나 그럴 때는 '기특하다'는 투보다는 '우리 것을 받아들여 줘 감사하다'는 투로 말한다. 말도 대체로 존댓말을 쓴다. 뉘앙스가 확실히 다르다.

언뜻 칭찬으로 들리는 "한국 사람 다 됐네."라는 말은 실은 교묘하게 사람을 차별한다. 우선 이 말은 한국 문화를 '기본값'으로 상정한다. 당연히 한국 문화에 적응해야 한다는 것을 전제로 한다는 점에서 외국인들로서는 딱히 유쾌한 말이 아니다. 이렇게 이민자나 귀화자를 거주국 고유의 문화에 일방적으로 동화시키고자 하는 것을 '동화주의'라고 한다. '동화주의'란 '우리는 변할 마음이 없으니, 외국에서 온 당신이 우리에게 맞추라'는 것이다.

더 큰 문제는 한국에서 생활한 지 오래된 외국인이나, 귀화한 이주민, 그 2세들도 "한국 사람 다 됐네."라는 말을 흔히 듣는다는 사실이다. 귀화한 이주민으로 고교생과 중학생 두 자녀를 키우는 이레샤 씨(스리랑카)는 이렇게 말한다. "제 자녀는 2세인데, 1세에게 취하는 태도가 2세에게도 그대로 내려와요. 저는 한국에 산 지 20년 됐는데, 여전히 아이와 함께 있으면 '김치 잘 먹는다'는 말을 들어요."[2]

한국에서 아무리 오래 살아도, 심지어 귀화해 법적으로 엄연한 한국인인데도 "한국 사람 다 됐네."라는 말을 반복해서 들으면 어떤 마음이 들까? 아무리 적응하고 노력해도 결국 '당신은 우리와 동등한 사람이 될 수 없다', '당신은 어떻게 해도 2등 시민을 벗어날 수 없다'는 말로 들릴 것이다. 엄밀하게 말하면, 이주민들이 반드시 한국인처럼 되어야 하는 것은 아니다. 즉 이는 '한국인'이 되는 데 필수 불가결한 요소는 아니다. 그런데 이주민이 한국 문화를 따르지 않으면 사회 통합을 저해한다는 비난을 받는다. 이주민들은 이처럼 동화주의에 순응해도 2등 시민을 벗어날 수 없고, 순응하지 않아도 비난을 받는다.

SBS의 〈사돈 처음 뵙겠습니다〉나 KBS의 〈러브 인 아시아〉, EBS의 〈다문화 고부 열전〉처럼 농촌 총각과 결혼한 동남아시아 여성의 일상을 보여 주는 프로그램들도 인종차별적이다. 이런 프로그램들은 출신국보다 부유한 한국에서 살아가기 위한 조건으로 '아들 많이 낳고, 일 잘하고, 시부모 잘 모셔야 한다'는 전근대적 여성상을 강요한다. 이런 모습은 요즘 한국 며느리에게도 기대하기 힘들다. 그런데 이런 모습을 머나먼 이국땅에서 온 며느리에게 요구한다.

이런 프로그램들은 고령층에게 인기가 있다. 노인들은 한국인 며느리에게도 관철되기 힘든 옛 덕목들이 외국인 며느리에게 재현되는 것을 보면서 추억을 소환하고, 재미와 위로를 얻는다. 말하자면 군필자들이 <진짜 사나이> 같은 프로그램을 통해 출연자들이 고생하는 모습을 보면서 희열을 얻었던 것과 비슷하다고 할까. 물론 이런 프로그램을 보는 사람들 중에는 시어머니와 갈등하는 외국인 며느리에게 연민을 느끼는 사람들도 있을 것이다. 그러나 이 경우에도 부지불식간에 '나'의 우월한 위치를 전제로 한다.

차별금지법제정연대 공동대표 정혜실은 이런 말을 한 적이 있다. "한국의 다문화 센터가 명절마다 언론에 홍보하는 모습이 이주민 여성에게 한복을 입힌 후 제사를 가르치는 모습이다. 이는 강력한 차별이다." 한국의 제사 문화는 유교의 산물이다. 결혼 이주민 여성 중에는 필리핀에서 온 가톨릭 신자, 스리랑카에서 온 불교도나 무슬림들이 많다. 이들에게 제사를 강요하는 것은 타 종교를 강요하는 것과 같다. 종교의 자유를 침해하는 것이다.

이주 노동자가 일자리를 빼앗아 간다고?

전문가들은 우리나라에서 반˥다문화 정서가 본격 확산되

기 시작한 시점을 2008년 즈음으로 본다. 2008년은 리먼 브러더스Lehman Brothers 사태로 우리 경제 역시 어려웠던 해다. 리먼 브러더스가 역사상 최대 규모의 파산 신청을 하면서, 전 세계는 글로벌 금융 위기에 빠져들었다. 반다문화 정서는 경제 상황과 관련이 있다. 이주 노동자를 대하는 우리의 태도는 기회주의적이었다. 경제가 호황일 때는 '먼 나라에 돈 벌러 와서 고생이 많다'며 다독거리다가, 경제가 불황이면 '노동시장에서 이주 노동자들과 경쟁하느라 내 임금이 깎인다' 혹은 '이주 노동자들이 내 일자리를 빼앗아 간다'고 주장했다. 그러면서 연민은 순식간에 적대감으로 바뀌었다.

　이주 노동자들이 내국인의 일자리를 위협한다는 것은 사실일까? 그렇지 않다. 이주 노동자들은 주로 3D 업종, 곧 힘들고difficult, 더럽고dirty, 위험한dangerous 업종에 종사한다. 대학 진학률이 80% 이상인 우리나라의 상황에서 3D 업종에서 일할 노동자를 구하는 일은 쉽지 않다. 일자리에 대한 기대는 '일할 만한 자리'에 대한 기대이기도 하다. 이를 감안하면 이주 노동자가 내국인의 일자리를 빼앗는다고 말할 수 없다. 오히려 이주 노동자들은 인력의 공백을 메워 주고 있다고 봐야 한다.

　물론 3D 업종에 종사하는 내국인들은 이주 노동자들 때문에 임금이 오르지 않는다고 느낄 수 있다. 하지만 그렇다고 해서 그 책임을 이주 노동자들에게 물을 순 없다. 그들을 불러들인 것은 다름 아닌 기업과 정부이기 때문이다. 기업과 정부는 노동력 확보, 인구 감소에 대한 대응, 낮은 수준의 인건비 유지를 위해 정책적으로 이주 노동자들을 불러들인다. 그러니 경제가 호황일 때는 이주 노동자들을 경제 성장 동력으로 사용해 놓고 경제 위기가 닥치면 이들에게 실업의 책임을 전가하는 것은 옳지 않다.

요즘은 농사도 다 이주 노동자들이 짓는다. 농촌에는 한국인 노동력의 씨가 마른 지 오래다. 농민들이 이주 노동자의 손을 빌리지 않으면, 우리는 한 끼 밥상을 차려 먹을 수도 없다. 우리가 먹는 온갖 채소며 과일이 이주 노동자의 땀으로 영글어 밥상에 오른다. 축산업도 이주 노동자가 없으면 제대로 굴러가지 않는다.

이주 노동자들이 없으면 작물 생산이 불가능할 정도로, 이주 노동자들은 한국 농업을 유지시켜 주는 실질적인 버팀목이다. 그럼에도 정부는 이주 노동자를 핍박한다. 정부만 그런 것이 아니다. 정작 이주 노동자가 없으면 농사를 지을 수 없다고 아우성치는 농민들도 이들을 핍박하는 경우가 종종 있다. 화장실도 제대로 갖춰지지 않은 비닐하우스를 숙소로 제공하는가 하면, 온수나 와이파이 사용료를 추가로 받는 등 갑질을 일삼는다.[3] 비닐하우스는 집이 아니다. 우리나라 건축법과 농지법상, 비닐하우스에서는 거주를 할 수 없다. 그런데 이주 노동자들은 불법 시설물을 제공받으면서 대한민국의 어떤 쪽방촌이나 고시원보다 비싼 임대료를 지불한다. 또한 이주 노동자들은 정해진 업무 외에 온갖 집안일에 부려지기도 한다. 정해진 업무 외의 일에 강제로 동원하는 것도 잘못된 것이지만, 그렇게 부려먹고 추가 수당도 주지 않는다. 이주 노동자들의 처지는 임금노동자가 아니라 '가노家奴'에 가깝다.

욕 얻어먹고, 맞고, 일하다 다치고

어업, 건설업, 중소 규모의 제조업도 이주 노동자가 없으면 문 닫아야 할 곳이 한두 군데가 아니다. 그중에서도 한국의 어업은 이주 노동자에게 절대적으로 의지하고 있다. 한국해양수산개발원에 따르면, 2017년 기준 한국의 수산물 생산은 367만 톤으로 세계 12위이고, 양식 수산물 생산은 231만 톤으로 세계 6위다. 우리나라는 세계에서도 손꼽히는 수산물 생산국이다. 2017년 기준으로 이주 노동자는 전체 선원의 약 40%인데, 원양어선의 경우 어선원 중 무려 70% 정도가 이주 노동자다. 이 비중은 지금도 점점 높아지고 있다.

상황이 이런데도, 어업, 건설업, 제조업 분야에서도 이주 노동자를 막 대하기는 마찬가지다. 반말은 일상이고, 욕을 하거나 때리는 일도 흔하다. 폭행과 괴롭힘은 흔히 사장이 하는 것이라고 생각하기 쉽다. 그러나 이주 노조 위원장 우다야 라이의 말에 따르면, 사장한테 맞는 사람들은 20%밖에 안 된다. 나머지는 다 직장 동료들에게 맞는 것이다. 한국인 노동자들 사이에서 이주 노동자에 대한 차별과 혐오가 얼마나 만연해 있는지를 알 수 있다.

한국 원양어선을 탔던 베트남 선원들 사이에서 구전되어

오는 시가 있다. 이 시는 이주 노동자에 대한 반인권적 처우를 잘 보여 준다.

> 작업이 시작되면 난 아무것도 생각할 수 없어요/네온 불빛이 내 태양이 되고 나는 파도와 친구가 돼요/··· 작업이 시작되면 쉬지 않고 18시간 동안 일해요/··· 그들은 손이 빠른 사람을 좋아해요/손이 느리면 ××놈이에요/··· 밥을 먹을 때도 항상 명령해요/씹지 마라, 그냥 삼켜라/아무리 급하게 밥을 넘겨도 그들이 말하는 "빨리"보다는 느려요/··· 일이 끝나도 세수를 하고 이 닦을 시간은 없어요/어서 누워 담요를 끌어올려요/그래야 6시간을 잘 수 있거든요/··· 내가 넝마를 걸치도록 가난해져도 한국, 이 나라에 올 생각은 꿈에도 하지 않을 거예요/내게 천금을 준다고 해도/··· 그들이 주는 건 보너스가 아니에요/매일 소처럼, 개처럼 사는 대가예요.

이주 어선원에 대한 열악한 처우와 핍박은 상상을 초월한다. 2017년 '공익법센터 어필'과 유엔 '국제이주기구ᴵᴼᴹ 한국대표부'가 작성한 보고서『바다에 붙잡히다: 한국 어선에서 일하는 이주 어선원의 인권침해 실태와 개선 방안』에 따르면, 이주 어선원 23명이 쓸 수 있는 화장실이 1개에 불과한 경우도 있었다. 노동환경만 열악한 것이 아니다. 몸을 씻고 빨래를 할 담수를 주지 않아 바닷물로 샤워와 빨래를 하거나 에어컨에서 나오는 물을 받아서 씻는 일도 있었다. 20개월 동안 남은 물고기 미끼를 음식으로 준 경우, 물고기 눈을 파는 데 쓰는 대나무가 부러질 때까지 심하게 맞아 3일 내내 등을 대고 눕지 못한 경우, 20톤 이상의 연근해 어선에서 조업이 끝나고도 육지에 숙소를 마련해 주지 않아 배의 침실이나 컨테이너에서 잠을 잔 경우 등 현실은 엄혹했다.

노동시간도 살인적이다. 이주 어선원들은 하루 15시간에서 20시간 정도 일하는 경우가 많다. 이렇게 일하고도 차별적인 최저임금을 받는다. 2016년 기준으로 한국인 어선원의 최저임금은 164만 원 정도인데, 이주 어선원의 최저임금은 52만 원에 불과했다. 한국인 어선원과 이주 어선원들 사이의 실질임금 차이는 연근해 어선의 경우 3배, 원양어선의 경우에는 10배에 이른다. 그런데 이 적은 임금마저도 체불하곤 한다.

3D 업종은 그 자체로 사상死傷 위험이 높다. 그런 만큼 노동자의 안전이 최우선으로 고려되어야 한다. 그러나 이주 노동자들에게 위험한 노동환경, 높은 노동강도, 안전장비 부족, 안전교육 부재는 일상이다. 이주 노동자들은 일하다 손과 발이 기계에 잘리고, 화상을 입고, 실명을 하고, 화학물질 흡입으로 폐결핵에 걸리며, 심지어 목숨을 잃는다. 그렇게 다쳐도 제대로 치료받지 못하고, 산재보험 처리도 받지 못하는 경우가 허다하다. 한 이주 노동자의 증언이다.

"병원에 있을 때 사장이 통역(제 친구)을 통해 '빨리 퇴원할 수 있도록 손가락을 계속 치료하지 말고 그냥 자르라'고 했습니다. 저는 안 된다고 했습니다. 당시 사장은 산재보험도 안 해

줬습니다. … 제가 퇴직금 차액을 달라고 하니 사장이 '손가락 잘렸을 때 보상금 많이 받았잖아. 더 이상 줄 필요 없어'라고 말했습니다. '성실근로자 재입국제도'로 한국에 와서 다시 일하고 싶어서 참았습니다."[4]

사장이 일하다 다친 노동자에게 산재 처리를 해 주는 것은 당연하다. 그런데 사장은 해 주지 않았다. 산재 처리를 해 주면, 고용노동부에서 감독을 나와 사업장에 불이익을 준다거나 회사 보험금이 오른다는 것이 이유였다. 그러면 회삿돈이나 사비로라도 치료를 해 줘야 할 것이다. 그런데 사장은 그러지 않았다. 계약 기간이 끝나는 시점에 이 노동자에게 지급해야 할 퇴직금으로 병원비를 결제했다. 이 노동자의 돈으로 병원비를 결제한 것이다. 이 노동자는 계약 기간이 끝날 즈음에 사장에게 병원비를 제한 나머지 퇴직금을 달라고 했다. 여기서 사장은 그마저도 거절한다.

이주 노동자의 손가락은 제대로 치료받으면 자르지 않아도 되는 상태였다. 그런데 사장은 치료비가 많이 나온다는 이유로, 하루라도 빨리 현장에 복귀시켜 일을 부려먹을 요량으로 '자르라'고 했다. 앞서 말했다시피, 병원비는 이 노동자가 매달 임금의 일부를 떼어 회사에 모아 놓은 퇴직금으로 결제되었다. 그런데 이미 사장은 이 노동자에게 지급할 예정인 퇴직금에서 병원비를 결제할 생각을 갖고 있으면서도, 왜 그 병원비를 아끼기 위해 손가락을 자르라고 했을까? 애초부터 퇴직금을 줄 생각이 없었던 것이다. 퇴직금을 줄 생각이 없었는데 이주 노동자가 다쳐 병원비를 지불했으니, 사장이 오히려 손해를 봤다는 말이다. 이 노동자는 손가락을 잃고, 산재보험금도 받지 못하고, 퇴직금도 받지 못했다. 3중의 착취를 당한 것이다.

이 노동자는 고용주의 눈치를 보느라 3중의 착취를 감수해야 했다. 한국에서 일할 기회, 한국에서 체류할 기회를 제공하는 것을 사실상 고용주가 결정하도록 한 '고용허가제' 때문이다. 이 노동자가 언급한 '성실근로자 재입국제도'도 고용허가제의 일환이다. '성실근로자 재입국제도'란 이주 노동자가 국내에 체류할 수 있는 최대 기간인 4년 10개월 동안 직장을 옮기지 않고 한 직장에서 잘 다니고, 해당 사업주에게 성실한 근로자라고 인정받으면, 출국 3개월 후 다시 입국해 일할 수 있게 허용하는 제도다. 사업주로서는 일하는 동안 이미 숙련된 기술을 익힌 이주 노동자를 더 오래 사용하는 이점이 있다.

그러나 이주 노동자에게는 올가미다. 이주 노동자는 고용주의 동의가 있어야만, 다시 한국에서 일할 기회를 얻을 수 있다. 이주 노동자들이 사장으로부터 어떤 불이익, 부당한 대우나 요구를 받아도 제대로 대응하기 어려운 이유다.

불법체류자가 잠재적 범죄자라고?

이주 노동자는 동남아를 중심으로 한 15개 국가와 체결된 MOUmemorandum of understanding(양해 각서)에 의거해 우리나라에 들어온다. 국가와 국가가 체결한 협약에 따라 입국한 사람들인 만큼 이주 노동자에 대한 관리도 정부에 의해 이루어지는 것이 옳다. 그런데 정부는 이주 노동자에 대한 자신의 공적 권한을 고용주에게 위임해 버린다. 그것이 바로 '고용허가제'다. (고용허가제는 내국인 인력을 구하기 어려운 사업주로 하여금 정부가 외국인을 고용할 수 있도록 허가해 준다는 명목하에 고안되었다.) 고용허가제에 따라 이주 노동자는 특정 업체와 계약이 된 상태에서 입국한다. MOU는 국가와 국가가 체결했지만, 실질적으로 이주 노동자를 데려오는 과정에서 국가는 뒤로 쏙 빠지고, 계약 업체가 전면에 나서는 꼴이다.

입국 후의 이주 노동자에 대한 관리도 모두 고용주에게 맡겨진다. 고용허가제하에서 이주 노동자는 계약한 업체에서만 일해야 하고, 다른 업체로 이직할 수 없다. 직업 선택과 직장 이동의 자유가 박탈되는 것이다. 체류 기간도 고용주가 결정한다. 고용주가 근로 기간을 연장해 주지 않거나, 계약 기간(보통 3년) 내라도 고용주가 어떤 이유로든 계약을 해지하면 이주 노동자는 곧장 자기 나라로 돌아가야 한다. 이주 노동자의 국내 경제활동에 대한 생사여탈권을 고용주가 쥐고 있는 셈이다.

고용주들은 이런 막강한 권한을 바탕으로 온갖 비위, 즉 부당 해고, 근로 계약서 미작성, 엉터리 임금 계상, 임금 체불, 퇴직금 미지급, 산재 미처리, 숙식비 과다 계산, 가학 행위, 성비위 등을 저지른다. 이주 노동자가 호소할 곳은 결국 우리나라 정부일 수밖에 없는데, 자신의 공적 권한조차 고용주에게 위임한 마당에 고용주의 불법행위나 인권침해 단속이 제대로 이루어질 리 없다. 부당한 처우들에 대해 이주 노동자가 항의하거나 열악한 노동환경 개선을 요구하면 고용주는 오히려 '너네 나라로 돌아가고 싶냐. 말 안 들으면 비자 연장 안 해 줘!' 하면서 협박한다.

불법체류자가 양산되는 것도 고용허가제 때문이다. 임금 체불, 상습적 폭언, 폭행, 성폭력, 산재 미처리 등 부당한 일을 당한 이주 노동자가 참다못해 사업장을 이탈하면 불법체류자가 된다. 사업장을 관둔 이주 노동자는 다른 일터를 찾아야 한다. 그러려면 우선 출입국 사무소의 승인을 받아야 한다. 그런데 승인을 받으려면 사업장 변경의 귀책 사유가 고용주에게 있음을 이주 노동자가 증명해야 한다. 그것도 일을 그만둔 지 1개월 이내에 해야 한다. 불가능에 가까운 일이다. 어찌어찌 승인을 받는다 해도 3개월 내에 마땅한 일터를 구해야 한다. 횟수 제한도 있다. 3회까지만 사업장 변경이 가능하다. 이 조건들을 모두 엄수하지 못하면 다시 불법체류자가 된다. 이 까다로운 조건들은 사업장 변경을 할 수 있게 하는 것이 아니라, 하지 못하게 만드는 장치다.

2017년에는 이런 일이 있었다. 네팔 노동자 깨서브는 하루 12시간 주야 맞교대 노동으로 건강이 악화됐다. 그는 다른 공장으로 옮기고 싶어 했다. 그러나 고용허가제 때문에 그럴 수 없었다. 결국 그는 자살했다. 고용허가제는 이주 노동자를 어떤 부당한 대우를 받아도, 사업장에 발이 묶인 채 그냥 참고 일해야 하는 노예로 만든다. 참다못해 사업장을 박차고 나오면 자유인이 되는 것이 아니라 불법체류자가 된다. 이주 노동자들은 처음부터 불법체류자가 될 생각으로 국내에 들어오는 것이 아니다. 합법적인 방법으로 들어왔다가 직장 이동의 자유를 박탈하는 고용허가제 때문에 그런 상황에 놓인다.

사람들은 흔히 '불법체류자'를 잠재적 범죄자로 낙인찍고, 경계한다. 불법체류자는 실제로 범죄율이 높을까? 그렇지 않다. 우선 외국인의 범죄율은 내국인의 절반이 되지 않는다. 한국형사정책연구원에 따르면, 2017년 기준으로 인구 10만 명당 검거 인원 지수는 외국인이 1,353명인 반면, 내국인은 3,481명이었다.[5] 그중에서도 '불법체류' 상태의 외국인은 '합법 체류' 상태의 외국인보다 범죄율이 더 낮은 것으로 보고되고 있다.[6] 자칫 본국으로 추방될 위험에 처해 있는 미등록 이주 노동자는 범죄에 연루되지 않도록 더 조심할 수밖에 없다.

2014년 계명대 국제지역학부 김정규 교수가 외국인 체류자 800명을 대상으로 범죄 요인을 분석한 결과가 있다. 그에 따르면, '임금 체불'이 가장 큰 요인이었고, 그 뒤로 '무시와 차별', '거주환경' 순이었다. 혐오와 차별이 이주 노동자로 하여금 '분노형 범죄'를 일으키게 하는 요인이라는 말이다. 사람들은 잠재적 범죄자인 불법체류자들이 많아, 그들을 혐오하는 것이 정당하다고 생각한다. 실은 반대다. 혐오가 범죄를 불러일으킨다. 고용허가제는 그 자체로 인종차별적인 제도다. 이주 노동자에게 직업 선택과 직장 이동의 자유가 주어지고, 인권침해와 차별 대우가 완화된다면 범죄율은 지금보다도 훨씬 줄어들 것이다.

사람들은 '불법체류자' 하면 불법행위를 마음대로 자행하는 외국인을 연상한다. 그러나 불법체류자가 되고 싶어서 되는 사람은 별로 없다. 불법체류자가 된다는 것은 미약하게나마 존재했던 법 보호의 테두리를 완전히 벗어난다는 사실을 의미한다. 불법체류자는 어디서 어떤 일을 당해도 스스로를 보호할 아무런 법적 권리를 갖지 못하는 사람이다. 이탈리아 사상가 조르조 아감벤Giorgio Agamben의 말을 빌리면, '호모 사케르Homo Sacer'(사회적 보호막 바깥에 위치한 벌거벗은 생명)다. 불법체류자가 되는 것은 인격 모독, 착취, 차별을 유발하는 제도와 문화 때문이지, 스스로 선택한 결과가 아니다.

왜 이렇게 인종차별이 심할까?

우리나라는 오랫동안 단일민족 의식을 갖고 살아왔고, 전체 인구에서 외국인이 차지하는 비중도 적었다. 그래서 외국인에 대한 인식도 드러날 기회가 별로 없었다. 그러나 지금은 다르다. 2018년 기준으로 200만 명이 넘는 외국인이 국내에 거주하고 있으며, 결혼 10건 중 1건은 국제결혼이다. 외국인이 많아지면서 우리나라 '제노포비아xenophobia'(외국인 혐오)의 심각성이 드러나고 있다.

'외국인 혐오'라고는 하지만 모든 외국인을 혐오하는 것은 아니다. 주로 빈국 출신의 외국인을 혐오한다. 말하자면 'GDP

차별'이라 할 수 있다. 외국인들은 GDP 순서대로 서열화된다. 영미권 백인들은 우리나라 사람들의 호의를 받으며 산다. 정책적으로 비자도 쉽게 취득하며 체류 기간도 길다. 영주권 취득도 쉽고, 직업 선택과 직장 이전의 자유도 누린다. 그러나 이주 노동자들은 이런 대우를 받지 못한다. 우리나라는 세계에서 인종차별이 가장 심한 나라 중 하나다.

우리나라는 왜 이렇게 인종차별이 심한 것일까? 여러 가지 이유가 있지만, 핵심적인 이유 중 하나는 한국이 너무 심한 경쟁 사회이기 때문일 것이다. 이런 사회에 사는 사람들은 자신의 우월함을 확인하기 위해 차별 코드에 쉽게 동조한다. 차별에 대한 동조는 일상적이고 무의식적으로 이루어진다. 예를 들어 앞서 언급한 '먼 나라에 돈 벌러 와서 고생이 많다'는 식의 말도, 인간이 인간에게 갖는 연민과 공감이라기보다는 계급적·인종적 우월감이 깃든 동정인 경우가 많다.

이주 노동자들이 겪는 차별과 혐오는 결코 남의 일이 아니다. 한때는 우리도 이주 노동자였다. 파독(독일 파견) 간호사·광부, 사우디아라비아 파견 건설 노동자, 미국 이민자들은 모두 이주 노동자였다. 초반에는 인종차별을 많이 당했고 지금도 완전히 사라지진 않았지만, 그럼에도 불구하고 우리의 세계적 위상은 적잖이 높아졌다. 우리는 미국 스포츠 스타 하인스 워드, 다트머스대학교 총장과 세계은행[WB] 총재를 지낸 김용 등 성공한 해외 이주민에게 박수를 보낸다. 그렇다면 우리나라에 있는 이주민들 중에서도 성공한 사람들이 나올 수 있어야 하는 것 아닐까?

많은 사람은 자신은 인종주의자가 아니며, 이주민들이 나만큼 대접받길 원한다고 생각할 것이다. 지금 같은 상황에서는 이 정도 생각만으로도 진보적이라 할 수 있기는 하다. 그러나 진정으로 반인종주의자가 되기 위해서는 '나만큼'이 아니라 이주민들이 '나보다 우위'에 설 수도 있음을 인정해야 한다. 이주민들이 경찰이 되어 나를 체포할 수도 있고, 판사가 되어 나를 재판할 수도 있고, 국회의원이 되어 우리가 지켜야 할 법을 만들 수도 있어야 한다. 기자가 되어 우리 사회를 취재할 수 있어야 하고, 의사가 되어 우리를 진찰할 수도 있어야 한다.

그러나 우리는 아직 그것을 용납하지 못하고 있다. 유일한 이주민 출신 국회의원이었던 이자스민이 임기 내내 악플에 시달렸다는 사실은 이를 잘 보여 준다. 이자스민은 〈러브 인 아시아〉, 〈MBC 스페셜〉 같은 방송으로 얼굴을 알린 후, 영화 〈완득이〉(2011, 감독 이한)에서 '완득이 엄마'로 유명해진 사람이다. 방송과 영화에서 활동할 때도, 다문화 가정을 위해 사회활동을 할 때도 대중으로부터 호의적인 시선을 받았다. 그런데 그가 막상 권력을 갖게 되자 혐오의 대상으로 급전직하했다.

2018년 12월 포항공과대학교(포스텍) 대학원 총학생회장에 당선된 인도인 소우라브 사르카르(27)의 경우도 그랬다. 그는 우리나라 대학에서 처음으로 총학생회장에 당선된 외국인 유학생이었다. 한국에서 5년 동안 살았는데, 그동안 그의 삶은 다른 학생들과 사이좋게 지낸 기억들뿐이었다. 그런데 총학생회장에 당선되자 혐오의 대상이 되었다. 소셜미디어는 '왜 평화로운 캠퍼스에 분란을 일으키느냐', '한국보다 못사는 후진국 인도인, 너희 나라로 돌아가라' 같은 게시글로 요동쳤다. 그는 외국인의 몰표를 받아 당선된 것이 아니었다. 지지자 중 75%가 한국 학생들이었다.

이자스민과 소우라브가 혐오의 대상이 된 이유는 다름 아니라, 그들이 우리보다 우위에 섰기 때문이다. 후진국 출신인 그들은 우리보다 우위에 설 자격이 없다고 본 것이다. 이자스민은 외국인이 아니라 한국인 남성과 결혼해 귀화한 엄연한 '한국인'이었다. 그런데도 필리핀 출신이 한국인이 낸 세금으로 정무를 보면서 불법체류자를 위해 일한다는 루머에 시달렸다. 한국인이 낸 세금에 무임승차한 그녀가 불법체류자로 통칭되는 무임승차자를 위해 일한다는 것이었다. 참고로 말하면, 이주 노동자들도 한국인과 똑같이 세금을 낸다. 급여에서 소득세가 징수되고, 소비를 할 때도 간접세를 낸다.

이자스민은 우리나라 최초의 유일한 다문화 출신 국회의원이었다. 통계청이 발표한 '2018 인구주택총조사'에 따르면 우리나라 다문화 가구는 33만여 가구, 다문화 가구원은 무려 100만 9,000여 명이다. 인구 비례의 원칙을 적용해 보면 1명이라는 다문화 출신 국회의원의 숫자는 턱없이 적은 것이었다. 그녀가 백인이고 남성이었다면 어땠을까? 아마 달랐을 것이다. 이를 유추해 볼 사례가 이미 있다. 독일 출신으로 우리나라에서 배우로 활동했던 이참은 이명박 정부 시절 한국관광공사 사장으로 내정되었다. 국회의원은 아니지만, 공기업의 수장이 된 것이다. 그때는 인종 혐오적 반응이 전혀 없었다.

이자스민은 이런 이야기를 한 적이 있다. "전통적 이민 국가들, 이를테면 캐나다는 인구의 6%가 이민자다. 우리는 4~5%다. 비율상으론 비슷하지만 거기는 이민 국가고 우리는 아니다."[7] 그리고 다음과 같은 인터뷰를 남겼다. "한국에는 이민의 법적 정의조차 없어요. 잠시 머물며 일하러 온 이주 노동자, 결혼 이주자, 유학생, 귀화 한국인 등이 있을 뿐이죠. 이민 정책 자체가 없는 겁니다." 우리나라같이 인구가 줄고 있는 나라에서 생산 가능 인구수를 유지하려면 외국인을 들여올 수밖에 없다. 가장 정상적인 방법은 외국인 가족을 우리 국민으로 받아들이는 이민이다.

그런데 우리나라는 외국인을 받아들이긴 하는데, 이민이 아닌 방법으로 받아들인다. 이주 노동자들이 영주권을 얻지 못하도록 고용허가제를 통해 한 번에 최장 4년 10개월만 머물게 한다. 외국인이 합법적으로 5년 이상 거주하면 영주권을 줘야 하기 때문이다. 한국에서 계속 일하려는 이주 노동자들은 4년 10개월 만에 일단 출국했다가 다시 절차를 밟아 입국해야 한다. 4년 동안 일해 숙련이 된 이주 노동자를 쫓아내는 고용허가제는 사실 기업에도 좋은 제도가 아니다. 그럼에도 영주권을 주지 않기 위해 이렇게 한다.

이주 노동자에게 투표권이 없는 이유도 이 때문이다. 외국인은 합법적으로 5년 이상 거주해야 영주권이 나오고, 영주권을 가진 후 3년이 지나야 투표권이 생긴다. 영주권도 가질 수 없게 짜여 있는 제도하에서 투표권이 생길 리 없다. 이주 노동자가 한국에서 살기 위해서는 출국과 입국을 반복해야 하는데, 그렇게 아무리 오래 살아도 영주권도 투표권도 가질 수 없다. 투표권이 없다는 것은 자신을 대변할 정치적 대표자를 가질 수 없다는 말이다. 정치인들은 투표권이 없는 이주 노동자의 눈치를 볼 필요도, 그들을 위해 일할 필요도 없다. 오히려 혐오 발언을 아무렇지도 않게 내뱉으며 차별과 배제를 부추긴다. 우리가 흔히 언론을 통해 목도하는 바다. 이주 노동자는 우리의 '내부 식민지'다.

2

조선족
혐오

혐오 표현은 집단 명예훼손이라고 불러야 한다.
— 미국의 법학자 제러미 월드론

한국 개그 프로에는 심심찮게 조선족 캐릭터가 등장한다. 십 년 전쯤에 강성범의 과장된 몸짓과 우스꽝스러운 '연변 말'로 "우리 연변에서는"으로 시작하는 '연변 총각'이나, 이수지의 "당황하셨어요, 고객님?"으로 시작되는 '보이스 피싱' 전화나, 김을 얼굴에 덕지덕지 붙이고 떼어 먹는 개그맨의 형상 등은 모두 조선족을 희화화한다.
한국의 많은 시청자들은 재미있는 개그로 받아들여 인기 코너가 되었지만, 당사자인 조선족들은 그것을 조롱과 혐오로 받아들여 분노했다.
— 「'차별'에 대하는 자세」에서[8]

윤동주가 조선족 시인으로 불린다면

조선족은 만주 일대로 이주한 한민족을 가리킨다. 당연히 우리 민족이다. '조선족'이라고 호명하는 주체는 본래 중국 정부다. 중국 정부가 자국 내 한민족 무리를 일컫는 말이다. 중국의 인구는 56개 민족으로 이루어져 있고, 주류 민족은 한족으로 전체 인구의 90% 이상을 차지한다. 한족을 제외한 나머지 55개 민족은 모두 소수민족이고, 조선족은 그중 하나다. 중국 정부는 효과적인 소수민족 통치를 위해 민족 식별 작업을 시행했는데, 그 과정에서 조선족이라는 명칭이 정해졌다. 조선족이라는 호칭에는 철저하게 한족의 관점이 반영되어 있으며, 소수민족으로서 비주류, 식민지, 외부자, 변방의 위상을 갖는다.

그러나 우리에게 조선족은 수많은 민족 중 하나가 아니다. 조선족은 우리 민족 그 자체다. 그런데도 우리는 한족이 소수민족을 대하듯 조선족이라 호명한다. 이상하지 않은가? 이렇게 생각하면 더 실감 날지 모르겠다. 일본에 사는 우리 민족을 일본인들은 '조센진^{朝鮮人}'이라고 부른다. 일본인들이 그렇게 부른다고 해서 우리도 일본 동포를 조센진이라고 부르면 어떻게 될까? 일본 동포들은 어이없어 할 것이다. 우리가 중국 동포를 조선족으로 부르는 것이 이와 같다.

그것은 형평성에도 맞지 않는다. 일본에 사는 한국인들을 '일본 교포', 미국에 사는 한국인들을 '미국 교포'라 부르면서 중국에 사는 한국인은 조선족이라 부르는 것은 경제적 차별에 다름 아니다. 만약 그들이 우리보다 잘살았다면 그렇게 부르지 않을 것이다. 중앙아시아에 사는 한국인을 '고려인(카레이스키)'이라 부르는 것도 경제적 차별이기는 마찬가지다. 카레이스키 역시 옛 소련 정부가 불렀던 명칭이다.

우리나라는 '민족의식'이 강한 것으로 알려져 있고, 우리도 그렇게 인식하고 있다. '단일민족 의식'이란 허구에 불과하지만, 그럼에도 이를 통해 단결력과 자부심을 가졌던 것도 사실이다. 그러나 중국 동포나 러시아 동포들을 대하는 태도를 보면, 우리가 과연 민족의식이 강한지도 의심하게 된다. 다른 나라에 사는 동포를 대하는 방식이 비열하다고 할 만큼 차등적이기 때문이다. 똑같은 동족인데, 부유한 동포는 존중하고, 가난한 동포는 멸시한다.

중국 동포를 대하는 우리의 태도가 얼마나 기회주의적인지를 보여 주는 대표적인 예는 윤동주 시인이다. 우리는 윤동주를 한국을 대표하는 서정시인, 민족 시인으로 여긴다. 그러나 만약 윤동주가 그렇게 일찍 죽지 않고, 해방 후에도 자신의 고향에 머물며 오래도록 살았다면 민족 시인이 아니라 조선족 시인이라 불렸을 것이다. 그랬다면 윤동주 시에 대한 가치 평가도 지금과는 사뭇 달랐을 가능성이 높다.

윤동주는 1917년 간도에서 태어났다. 우리가 흔히 '연변'으로 부르는 바로 그곳이다. 물론 평생 그가 연변에만 있었던 것은 아니다. 경성에서 4년 남짓 연희전문대학(현 연세대학교)도 다녔고, 그 후에는 일본에서 3년 동안 유학 생활을 했다. 그러다 체포되어 옥사했다. 그러나 그는 명실상부 간도인이었고, 시에서도 그런 특성이 여실히 드러난다.

혹자는 그렇게 아름다운 한국어를 구사한 시들이 어떻게 간도의 특성이냐고 반문할지 모르겠다. 간도 역시 일제가 지배하는 곳이긴 했지만, 조선 반도에 비하면 상대적으로 일제의 지배력이 떨어진 지역이었다. 일제가 조선어 말살 정책을 폈던 시절에도 윤동주가 조선어를 익히고 쓰면서 자랄 수 있었던 이유다. 윤동주 시의 간도적 특성은 「별 헤는 밤」 같은 작품에서 드러난다. 거기에 나오는 '이국 소녀들'이라는 시구는 같이 자란 한족이나 만주족 아이들을 가리킨다. 윤동주 시에는 타자의 사상이나 문화에 대한 동경으로 가득 차 있다.

중국 연변에는 윤동주 생가가 있다. 이곳을 방문한 사람들은 당혹스러운 글귀와 마주하게 된다. 입구에 커다랗게 '중국 조선족 애국 시인 윤동주 생가'라고 적혀 있기 때문이다. 우리는 교과서를 통해 윤동주를 '민족 시인'으로 배운 까닭에 '조선족 시인'이라는 수사가 매우 낯설고 당혹스럽다.

『해란강아 말하라』라는 소설로 유명한 김학철이라는 소설가이자 독립운동가가 있다. 이 소설은 1930년대에 만주벌 간도 지방으로 이주한 조선 농민들이 해란강가 마을을 중심으로 펼친 항일 무장투쟁을 그렸다. 그 역시 간도적 특성이 잘 드러나는 작품을 썼다. 연변 출신이었던 김학철은 사망할 때까지 '조선족 작가'로 불렸다. (그뿐만 아니라 다른 연변 출신 작가들도 마찬가지다.) 이를 생각하면, 윤동주도 틀림없이 그렇게 불렸을 것이라 예측하는 일은 전혀 억측이 아니다.

중국 동포의 역사를 알면 혐오하기 어렵다

중국 동포에 대한 혐오가 만연한 것은 그 역사를 몰라서 그렇기도 하다. 중국 동포의 뿌리는 조선 말기로 거슬러 올라간다. 가뭄과 전란, 지방관아의 수탈에 견디다 못한 우리 백성이 두만강과 압록강을 건너 만주로 간 것이 시초다. 당시 만주는 중국인이 거들떠보지 않을 정도로 황량하기 그지없는 땅이었다. 그들은 이런 땅으로 오직 생존을 위해 이주했고, 조선인 특유의 강인한 생활력과 낙천성을 기반으로 밭을 개간하며 모진 환경을 극복해 나갔다. 그때까지 이민 간 인원은 대규모는 아니었다. 1910년 한일병합 때까지 만주에 자리 잡은 가구 수는 몇만에 불과했다.

더 많은 조선인이 만주로 몰려든 것은 한일병합 이후다. 독립운동가들이나 일제의 수탈 때문에 생계 수단을 잃어버린 사람들이었다. 1931년 일본군은 만주를 대륙 침략의 발판으로 삼기 위해 '만주사변'을 일으켰다. 이듬해에는 아무 실권도 없는 청나라의 마지막 황제 푸이溥儀를 앞세워 '만주국'이라는 괴뢰국을 세웠다. 이에 따라 조선인들이 많이 살고 있던 간도도 만주국에 편입되었다.

일제로서는 만주에 대한 실효적 지배가 이루어지려면 인구가 필요했다. 이에 많은 일본인들이 만주로 이주하는 한편,

조선인들도 매년 1만 가구씩 강제 이주시켰다. 강제 이주의 목적은 여러 가지였다. 국토 개발을 위한 노동력도 필요했고, 조선인을 앞잡이로 만들어 원주민들(만주족＋몽골인＋한족)을 통치하고 한인 공산당 중심의 지하활동을 감시하기 위한 것도 있었다. 일본의 앞잡이가 된 일부 조선인들 중에는 부와 권력을 누린 자들도 있었다. 그러나 대다수는 모진 노동 착취와 핍박 속에 살았다. 만주에 정착한 일본인들은 인근의 조선인들을 강제로 끌고 와 노동을 시키고, 말을 듣지 않으면 죽였다. 소작료가 무려 65%에 달했다. 사실상 노예 노동이었다.

만주는 항일운동의 주요 거점이기도 했다. 이에 중국 동포의 희생도 잇달았다. 중국 동포의 개황을 밝힌『조선족 간사』(1960)에 따르면, 10만여 명의 동포들이 항일 전투에 참가해 1만여 명이 목숨을 잃었다. 독립군의 뒷바라지를 하다 일본의 학살과 방화로 희생당하는 경우도 많았다. 중국 동포들은 상하이임시정부에 세금까지 냈던 사람들이다. 이들의 세금이 없었다면 임정은 유지가 불가능했을 것이다. 대한민국 정부가 상하이임정의 법통을 이어받았다면, 우리는 중국 동포에게 큰 빚을 지고 있다고 봐야 한다.

1945년 일제로부터 해방되기 전까지 만주에는 무려 300만 명의 조선인들이 있었다. 이들 가운데 광복 후 귀국한 사람은 일부에 지나지 않았다. 특히 이남이 고향인 사람들은 북에 김일성 정권이 들어서면서 귀국길이 막혀 돌아올 수 없었다. 중국 정부는 중국에 남아 있는 조선인들이 중국인으로 편입되기를 원했다. 1952년 연변조선족자치주가 출범할 때 중국 정부는 동포들에게 귀화를 강요했다. 불응자는 숙청당하거나 탄광으로 추방당했다.

대부분의 중국 동포들은 자발적으로 중국 국적자가 된 것이 아니다. 선택의 여지가 없었다. 중국인으로 살면서도 중국 동포의 고초는 계속되었다. 문화대혁명(1966~1976) 때는 생존하기 위해 발버둥 쳤던 것이 돈만 밝히는 자본주의의 개라는 죄목이 되어 돌아왔다. 혹은 남조선 스파이로 몰려서 떼죽음을 당하기도 했다. 문화대혁명은 1950년대 말 경제개발 운동으로 추진한 대약진운동에 실패하면서 정치적 위기에 몰린 마오쩌둥毛澤東이 자신의 정치적 입지를 회복하고 반대파들을 제거하기 위해 벌인 극좌 대중운동이었다. 적지 않은 중국 동포들이 부르주아적이고 봉건적이며, 사상 개조가 덜 되었다는 이유로 숙청되었는데, 거기에는 다분히 소수민족에 대한 차별 감정이 들어 있었다.

중국 동포들이 한국에 들어오기 시작한 것은 1978년 말 덩샤오핑鄧小平이 중국의 개혁·개방 정책을 추진하면서부터였다. 단절됐던 중국과 한국의 교류가 시작되었고, 친척 방문을 이유로 중국 동포들이 조금씩 한국에 들어왔다. 그러다 1992년 한중 수교 이후 한국 유입이 본격화됐다. 수교가 되자, 중국 동포들은 한국 정부가 '조국에 돌아와 살고 싶으면 얼마든지 그렇게 해라, 한국 국적을 갖게 해 주겠다'고 약속해 주길 바랐다. 그러나 한국 정부는 그렇게 하지 않았다.

1999년 '재외동포의 출입국과 법적 지위에 관한 법률'(이하 재외동포법)이 제정되었지만, 중국 동포와 러시아 동포 등 정부 수립 이전에 해외로 이주한 동포들은 재외동포의 범주에서 제외시켰다. 제 발로 나라를 떠난 미국이나 일본 동포 등은 특별 대우하면서, 나라가 힘이 없어 보호하지 못했던 이들, 생존을 위해 떠난 이들, 국권을 되찾기 위해 일제에 항거했던 이들은 동포로 인정하지 않은 것이다. 동포로 인정되지 않으므로 한국에서 마음대로 일할 수도 없었다. 일하려면 불법체류자가 되어야 했다. 중국 동포들은 절규했다. "할아버지 묘지가 있고, 호적도 있고, 사촌들도 살고 있는데 내 나라 내 땅에서 왜 불법체류자로 살아야 하느냐?"는 것이었다.

중국 동포가 러시아 동포와 함께 재외동포로 인정받은 것은 2004년 재외동포법이 개정되면서부터다. 이때부터 합법적 신분으로 출입국이 가능해졌고, 일할 때도 일반고용허가제가 아닌 특례고용허가제(일명 노동허가제)의 적용을 받게 되었다. 특례고용허가제는 일반고용허가제와 달리 직업 선택과 사업장 이전의 자유를 보장한다. 직업 선택과 사업장 이전의 자유가 있으니, 다른 이주 노동자들보다는 처지가 낫다고 할 수 있다. 그러나 중국 동포들은 여전히 차별과 멸시 속에 살고 있다.

중국인보다 못한 취급받는 중국 동포

한국 정부가 중국 동포로 하여금 국내에 들어와 일할 수 있게 해 준 것은 애초부터 동포애라든가, 동족에 대한 배려, 동족으로서의 자긍심, 역사의식에 기초한 동질감과는 거리가 멀었다. 이는 순전히 경제적 필요 때문이었다.

정부는 1988년부터 시작된 신도시 건설에 많은 노동력이 필요하자, 갑자기 중국 동포를 비롯한 외국인 노동자들을 불러들였다. 그러다 1991년 말 경기가 위축되자 출입국 절차를 까다롭게 하고 '불법체류자' 단속을 강화했다. 1992년에는 많은 외국인 노동자들이 입국하자, 이를 제한하기 위해 1993년 10월 비자 발급을 제한하고 관광 목적의 비자 발급은 아예 중지했다. 이 과정에서 가장 큰 피해를 본 이들은, 1992년 한중 수교 이후 대규모로 유입된 중국 동포들이었다. 정부는 경제적 필요 때문에 이들을 들이면서도 기업 사정에 따라 단속을 강화하거나 체류 기간을 몇 차례씩 연장해 주는 기회주의적인 모습을 보였다.

사실 경제적 측면에서 중국 동포들만큼 유용한 존재도 없었다. 3D 업종에 대한 한국인의 기피가 심해 어차피 그 인력의 공백을 외국인 노동자로 메워야 하는데, 중국 동포는 다른 외국인 노동자들과 달리 우리말도 잘하는 데다 임금은 외국인 노동자와 다를 바 없었기 때문이다. 외모나 피부색도 우리와 같아 제조업이나 건설업은 물론이고, 가사 도우미, 식당 종업원, 청소부, 간병인 같은 내국인을 상대로 한 서비스 업종에서 일을 시켜도 거의 위화감이 없었다.

중국 동포의 저임금은 능력의 문제가 아니라 차별의 문제다. 중국 동포는 어디를 가든 외국인 노동자에 준하는 임금을 받는데, 이는 말로만 동포일 뿐 실은 외국인 노동자 취급을 당하고 있는 것이나 다름없다. 이 사실이 명백한 차별이라는 점은 미국 교포가 우리나라에서 일했을 때를 생각해 보면 금방 이해가 된다. 미국 교포에게는 이러한 임금 차별이 절대 발생하지 않는다.

임금 차별만 심한 것이 아니다. 정서적 혐오도 심하다. 인터넷에 누가 "조선족 가사 도우미를 구하려는데, 괜찮을까요?"라고 글을 올리면, '조선족이라니 물건 훔쳐 가면 어떡하려고 그러냐', '조선족은 왠지 청소를 더 못할 것 같다'는 식의 혐오에 가득 찬 댓글들이 줄줄이 달린다. 댓글 중에는 자신의 경험에 따른 것도 있다. 그러나 경험에 따른 것이라 해서 객관적이라 말할 수는 없다. 예를 들어 한국인 가사 도우미와 중국 동포 가사 도우미가 똑같이 일을 못해도 그 평가는 다르다. 한국인 가사 도우미는 개인의 능력 부족이라 치부하고, 중국 동포에게는 '조선족이라 저런다'는 식의 낙인이 쏟아진다. 차별이란 그런 것이다.

중국 동포들이 우리말을 지키며 사는 것도 심상하게 생각할 건 아니다. 지금의 중국 동포들은 해방 이전에 중국으로 넘어가 3대째 살고 있는 사람들이 많다. 그러는 동안 모국의 말과 문화를 굳건히 지키며 산다는 게 쉽겠는가. (미국 동포 2, 3세들 중 우리말을 못하는 경우가 부지기수라는 것을 생각해 보라.) '문화영토'[9]라는 말이 있다. "문화가 향유되는 곳의 강역疆域은 그

문화 주체자의 영토"라는 논리다. 이렇게 보면 '연변조선족자치구'는 지금도 거의 완벽하게 우리의 문화영토다.

중국 동포들이 우리말과 문화를 지키며 사는 이유가 무엇일까? 애국애족의 마음 때문에? 아니다. 중국에서의 차별 때문이다. 한족의 차별이 끊임없이 한민족으로서의 자의식을 자극하고, 그 뿌리를 잃지 않게 만든다. 그런데 중국 동포들은 한국에 와서도 '가난한 동포'라는 이유로 2등 시민 취급을 받는다. 우리의 중국 동포 혐오에는 계급 멸시와 이주 노동자에 대한 멸시가 교묘하게 섞여 있다. 중국 동포들은 중국인(한족) 관광객의 반만큼이라도 우리를 대해 준다면 모국에 대한 섭섭함은 덜할 것이라고 말한다. 실제로 중국 동포들은 중국에서보다 남한에서 차별과 소외감을 더욱 심하게 느끼는 것으로 조사되고 있다.

대다수 중국 동포들은 한국에 애정이 없다. 건국대 통일인문학연구단이 2011년 발표한 논문 『재중 조선족의 정체성과 다문화의 사회심리적 토양』에 따르면 국내 중국 동포의 91%가 한국이 아닌 '중국이 조국'이라고 생각하고 있는 것으로 조사됐다. 이를 모국에 대한 중국 동포의 배신이라고 생각해서는 안 된다. 중국 동포들이 스스로 이방인이라 느끼게 만든 것은 우리의 차별과 멸시다. 그들이 '한민족은 결코 하나가 될 수 없구나' 하고 생각하게 만든 것도 우리다.

중국 동포들은 '디아스포라Diaspora, 이산(離散)', 즉 조국의 불행한 역사 때문에 외국에 흩어져 사는 사람들이다. 오랜 세월 뿌리내릴 곳을 잃은 채 망망대해를 떠다니는 부초처럼 살다가 다시 고국에 정착할 수 있을까 해서 돌아왔는데, (어쨌든 생활을 하려면 일을 하지 않으면 안 되니, 일하고 있는데) 이곳에서도 외국인 노동자 취급을 한다. 그럴 때 사람은 단순한 서운함과 절망을 넘어 분노하게 될 것이다. 중국 동포의 91%가 한국이 아닌 '중국이 조국'이라 생각한다는 조사는 이러한 분노를 표현하고 있다고 봐야 한다.

"전쟁 나면 제일 먼저 와 한국 놈들을 쏴 죽이겠다"

세계무역기구WTO가 발간한 보고서 『세계무역 보고서World Trade Report 2019』는 한국의 노동인구는 앞으로 약 20년간 전 세계에서 가장 가파르게 줄어들 것이라고 전망했다. 굳이 이런 보고서가 아니더라도 노동인구 감소를 걱정하는 목소리는 흔히 들을 수 있다. 사회적으로 부양해야 할 노인들은 늘어나는데 노동인구가 줄어들면 국가 경제는 타격을 입을 수밖에 없다. 문제는 속도다. 노동인구가 가파르게 줄어들면, 그 공백을 메울 외국인 노동자도 가파르게 늘어나야 하는데 급속한 외국인 노동자의 증가는 사회적으로 다양한 후유증을 낳을 수 있다.

이런 상황에서 중국 동포를 받아들이는 것은 매우 유효한 대안이 될 수 있다는 의견이 있다. 외국인 노동자보다는 중국 동포를 받아들이는 것이 우리에게 훨씬 낫다는 것이다. 아무런 차별 없이 중국 동포의 이민을 적극적으로 받아들이면 외국인 노동자의 증가 속도를 늦출 수 있고, 외국인 노동자 급증에 따른 사회적 충격도 완화시킬 수 있다.

중국 동포는 정치적·경제적 발전에 기여할 잠재력을 지닌 존재다. 중국 동포는 한민족의 문화와 중국 문화를 동시에 체득하고 있다. 말도 한국어와 중국어를 모두 구사한다. 한국에 들어와 있는 중국 동포는 사회주의와 자본주의를 모두 경험한 사람들이다. 그들의 경험과 문화는 정치적·경제적으로 우리에게 상당한 실익을 가져다줄 수 있다. 중국 동포는 한국과 중국 사이에서 민간 외교관 역할을 할 수 있고, 경제적으로도 한국 기업의 중국 진출에 큰 도움을 줄 수 있다. 특히 중국 동포는 남한과 북한의 제도문화를 모두 이해하고 있는 만큼 한반도 통일에 있어서도 중요한 매개 역할을 할 수 있다. 그들은 남북한의 중재자로서 통일을 앞당기고 통일 후 남북한 주민 간의 사회적·문화적 통합을 이끌 수 있는 안내원이다.

우리는 주로 한국에 온 중국 동포만 본다. 그래서 그들이 한국에 오기 전, 그러니까 연변에 있을 때 무슨 일을 당했는지 잘 알지 못한다. 이를 모르니 한국에 온 중국 동포를 보면, '연변에서는 만질 수도 없는 큰돈을 한국에서 버니 얼마나 좋으냐?', '그나마 한국이 발전해 당신들도 덕을 보는 것 아니냐?'는 식으로 생각한다. 중국 동포가 한국(인)에 대해 조금이라도 부정적인 말을 하면 배은망덕하다고 여긴다. '한국의 덕을 본 당신들이 그런 식으로 말하면 안 된다'는 것이다.

박혜란의 『개방 시대의 중국 조선족 여성』(1996)이라는 논문은 한중 수교 이후 연변 사회에서 어떤 일이 발생했는지를 잘 보여 준다. 이에 따르면, 한중 수교 이후 연변에 한국인들이 밀려들어 오면서, 연변에는 한국의 향락 퇴폐 업소를 모방한 업소들이 번창했다. 유흥업소에서 일하는 여성의 수가 급증하고 매매춘, 성 비행, 성병 등이 만연했다. 퇴폐적인 성문화의 범람과 여성의 성 상품화가 급속히 진행되었다. 여성들은 대도시의 유흥가로 빠지거나 돈을 벌기 위해 한국으로 시집을 갔다.

한국의 농촌 총각들이 중국 동포 여성과 결혼할 때마다, 연변에서는 결혼하지 못하는 총각들이 점차 늘어 갔다. 조선족 마을에서는 결혼이 연중행사가 되어 버렸고, 결혼을 통해 새롭게 꾸려지는 가정이 적다 보니 태어나는 아이들도 줄었다. 중국에 진출한 한국인과 한국 기업들은 연변 사회에 탈고향의 욕구를 자극했다. 한국에 가면 많은 돈을 벌 수 있다는 소문이 퍼지자 너도나도 한국행을 택했다. 아이들도 부모를 따라 한국으로 가거나, 따라가지 못한 학생들은 부모의 보살핌을 받지 못해 불량 청소년이 되는 경우가 많았다.

새로 입학할 아이들도 별로 없는 데다가 조선족 민족 학교의 교사들도 대부분 한국으로 떠나 버려, 폐교하는 조선족 학교가 속출했다. 인구가 줄어들자 연변의 지역 경제는 붕괴되었고, 노총각에 실업자로 전전하던 젊은 남자들 역시 한국행을 택할 수밖에 없었다. 연변에서는 한국에 오고 싶어 하는 동포들을 상대로 한 한국인의 사기도 극성이었다. 한국에서 우리가 일상적으로 보는 많은 중국 동포는 이렇듯 연변에서의 민족 공동체 붕괴를 대가로 한 것이었다.

사실 중국 동포들은 한국 기업의 중국 진출에 있어서 교두보 역할을 톡톡히 했다. 한국 기업의 중국 진출, 그것의 일등공신은 바로 중국 동포들이었다. 그런데 한국인들은 중국 동포를 활용할 대로 활용하면서도 그들을 전혀 존중해 주지 않았다. 여성들을 유흥업소로 빨아들이거나 신붓감으로 데려가 버려, 연변의 젊은 남자들을 노총각으로 만들었다. 젊은 인력을 모두 빼어 가 버리는 통에 조선족 마을은 황폐화되었다. 그러니 한국인에 대한 중국 동포의 감정이 좋을 리 없다.

중국 동포들은 연변의 공동체와 경제가 붕괴되어 자의 반 타의 반으로 한국에 온다. 그런데 한국에 오면 입국 시 세관에서부터 '중국에서 온 거지' 취급을 당한다. 한국에서 일하면서는 임금 체불, 인격 모독, 부당 대우를 받는다. 동족이라 생각해서 믿고 호의적으로 대했는데, 돌아온 것은 멸시와 차별, 혐오뿐이다. 본래 믿었던 사람에게 당하는 것이 훨씬 내상內傷이 깊은 법이다. 중국에서 한족에게 당한 차별도 서럽기는 하지만, 동족에게 당한 설움에 비할 바는 아니다.

『한국은 없다』는 책이 있다. 한국문학 연구자인 중국 동포 김재국이 쓴 책으로 1996년도에 나왔다. 이 책은 그 자신이 유학생으로 한국에 와서 경험한 차별, 그리고 중국 연수생들이 한국에서 어떤 취급을 받았고, 한국에 대해 어떤 생각을 하는지를 가감 없이 적어 놓았다. 그런데 이 책의 표지에 이런 문구가 적혀 있다. "만약 이제 전쟁이 다시 한번 난다면 난 총을 들고 선참으로 한국으로 와서 한국 놈들을 쏴 죽이겠다." 중국 동포 연수생들의 말이다. 충격이 아닐 수 없다.

이 책이 나온 지 꽤 됐지만, 지금이라고 해서 상황이 그다지 다르지는 않다. 중국 동포에 대한 우리의 혐오와 멸시는 여전하다. 우리는 중국 동포의 설움과 배신감, 분노를 깊이 헤아리지 않으면 안 된다.

중국 동포 혐오의 주범, 영화와 언론

중국 동포는 우리와 외모로 구별되지 않는다. 말투가 우리와 차이 나긴 하지만, 그것도 말만 들어서는 중국 동포인지 탈북민인지 구별하기가 쉽지 않다. 우리는 식당 종업원이나 간병인 등 서비스업에 종사하는 중국 동포들을 만나긴 하지만 대화다운 대화를 나누는 때가 드물다. 한마디로 우리는 중국 동포를 잘 모른다. 그런데도 중국 동포에 대해 '조선족은 걸핏하면 칼부림을 한다', '조선족은 강력 범죄의 원흉이다', '국내 체류 조선족들이 늘어날수록 범죄율도 높아진다'는 식으로 부정적인 감정을 가진 사람들이 많다. 이유가 뭘까? 가장 큰 이유는 영화와 언론이 만들어 놓은 이미지 때문이다.

영화 〈황해〉(2010)에서 중국 동포는 살인 청부업자로 등장했고, 〈아수라〉(2016), 〈범죄 도시〉(2017), 〈신세계〉(2012)에서는 조직폭력배로 등장했다. 〈차이나타운〉(2014)과 〈청년 경찰〉(2017)에서는 인신매매범으로 나온다. 모두 중국 동포를 '무자

비한 범죄자'로 묘사하고 있다. 그뿐 아니라 서울 대림동처럼 중국 동포들이 많이 모여 사는 곳도 범죄의 온상으로 그린다. 영화 〈청년 경찰〉에는 택시 기사가 대림동을 가리키며 "여기는 조선족들만 사는데 여권 없는 중국인도 많아서 밤에 칼부림도 자주 나요. 경찰도 잘 안 들어와요. 웬만하면 밤에 다니지 마세요."라고 말하는 대목이 나온다.[10]

이 영화들은 모두 흥행에서 좋은 성적을 거두었다. 그런 만큼 이들 영화의 내용이 우리 의식에 미친 영향은 크다. 실제로 중국 동포들도 혐오와 차별을 부추기는 원흉으로 영화, TV, 신문 같은 '미디어'를 꼽는다. 중국동포혐오대응연대 집행위원장 최여나는 영화, 드라마, 예능 프로그램들이 "우리를 손쉽게 낙인찍고 조롱하며 돈을 번다"며 "그로 인해 우리가 어떤 피해와 고통을 안고 살아가는지 안중에도 없다"고 지적한다. 어느 순간부터 중국 동포는 미디어 속에서 악마화하기에 가장 만만한 대상이 되어 버렸다.

이런 영화나 예능 프로그램를 만든 사람이 돈벌이 때문에 그냥 재미있게 만들려고 그랬다고, 중국 동포를 혐오할 마음은 추호도 없었다고 말한다고 해서 면책될 수 있을까? 그렇지 않다. 현대사회에서 미디어의 영향은 압도적이다. 현대인들은 미디어로 첩첩이 둘러싸인 환경에서 살고 있다. 미디어는 단지 현실을 반영하는 거울이 아니다. 그것은 반대로 현실을 구성할 정도로 위력적이다. 사회적으로 공적인 역할을 하는 미디어나 언론은 자신의 거대한 영향을 늘 성찰하지 않으면 안 된다.

언론도 '조선족 = 강력 범죄자'라는 프레임을 만들어 낸 주역이다. 어느 집단이든 국내에 유입되는 사람의 수가 많아지면 그들에 의한 범죄도 증가하게 마련이다. 당연히 중국 동포에 의한 강력 사건도 있었다. 2012년 길 가던 20대 여성을 살해한 오원춘 사건과 2014년 동거녀를 살해한 뒤 시신을 훼손한 박춘풍 사건이 대표적이다. 엽기적인 사건이었던 것만큼 언론의 관심을 받는 건 당연했다. 그럼에도 어디에 초점을 맞춰 보도하는가의 문제는 여전히 남는다. 당시 대부분의 언론은 이 같은 엽기적인 범죄 행각을 벌인 범인이 조선족이라는 데 초점을 맞췄다.

범인이 조선족이어서 조선족이라 보도한 것인데 뭐가 잘못되었느냐고 묻는 사람이 있을 것이다. 하지만 그렇지 않다. 예를 들어 일본 언론은 주일 미군의 범죄 사건 보도에서 '흑인 병사'라는 낱말 사용을 금지한다. '미국 병사'만으로도 충분히 사건 내용을 알릴 수 있는데도 '흑인 병사'라고 하는 것은 인종차별이라는 이유에서다. 또한 한국인 범죄가 발생하더라도, '한국인'이라 특정하지 않고 '외국인'으로 보도한다.

이런 생각을 해 보자. 2007년 미국 버지니아공과대학에서 재미 한국인 조승희가 벌인 총기 난사 사건이 있었다. 이 사건으로 스스로 목숨을 끊은 조승희 자신을 포함, 33명이 사망하고 29명이 부상을 입었다. 미국에서는 총기 난사 사건이 종종 일어나지만, 그렇다고 해서 버지니아공대 총기 난사 사건이 결코 작은 사건은 아니었다. 만약 우리나라에서 중국 동포에 의해 이 정도 규모의 사상자가 나온 강력 사건이 발생했다면 어땠을까? 아마 중국 동포에 대한 혐오가 극에 달했을 것이다. 그런데 미국에서는 이 사건으로 '코리안 혐오'가 전혀 확산되지 않았다. 언론이 '코리안'에 초점을 맞춰 보도하지 않았기 때문이다.

조승희 사건이 발생했을 때, 오히려 미국에서 코리안 혐오가 발생하지 않을까 전전긍긍한 것은 우리나라 언론이었다. 우리나라 언론들은 현지 미국인들에게 '한국에서는 이번 사건으로 미국에서 코리안 혐오가 발생하는 것 아니냐는 우려가 있다며 이에 대해 어떻게 생각하는지' 물었다. 미국인들은 대개 '대부분의 코리안은 이번 사건과 관련이 없다는 것, 우리는 그들이 좋은 사람이라는 것을 알고 있다. 그런 염려는 안 해도 될 것 같다'고 답해 주었다. 우리나라 언론들이 이런 인터뷰를 한 것은 '도둑이 제 발 저린' 측면이 있다. 평소 자신들이 혐오 여론을 부추기는 방향으로 보도해 왔기 때문에, 미국에서도 혐오가 확산되지 않을까 걱정했던 것이다.

한국형사정책연구원에 따르면, 2017년 기준 인구 10만 명당 범죄자 검거 인원 지수가 가장 높은 나라는 몽골(2,367명)이었다. 그다음이 키르기스스탄(2,089명)과 우즈베키스탄(2,005명), 러시아(1,993명), 파키스탄(1,700명) 순이었고, 중국 동포가 다수 포함된 중국은 1,621명으로 전체 조사 대상 16개국 가운데 6번째였다.[11] (참고로 내국인은 3,481명이었다.) 통계상으로도 중국 동포가 더 많은 범죄를 저지른다는 것은 사실이 아니다.

살인 등 흉악 범죄가 가장 많을 것이라는 점도 사실과 다르다. 중국인 범죄 중 가장 많은 비중을 차지하는 것은 폭력이다. 폭력 범죄가 많은 것은 이주 노동자와 똑같은 이유다. 차별과 멸시, 부당한 대우가 '분노형 범죄'를 일으키게 한다.

3
난민
혐오

우리가 누군가를 혐오한다면,
그에게서 우리 자신의 모습을 보기 때문일 것이다.
— 독일의 소설가 헤르만 헤세

콩고 출신 난민 신디(39, 가명) 씨는 "피부색을 바꾸지 않으면 아르바이트를 구하는 것도 어렵다"며 답답해했다. 그는 한국에 온 뒤 서울 이태원 인근에 머무르며 아르바이트를 구한다고 써 붙인 모든 식당과 카페를 찾아갔다고 한다. 하지만 돌아온 답변은 '우리는 흑인은 안 뽑는다'였다. 신디 씨가 '서빙은 하지 않고 주방에서만 일하겠다'고 하자 더 고약한 답이 그의 폐부를 찔렀다. 식당 주인은 아무렇지도 않은 듯 "손님들이 음식이 더럽다며 불쾌해한다"고 했다.

— 「"평화 찾아 한국 왔는데" … 가짜 시비·인종차별에 멍드는 이방인들」에서 [12]

예멘 난민에게 혐오로 답한 대한민국

2018년, 우리나라 제주특별자치도에 예멘 출신 난민 561명이 입국했다. 2018년 이전에도 우리나라에 난민이 없었던 것은 아니다. 우리나라는 1992년 '난민의 지위에 관한 협약'(이하 난민협약)에 가입했고, 1994년부터 조금씩 난민 신청을 받았다. 2013년에는 난민법이 시행되었다. 하지만 그사이 정부, 언론, 국민 모두 난민 문제에 큰 관심이 없었다. 난민을 신청하는 사람의 숫자도, 난민으로 인정된 사람의 숫자도 너무 적었기 때문이다. 그러다 갑자기 예멘 난민이 한꺼번에 몰려오면서 난민 문제가 갑자기 핫 이슈로 떠올랐다. 이들에 대한 한국 사회의 '첫 인사'는 어땠을까? 매정했다. 난민 반대 여론이 들끓더니 청와대 국민 청원 게시판에 난민법 폐지를 요구하는 글이 올라왔고, 무려 70만 명이 넘는 사람들이 이에 동의했다. 한마디로 '우리는 그들이 싫으니 당장 쫓아내라'는 것이었다.

사람들이 예멘 난민을 반대하는 이유는 이랬다. 우선 그들 대부분은 진짜 난민이 아니라 가짜 난민이라는 주장이 있었다. 진짜 난민이라면 누더기를 입고 배를 타고 와야 하는데 비행기를 타고 왔을 뿐 아니라, 대부분 스마트폰을 갖고 있어 난민으로 믿을 수 없다는 것이었다. 브로커를 통해 집단적으로 국내에 들어왔기 때문에 가짜라는 주장도 있었다. 그러나 세계 어디에서나 난민들은 자국에서 몰래 빠져나오는 것부터 다른 나라에 입국하기까지, 피난 과정에서 브로커에게 의존하는 경우가 많다.

그들은 난민이 아니라 우리나라에 돈 벌러 온 사람들로, 우리 일자리를 뺏으러 온 사람들이라는 말도 있었다. 또한 그들 중에 테러리스트가 섞여 있을지 어떻게 아느냐는 불안감도 있었다. '무슬림 → IS → 테러리스트'로 이어지는 연상 작용의 결과였다. 비슷한 연상 작용은 또 있었다. '무슬림 → 극단적인 가부장제 → 여성 억압·성폭력'이 그것으로, 이로 인해 많은 여성과 페미니스트가 입국을 반대했다. 제주로 온 난민 중 대부분이 남자, 특히 젊은 남자라는 점도 여성들의 불안감을 높였다. 일부 페미니스트 중에는 그들이 정말 난리를 피해서 한국에 왔다고 해도 상대적으로 약자인 여성을 먼저 피신시켜야지, 왜 남자들이 먼저 피신해 왔느냐고 비난하는 사람도 있었다. 이들에 대한 정부의 생계비 지원이 '무임승차'라는 논리도 나왔다. 우리 국민도 아닌 사람들이 왜 우리 세금을 쓰느냐는 이야기였다.

우리 정부도 예멘 난민을 박대하기는 마찬가지였다. 무사증無査證 제도를 이용해 예멘 난민들이 대거 입국하자, 우리 정부는 예멘인에게만 무사증 제도를 없애 버렸다. 참고로, 무사증 제도는 관광을 목적으로 하는 외국인에 한해 비자 없이 들어와 한 달 동안 국내에 체류할 수 있는 제도로, 국내의 경우 제주도가 해외 관광객 유치를 위해 시행하고 있다. 정부는 무사증 제도를 예멘인에게만 예외적으로 없애 버림으로써 '이들이 보호받아야 할 존재가 아니라 우리에게 위험한 존재이고, 그러므로 그들을 혐오해도 좋다'는 인종차별적 사인을 보냈다. 아무튼 무사증 제도의 철폐로 더 이상 예멘 난민은 입국할 수 없게 되었다.

정부의 난민 인정율은 심하게 낮다. 정부는 난민 신청을 한 예멘인 484명 중 단 2명만 난민으로 인정해 주었다. 1%도 안 되는 비율이다. 법무부가 난민으로 인정해 준 두 명은 언론인이었다. 예멘에 있을 때 후티Houthis 반군에 대한 비판적인 기사를 써서 살해 위협을 받은 사람들이었다. 그 이전에도 우리나라의 난민 인정율은 바닥이었다. 1994년부터 2017년까지 3만 2,733명이 난민 인정 신청을 했지만, 지위를 인정받은 사람은 전체 신청자 중 2.4%(792명)에 불과했다. 2017년 난민협약 가입국(142개국) 전체의 난민 인정률 평균 36.4%에 비하면 턱없이 낮은 수준이었다.

우리나라는 경제 규모 세계 11위의 경제 대국이다. 그런 위상을 가진 나라에서 난민 인정률이 턱없이 낮고, 난민협약 탈퇴나 난민법 폐지 여론이 비등한 것은 창피한 일이다. 우리나라 국민도 아닌데 왜 그들을 보호해 줘야 하느냐고 생각할지 모르지만, 난민협약은 인간 생명의 보편적 존엄성과 인권을 지키기 위해 만들어진 것이다. 난민협약에 가입한 나라들은 자국으로 돌아가면 생명의 위협을 받는 외국인의 안전을 보장해 주어야 할 법적 의무가 있다. 이는 인도주의를 추구하는 국제 규범에 따른 것이다.

우리나라 정부는 어떻게 그 많은 사람 중에 단 2명만 난민으로 인정할 수 있었을까? 사보타주^{sabotage}(고의로 작업을 게을리하는 행위)에 가까운 정부의 태도에서 원인을 찾을 수 있다. 난민은 난민 신청을 할 권리가 있고, 난민협약 가입국은 그 신청을 받을 의무가 있다. 그렇다면 정부는 난민 신청 절차 등 법적으로 보장된 권리를 고지해 줘야 한다. 그런데 우리나라 정부는 아무런 정보도 제공하지 않았다.

난민들은 스스로 신청 절차를 알아내고, 출입국·외국인청을 찾아가야 했다. 출입국·외국인청에 가면 15장 분량의 두꺼운 서류 더미(신청서)를 준다. 신청서는 한국어와 영어로 쓰여있다. 당연히 아랍어 등 소수 언어를 쓰는 외국인은 무슨 말인지 알 수 없다. 통역과 기록의 문제도 있다. 통역이 원활하지 못해 진술이 잘못 적히기도 하고, 심사관의 질문에 정확히 답변해도 기록이 잘못되는 경우도 있다. 난민 신청자가 인터뷰 기록 문서를 확인해 사인하기는 하지만 그 문서는 대부분 한글로 작성되어 있어, 뭐라고 쓰여 있는지 알 수 없다. 그런 채로 사인을 한다.

난민 신청자 중에는 자기 경험을 제대로 언어화하지 못하는 경우도 있다. 난민 요건에 부합하게 자기 경험과 이야기를 정리·재구성해서 써야 하는데 이 작업은 결코 쉽지 않다. 저학력자이거나 문서화 작업에 익숙하지 않은 사람들은 심사에 통과하기 어렵다. 난민 요건 대비 공백이 보이는 부분은 더 물어가며 이야기를 끌어내야 할 필요가 있지만, 심사관은 그렇게 하지 않는다. 신청자가 완벽한 진술을 할 수 있다는 전제하에 'yes'

또는 'no'의 단답을 강요거나, 신청자가 거짓말한다는 것을 전제로 말을 중간에 끊거나 심지어 반말, 폭언도 한다. 심사관은 왜 이런 태도를 보이는 것일까? 심사관의 역할이 난민을 인정하는 것이 아니라, 가짜 난민을 색출하는 것이기 때문이다.

우리나라의 난민 심사는 신청자가 자국에서 '심각한 생명의 위협을 받고 있음'을 스스로 증명하는 방식을 채택하고 있다. 예를 들어 반정부 단체에서 활동한 사람은 자국 정부가 발부한 체포 영장 등의 기록을 제출해야 한다. 이를 제출하기 위해서는 자국 대사관을 찾아가야 하는데, 대사관을 찾아가 자신의 신분을 노출시키는 일은 자살행위나 다름없다. 이는 자국에 있는 가족들을 위험에 빠뜨리는 행위이기도 하다. 자신이 외국으로 망명 신청한 것이 들통나면, 자국의 가족이 보복당할 위험이 있다. 이러한 행태가 '철저한 심사'를 명분으로 이루어진다.

어떤 난민은 '한국에 와서 뭘 하고 싶냐'는 심사관의 물음에 '한국에 왔으니까 교육도 받고, 돈도 벌고 싶다'고 답했다. 그는 얼마 후 '당신은 경제적 목적으로 한국에 왔으므로 난민으로 인정하지 않는다'고 적힌 난민 불인정 통지서를 받아야 했다. 난민들은 분쟁으로 자국에서 직업을 잃었고, 피난해 오는 과정에서 이미 많은 돈을 썼다. 그들이 한국에서 생활하려면 어찌 됐든 일자리를 구하지 않을 수 없고, 일자리를 구하려면 그에 걸맞은 교육을 받아야 한다. 그래서 그런 이야기를 했을 뿐인데, 이를 바탕으로 경제적 목적으로 왔다고 판정한 것이다. 이처럼 사소하게 말 한마디만 잘못해도 난민으로 인정받지 못한다.

우리나라의 난민 심사는 엄격하기로 유명하다. 엄격하다는 것은 그 판정이 공정하다는 뜻이 아니다. 복잡한 제도와 까다로운 규정을 만들어 놓고, 그로부터 조금이라도 벗어나거나 실수를 하면 탈락시킨다는 의미다. 엄격하다는 것이 '성실한 심사'를 의미하는 것도 아니다. 우리나라의 난민 심사는 난민들이 처한 상황을 자세히 알려고 하지 않는다는 점에서 '부실한 심사'다. 우리나라의 난민 심사는 기본적으로 난민을 귀찮은 존재로 본다. 그리고 그 '귀찮은 사람들을 걸러 내는 데' 집중되어 있다.

우리나라 난민 인정률이 낮은 것은 심사 제도 운영에 문제가 있어서 그런 것이지, 신청자가 '가짜'라서가 아니다. 정부의 낮은 인정률이 여론에 미치는 영향은 크다. 낮은 난민 인정률을 근거로 난민 혐오자들은 '거 봐라, 대부분이 가짜 난민이라는 우리의 주장이 정부의 심사를 통해 증명되지 않았느냐'고 주장하게 된다.

예멘 난민이 제주도로 오게 된 까닭

우리나라 사람들은 왜 이렇게 예멘 난민을 매정하게 대했을까? 가장 큰 이유는 그들에 대해 잘 몰랐기 때문이다. '난민들의 피난처' 대표 이호택은 이렇게 말했다. "그전에는 모르기 때문에 무관심했지만 '난민은 불쌍하다'는 온정적인 분위기가 있었다면, 500여 명의 난민이 한 번에 들어오면서 무지의 상태를 두려움으로 표현하는 이들이 많아졌다."[13] 앞서 말했듯이 예멘 난민이 몰려오기 전까지 우리나라에서 난민 문제는 관심 밖이었다. 우리나라 정부가 1992년 난민협약에 가입한 것도 난민 문제에 특별히 관심이 있어서가 아니었다. OECD에 가입하기 위해서는 난민협약 가입이 꼭 필요했기 때문에 부랴부랴 한 것이다.

무지가 막연한 두려움을 만들고, 막연한 두려움이 혐오의 토양이 된다는 사실은 독일의 사례에서도 알 수 있다. 어느 나라건 난민과 이민자에 대한 두려움은 극우 포퓰리즘의 핵심 동력이다. 독일의 대표적인 극우 정당은 'AfD(독일을 위한 대안)'인데, 이 정당의 주요 거점은 난민이 많은 서부의 산업 지대가 아니다. 오히려 난민이 별로 없는 옛 동독 지역에서 지지도가 높다. 실제 투표 결과도 난민 거주 숫자와 AfD 득표율은 거의 반비례한다. 난민을 실제로 접할 기회가 없었던 이들이 더 두려워하고 혐오한다.

막연한 두려움에 휩싸여 혐오하지 않기 위해서는 우선 난민에 대해 알아야 한다. 먼저 예멘 사람들이 어떻게 난민이 되었는지부터 알아보자. 이들이 난민이 된 이유는 예멘 정부군과 후티 반군 사이에 내전이 발발했기 때문이다. 후티는 예멘 북동부 사다주에 살던 유력 가문이다. 이들은 종파적으로 시아파와 가까운 자이디파다. 그래서 시아파의 본산인 이란과는 친하고, 미국, 이스라엘, 사우디아라비아와는 적대 관계다. 이들이 무장정파武裝政派로서 모습을 갖춘 것은 1990년대다. 그 후 예멘 정부는 물론 국경을 맞댄 사우디아라비아와도 종종 무력 충돌했다.

2010년 말, 튀니지에서 반정부 시위운동(재스민 혁명)이 일어났고, 이는 아랍과 중동 국가, 북아프리카 등까지 번져 나갔다. 이러한 '아랍의 봄(아랍 혁명)'으로 예멘에서는 34년간 집권했던 독재자 알리 압둘라 살레 대통령이 하야하고, 부통령인 압드라부 만수르 알하디가 그 자리를 이어받았다. 그러나 정치 세계에서 영원한 적은 없는 법. 과거에는 적이었지만, 정권 획득이라는 목표 아래 살레 전 대통령과 전략적으로 내통한 후티 반군은 끊임없이 하디 정부를 흔들어 댔다. 그러다 하디 정부가 재정을 개혁한다며 정부 재정의 3분의 1을 차지하는 연료 보조금을 축소하자, 휘발유와 경유 가격이 폭등했다.

물가가 폭등하자 하디 정부는 민심을 잃었고, 이를 틈타 후티 반군은 쿠데타를 일으켰다. 내전의 시작이었다. 2015년 1월 후티 반군은 예멘 정부를 남부 아덴으로 밀어냈다. 후티 반군의 세력 확장에 위협을 느낀 사우디는 예멘을 구한다는 명목으로 주변 12개국과 '아랍 연합'을 결성해 내전에 개입했다. 사우디 연합군이 합법 정부를 지키기 위해 참전했기 때문에 처음에 예멘인들은 이를 반겼다. 그러나 사우디 연합군도 민간인의 안위는 관심 밖이었다. 결국 사우디 연합군의 무차별적인 공습으로 수많은 민간인이 희생됐다.

전쟁으로 기반시설의 50%가 파괴되면서, 예멘인들은 폭탄뿐만 아니라 경제적 측면과 공공보건 측면에서도 위험에 처해 있다. 일자리도 사라졌고, 물과 전기는 부족해졌다. 콜레라와 뎅기열이 창궐하지만, 이를 치료할 의약품도 구하기 힘든 실정이다. 식량도 없어서 무려 예멘 인구 절반인 1,200만 명이 기아와 싸우고 있다.

　징집 문제도 심각하다. 예멘은 정부군과 후티 반군, IS가 분할 점령하고 있는데, 전쟁이 장기화되면서 후티 반군은 젊은 남자만 보면 이유를 막론하고 징집하고 있다. 심지어 열세 살짜리 어린이들까지 학교나 길에서 납치해 전쟁터로 끌고 간다. 청년들이 생존을 위해 택할 수 있는 선택은 세 가지밖에 없다. 첫째, 후티 반군에 가담해 재정적 지원을 받고 가족을 부양하는 것이다. (예멘 국민의 지지를 받지 못하는 후티 반군은 군인이 되면 돈을 주었다.) 둘째, 정부의 통제 아래 있는 비교적 안전한 도시로 가는 것이다. 그러나 그곳에는 돈벌이 수단이 없어 생계가 막막하다. 셋째, 예멘을 탈출하는 것, 곧 난민이 되는 것이다.

　제주도에 온 난민들 대부분이 젊은 남자인 이유는 징집 문제가 크다. 이 때문에 아들만은 살려야 한다며 집안에 돈 될 만한 것은 모두 털어 쥐어 주고, 탈출시키는 경우가 많다고 한다. 우리나라의 일부 페미니스트들은 여성이 아니라 젊은 남성이 주로 전쟁터를 탈출하는 것도 성차별이나 가부장제 때문이라고 비판적으로 바라본다. 성차별이나 가부장제가 어느 정도 영향을 미친 것은 사실이다. 그러나 가부장제가 어디 예멘만의 문제이겠는가. 아마 우리나라에서 전쟁이 나도 크게 다르지 않을 것이다. 성차별이나 가부장제 때문에 예멘 난민들이 더욱 혐오의 대상이 되어야 할 이유는 없다는 의미다.

그렇다고 젊은 남자들이 가족들 다 버리고 혼자만 살겠다고 탈출한 것은 아니다. 특히 얼마나 긴 여정이 될지, 언제 어디서 어떤 일을 당할지, 난민으로 인정받을 수 있을지 없을지 모르는 막막한 상황에서 가족 모두 한꺼번에 탈출하는 일은 무척 힘들다. 가족이 함께 탈출하면 신속하게 이동하기 어렵고 무엇보다 적지 않은 비용이 드는데, 그 비용 마련이 쉽지 않다. 여러모로 젊은 남자가 일종의 선발대 격으로 먼저 탈출해서 국외에 정착한 후 가족들을 위한 피신처를 마련하는 것이 합리적이라고 그들은 생각한다. 우리나라 사람들이 흔히 생각하듯이, 혼자 온 남성이라고 해서 '이제 안전한 곳으로 와서 행복하다, 나 혼자 잘 먹고 잘살자'고 생각하는 난민은 없다. 난민들의 가장 큰 관심사는 하루빨리 난민으로 인정받아 가족들을 초청하거나 지원해 주는 것이다.

그러면 예멘 난민들은 어떻게 해서 제주도로 오게 되었을까? 예멘인들이 전쟁을 피해서 제일 많이 간 나라는 사우디아라비아, 수단, 오만 같은 주변국이다. 유엔난민기구에 따르면, 2017년 한 해 동안 5만 명이 넘는 예멘 난민이 옆 나라 오만으로 유입됐다. 주변국은 이미 포화 상태다. 사우디아라비아에서는 예멘인들이 계속해서 들어오자, 그들에게 가혹할 정도로 높은 세금을 부과하는 새 법을 만들었다. 이 세금은 매년 올라갔다. 주변 국가로 피신하는 것이 여의치 않자, 예멘 난민은 유럽,

미국, 캐나다 등지로 퍼져 나갔다.

전쟁을 피해 다급하게 자국을 탈출하는 이상, 난민들은 입국이 쉬운 나라로 갈 수밖에 없었다. 무사증 제도가 있는 말레이시아도 그중 하나였다. 말레이시아는 비자 없이 입국할 수 있다는 점에서는 좋았지만, 난민협약에 가입되어 있지 않아 합법적으로 일자리를 구하거나 생계 지원을 받을 수 없었다. 그런데 말레이시아의 수도 쿠알라룸푸르에 제주도로 가는 직항노선이 있었다. 고고도미사일방어체계THAAD, 사드 논란으로 중국 관광객이 급감하자, 2017년 말 관광객 다변화를 위해 제주도청이 직접 나서서 유치한 노선이었다.

우리에게 예멘은 낯선 나라지만, 예멘인들에게 한국은 그리 낯선 나라가 아니다. 한류 열풍으로 예멘 방송에서도 한류 드라마가 인기를 끌었기 때문이다. 제주도에는 2002년 제주국제자유도시특별법이 만들어지면서 관광 활성화를 위해 도입된 무사증 제도가 있었다. 더구나 한국은 난민협약에도 가입되어 있는 나라가 아닌가. 난민들에게 한 줄기 서광이 비치는 듯했다. 사회관계망서비스SNS 등을 통해 이 같은 소식을 접한 난민들은 제주도행 비행기에 몸을 실었다. 예멘 난민이 제주도로 몰려온 이유다.

한국에서 정신 건강이 더 나빠지는 난민들

난민인권센터가 난민을 대상으로 실시한 심리검사에 따르

면, 본국에서 당한 박해의 고통보다 한국에서 경험하는 미래에 대한 불확실과 생계의 불안정으로 인한 고통이 훨씬 크다고 한다. 난민들의 정신 건강은 심각한 수준이다. 난민들은 심한 피로감과 활력 저하, 인지 기능의 손상을 겪었다. 사회적·목표 지향적 활동 능력이 떨어졌고, 우울증과 불안, 자살 충동에 시달렸다. 몇몇은 자신이 미칠까 봐 두려웠다고 털어놓았다.

언뜻 생각하면 이해가 안 될 수 있다. 이유야 어쨌든 한국은 신변의 안전이 보장된 곳이다. 적어도 누가 죽이거나 총알받이로 군대로 끌고 갈 위험은 없다. 그런데도 이런 결과가 나온 것을 어떻게 이해해야 할까? 이를 이해하려면 그들이 처한 상황을 자세히 알아야 한다. 우리나라에 들어온 난민들이 가장 기대하는 것은 당연히 정부로부터 '난민 인정'을 받는 것이다. 우리나라 정부에 난민 신청을 하면 6개월간 머물 수 있는 임시 비자(G-1 비자)가 나온다. 난민법 18조에는 난민 심사를 6개월 이내에 해야 한다는 규정이 있기 때문이다.

6개월 임시 비자는 취업이 허용되는 비자가 아니어서, 이 기간 동안 난민들은 자기 마음대로 이동할 수도 없고, 일자리를 구할 수도 없다. 당연한 말이지만, 그들도 먹고 자야 한다. 거기에는 돈이 든다. 난민들은 예멘에서 곧장 제주도로 온 것이 아니다. 대개는 2~3개 이상의 나라를 거쳐 오고, 그동안 많은 돈을 쓰게 된다. 애초부터 돈이 별로 없었던 난민도 많지만, 어느 정도 돈이 있었다 해도 이미 숙식비, 생필품 구입, 항공료, 브로커 비용 등에 들어간 돈이 적지 않다.

게다가 제주도는 관광지다. 물가가 꽤 비싼 편이어서, 갖고 있던 돈은 빛의 속도로 사라진다. 처음 며칠간은 호텔에서 묵던 사람들이 게스트하우스나 여관에 묵게 되고, 그것도 여의치 않아 공동으로 숙소를 구하다가 마침내 텐트를 치고 노숙하는 사람들이 생겨난다. 그렇다고 경제적 지원을 해 주는 것도 아니다. 본래 난민법에는 '심사 기간 동안 생계 지원을 할 수도 있다'는 조항(40조)이 있다. 그러나 생계비 지원을 신청한 300여 명 중 실제로 생계비를 지원받은 사람은 4%가 채 되지 않았다. 정부가 대부분의 난민을 탈락시킨 것이다.

생계비와 관련해서는 따로 해야 할 이야기가 있다. 바로 유언비어다. 난민 혐오를 부추기던 유언비어 중에는 난민 신청자들이 1인당 매월 138만 원의 생계비를 받는다는 것이 있었다. 난민 혐오자들은 자국민도 못 받는 생계비를 외국의 난민들에게 준다며 비난했다. 전형적인 무임승차 논리였다. 그러나 이는 사실이 아니었다. 138만 원은 5인 가구일 경우에 지급되는 돈이었다. 난민들은 2018년 기준으로 보호센터에 입주하면 1인당 21만 450원을, 센터에 입주하지 않으면 43만 2,900원을 지원받았다. 사실 이 돈은 한 달을 살기에 턱없이 부족한 액수였다. 그것도 계속 지급하지 않고, 딱 6개월 동안만 지급한다. 그런데 이마저도 대부분의 신청자들이 거부당했다.

그럼에도 '몇 사람이라도 생계비를 받은 건 사실 아니냐. 왜 우리가 그들에게 생계비까지 줘야 하느냐?' 하고 생각할지 모르겠다. 사람들이 잘 모르는 게 있다. 실은 난민들도 한국 정부에 의존해 살고 싶어 하지 않는다. 그들도 일할 수만 있다면, 자기 힘으로 일해 번 돈으로 살고 싶어 한다. 그런데 정부가 취업을 막아 놓았다. 생계비 지원은 6개월의 구금 기간 동안 경제활동을 못 하게 한 것에 대한 보상의 성격도 있다.

경제적 궁핍을 견디다 못한 난민이 취업을 하면, 불법 취업을 한 것이 되어 추방되어 버린다. 예멘 난민이 몰려왔을 때 많은 사람이 그들을 잠재적 범죄자 취급을 했다. 그러나 불법 취업이건 폭력이건 성범죄건 난민이 법을 어기면, 그는 끝이다. 난민이 가장 두려워하는 것은 자국으로의 송환이다. 자국으로 돌아가는 것은 곧 죽음을 의미한다. 이런 상황에서 난민이 쉽게 범죄를 일으킬 것이라는 예상은 현실성이 있을까? 난민 중 테러리스트가 있을 수 있다는 걱정도 있었다. 그러나 이것도 기우다. 우리나라에서 난민 신청을 하면 자신의 모든 정보를 법무부에 전달하고, 혹독한 심사를 받으면서 감시와 통제 속에서 지내야 한다. 이런 방식으로 자기 신분을 노출하며 입국할 테러리스트는 없다고 봐도 된다.

사실 시리아나 예멘처럼 독재 정권과 전쟁을 겪은 난민들은 범죄를 일으키기는커녕 오히려 국가로부터 해를 입을까 봐 두려워한다. 2009년 시리아에서 한국으로 건너온 '헬프시리아'의 압둘 와합 사무국장은 이렇게 말한다. "시리아 난민의 경우 몇십 년간 독재 정권 밑에서 살아온 사람들이다. 한국이 시리아와 다른 나라라는 건 알지만 그래도 한국 경찰도 마치 시리아 경찰처럼 자신들을 해코지하고 조금만 튀는 행동을 하면 시리아로 돌려보내지 않을까 하는 두려움이 있다."[14]

난민들이 민간인에게 해코지를 할지 모른다는 걱정도 있었다. 그러나 이것도 사실과 거리가 멀었다. 제주도에서 호텔을 운영하는 김우준은 난민들에게 숙박료를 할인해 주고, 돈이 부족한 난민들이 호텔에서 취사를 할 수 있도록 배려해 주었다. 가까이서 난민들을 지켜본 그는 이렇게 말했다. "무슬림들은 술을 안 먹는다. 난민들이 시비를 걸거나 혐오스럽게 행동한 적은 없다. 오히려 지나가던 한국 사람들이 시비를 거는 경우가 있었다."[15]

소보다 못한 취급받는 난민 아동

난민 심사는 대개 6개월에 끝나지 않는다. 난민법에 규정된 6개월은 최소 기간일 뿐이고, 출신 국가에 따라 7개월에서 18개월까지 걸린다. '난민 불인정'에 불복해 행정소송을 내면 3년도 걸리고 5년도 걸린다. 이렇게 심사가 연장되면 정부는 심사를 거쳐 '인도적 체류 허가'를 내준다. 그러나 인도적 체류자가 되는 것도 쉽지 않다. 1994년에서 2018년까지 전체 난민 신청자 중 인도적 체류를 인정받은 비율은 4.06%(전체 4만 8,906명 중 1,988명)에 불과하다.[16]

난민 인정자도 아니고, 인도적 체류자도 되지 못한 사람들은 3개월마다 임시 비자를 갱신하며 버텨야 한다. 정부는 난민협약 때문에 임시 비자를 줘서 일단 머물 수 있게는 해 준다.

그러나 이것도 언제 어떤 이유로 비자 연장이 거부될지 모른다. 비자 연장 거부는 추방을 의미한다. 그래서 비자 갱신일이 다가올수록 난민들은 큰 스트레스를 받는다. 비자 갱신을 받는다고 해도 문제가 끝나는 건 아니다. 이들은 취업 불가 상태로, 돈이 떨어져도 취업을 할 수 없다. 이는 거렁뱅이가 되거나 굶어 죽는 것, 둘 중 하나를 선택하라는 것과 다름없다.

인도적 체류자가 되면 다행히 취업을 할 수 있다. 하지만 여기서 알아야 할 것이 있다. 취업 제한을 풀어 주는 것도 언뜻 보면 난민을 위한 것 같지만, 그렇지 않다는 사실이다. 취업 제한을 풀어 주는 이유는 정부가 '생계 지원을 따로 안 해 주기 때문'이다. 다른 나라 사례를 봐도 생계 지원과 노동 허가는 반비례한다. 문제는 인도적 체류자가 되어도 구직이 쉽지 않다는 데 있다. 우선 비자 기간이 짧아 업체에서 고용에 난색을 표하는 경우가 많다. 이들은 인적 네트워크가 없는 데다 한국어도 할 줄 모른다. 결국 인력소개소에서 일용직 일자리를 소개받는 경우가 많은데 이 과정에서 난민에게만 소개비를 과도하게 받거나 월급의 일부를 가로채는 일이 허다하다. 심지어 '좋은 일자리를 소개시켜 주겠다'는 브로커에게 속아 소개비를 떼이기도 한다.

난민을 고용하는 데가 있긴 있다. 주로 어딜까? 한 직업소개소 대표의 설명이다. "위험하고, 더럽고, 많이 다치고 죽는 데 있잖아요, 3D 업종. 그런 데는 이주 노동자들도 안 가려고 하거든. 불법체류자는 잘못 썼다가 걸리면 큰일 나니까 사장들이 못 쓰고. 그런 업체는 G-1 비자[17]를 선호하죠. 돼지우리 같은 기숙사에 8~10명씩 집어넣어도 말을 안 해요. 일만 시켜 주면 감사하니까."[18]

우리는 예멘 난민을 모두 미개하고 가난한 사람들로 본다. 그러나 그들 중에는 대학교수, 엔지니어, 건축 설계사, IT 전문가처럼 일정한 지위, 전문성, 경력을 가졌던 사람들도 있다. 혹은 영어, 프랑스어 등 다국어를 구사하는 사람도 있다. 그러나 이러한 능력들은 일자리를 구하는 데 아무 소용이 없다. 전쟁통에 자국의 경력 증명서나 학위증을 챙겨 오는 사람은 드물다. 설령 이런 것을 갖고 있다 해도 출입국·외국인청은 자국민의 일자리를 보호한다는 명분으로 경력, 전공, 능력과 무관하게 3D 업종만 소개한다.

'난민이 찬밥 더운밥 가릴 때냐?'라고 생각할 수 있지만, 현실은 그렇지 않다. 난민들도 자신의 처지를 잘 알고 있기 때문에 무슨 일이든 열심히 하려고 한다. 그러나 대학교수 하던 사람이 갑자기 뱃일을 하려면 마음먹은 대로 잘되지 않는다. 일을 잘하지 못하면 업체에서도 계속 고용하지 않는다. 그러니 중도에 포기하는 사람들이 생긴다. 난민은 이주 노동자와도 다르다. 이주 노동자는 우리나라에 와서 얼마나 힘든 일을 하게 될지 잘 알고 온 사람들이지만, 난민은 그렇지 않다. 자국의 정치적 상황 때문에 피난 온 사람들인 만큼 다양한 계급·계층이 섞여 있을 수밖에 없다. 그런데도 모두 노동시장에서 가장 밑바닥 일을 해야 한다.

난민을 괴롭히는 또 다른 문제는 자녀의 무국적 문제다. 난민들은 우리나라에서 아이를 낳아도 출생신고를 할 수 없다. 영국·독일·프랑스 같은 나라들은 자국에서 태어난 모든 아이를 병원이나 의사가 의무적으로 출생신고를 하도록 하고 있다. 하지만 우리나라는 자국민인 부모만 출생신고를 할 수 있다. 출생신고를 할 수 없으니, 난민 아동은 국적도 없다. 우리나라가 아닌 자국에 출생신고를 하려면 자국 대사관을 방문해야 하는데, 이는 앞서 말했듯이 자살행위다. 자녀가 한국 국적을 갖기 위해서는 부모가 난민 지위를 얻거나 귀화해야 한다. 귀화하려면 우선 영주권(F-5 비자)을 취득해야 하는데, 그러려면 월수입이 대한민국 월평균 근로소득(303만 원)의 약 1.8배에 달하는 560만 원이 넘어야 한다(2018년 기준). 이는 우리나라 사람들도 벌기가 쉽지 않은 액수다.

무국적 난민 아동은 생각보다 많아서, 전체 난민 아동의 절반을 차지한다. 무국적 아동이 무엇을 의미하는지 한국인들이 실감하기란 쉽지 않다. 이와 관련해 가나 출신 난민 아콰시(32, 가명)의 말을 들어 보자. "(내) 아이는 한국에서 태어났다. 가나 음식을 먹지도 못한다. 가나 말과 영어를 쓸 줄 모르고 한국어밖에 못한다. 하지만 아이는 한국인이 될 수도 가나인이 될 수도 없다."[19] 한국에서 태어난 아이는 당연히 자신을 한국인이라 생각한다. 그런데 출생 기록도 없고, 국적도 없다. 법적으로 세상에 존재하지 않는 '유령'이라는 뜻이다.

무국적 아동은 보건 의료 서비스를 받을 수 없다. 아이가 아파서 병원에 데려가도 접수 자체가 안 된다. 신분이 확인되지 않기 때문이다. 아는 한국인이나 난민 지원 단체가 보증을 서 주어야 접수가 된다. 병원 치료를 받아도 문제다. 건강보험이 적용되지 않아 서너 배의 돈을 의료비로 지불해야 한다. 교육 서비스도 마찬가지다. 출생 등록이 안 되어 있으니, 유치원이나 어린이집에 아이들을 보내도 정부 지원을 받을 수 없다. 아이가 학령기에 접어들어도 취학 통지서가 나오지 않는다.

국적이 없으면, 부모가 자신의 자녀임을 증명할 길이 없다. 하다못해 가족관계를 증명할 서류가 없어 자녀에게 스마트폰을 개통해 줄 수 없다. 한 난민은 이렇게 말했다. "한국은 내 딸을 내 딸이라고 말하지도 못하고 믿어 주지도 않는 사회라는 생각이 든다." 무국적 아동은 청소년이나 어른이 되어도 취업을 할 수 없다. 취업을 안 하면 먹고살 수가 없으니, 몰래 할 수밖에 없다. 무국적 아동은 예정된 불법체류자다.

한국은 난민협약국이자 유엔아동권리협약국이다. 그럼에도 난민 아동의 기본적인 건강과 의료, 교육, 정보 접근 등의 권리를 방기하고 있다. 부모는 난민이기는 하지만 국적이 있는 '국적 난민'이다. 그런데 그 자녀는 무국적으로, 부모보다 못한 처지나 다름없다. 그 아이들에게 죄가 있다면, 한국에서 태어난 죄밖에 없다.

이화여대 사회복지학과 교수 노충래는 이렇게 말했다. "소가 태어나도 딱지를 붙이고 이력을 관리하는 한국에서 사람이 태어나도 국적 등록도 하지 않고 아무런 관리를 하지 않는다는 것은 심각한 문제다." 난민 아동은 한국에서 소보다도 못한 취급을 받는다.

난민 혐오 낯설게 보기

난민 혐오에는 다분히 심리적인 이유도 있어 보인다. 발자크Honoré de Balzac의 소설『고리오 영감』에는 하숙집 여주인 보케르 부인이 등장한다. 그녀는 자신이 그 누구의 불행에도 동정하지 않을 권리를 갖고 있다고 생각한다. 왜냐하면 그녀 자신이 세상에서 겪을 수 있는 모든 불행을 겪었다고 여기기 때문이다. 예멘 난민을 혐오하는 많은 사람의 심리가 이와 비슷하지 않을까. '우리는 당신들 아니어도 이미 충분히 불행하다. 당신들에게 나눠 줄 자원도 없고.'

물론 불행한 사람이 다 보케르 부인 같은 심정이 되는 것은 아니다. 불행한 사람이 불행한 사람을 더 잘 배려하고 이해할 수도 있다. 그러나 불행한 사람 중에는 자신보다 더 불행한 사람을 배제하고 차별함으로써 자신의 상대적 안전을 확인하고 쾌감을 느끼는 사람도 있다. 전자와 후자는 정반대다. 하지만 전자에서 후자로의 이동은 언제라도 순식간에 일어날 수 있다. 사람들의 마음속에는 이런 성향이 둘 다 존재하기 때문이다. 둘 중 어디로 마음이 기우는가는 개인의 문제가 아니라 사회의 문제이고, 시대의 문제다. 지금은 후자의 패턴이 훨씬 강한 시대다.

따지고 보면, 우리도 한때 난민이었다. 일제강점기에는 많은 독립투사가, 6·25 전쟁 때는 많은 사람이 전쟁을 피해, 군사독재 시절에는 많은 민주 인사들이 정치적 박해를 피해 난민이 됐다. 하다못해 김대중 대통령도 한때 미국 망명객이었다. 제주 4·3 사건 때는 제주도민들이 죽음을 피해 일본으로 건너가기도 했다. 사실 한국 현대사 자체가 난민의 역사였다. 중국과 일본, 중앙아시아 등지로 흩어져 사는 수많은 동포가 이를 증명한다.

우리는 예멘 난민들을 그저 돈 없고 미개하다며 무시하지만, 그들 중에도 우리의 독립운동가, 민주 투사 같은 사람들이 얼마든지 있을 수 있다. 그들은 우리와 무관한 사람들이 아니다. 만에 하나 나중에라도 한반도가 다시 전쟁의 화마에 휩싸이게 된다면 어쩌겠는가. 아마 우리나라에도 난민들이 엄청나게 많이 생겨날 것이다. 생각하기도 싫겠지만, 이는 전혀 가능성이 없는 이야기가 아니다. 남북이 분단된 한반도는 21세기인 지금도 여전히 냉전 체제를 벗어나지 못하고 있으며, 세계에서 가장 전쟁이 일어날 확률이 높은 곳 중 하나다.

우리가 예멘인을 함부로 대해서는 안 되는 이유가 또 있다. 예멘의 역사가 우리와 무척 닮았기 때문이다. 동독과 서독이 통일된 이후, 예멘은 한국과 더불어 전 세계에 둘밖에 없는 분단국가였다. 1990년에 남예멘과 북예멘이 통일되었지만, 불행히도 다시 전쟁이 일어나고 말았다. '아랍 연합' 같은 외세가 전쟁에 개입한 것도 그렇고, 예멘의 역사는 우리와 많이 닮아 있다. 그런 우리가 이제는 좀 살게 되었다고, 남과 북이 대치 중이긴 하지만 지금은 별일 없다고, 우리나라로 들어오는 예멘 난민을 혐오해도 되는 것일까.

난민 혐오를 낯설게 보면 어떻게 보일까? 한 신문이 이에 대한 단초를 제공하는 기사를 실었다. 이상희 씨(20대 초반, 가명)는 재일동포 4세다. 그가 일본 국적을 택한 이유는 차별 때문이다. "조선인이 강도질을 한다, 지진 때문이 아니라 조선인이 문화재를 파괴했다, 조선인들이 무너진 집에 들어가 돈을 훔친다" 같은 헛소리는 간토대지진(1923) 때만 돌았던 이야기가 아니다. 2015년 도쿄 지진, 2016년 구마모토현 지진 때도 90년 전과 다를 바 없이 근거 없는 소문이 퍼졌다. 100년 전, 간토대지진 당시 있었던 조선인 학살은 과거의 일이 아니라 현재 진행형이다.

이 씨는 종종 제주도를 찾는다. 증조할아버지 고향이 제주도다. 지난해 초 그는 제주도 여행을 검색하던 중 예멘인들이 내전을 피해 대거 제주도로 들어갔다는 뉴스를 접했다. 한국 여론을 본 이 씨는 깜짝 놀랐다. 그는 "한국 사람들이 난민에게 하는 말이 일본 우익들이 재일한국인에게 하는 말과 너무나도 비슷했다"고 말했다.[20]

우리가 일본 극우와 같은 일을 벌이고 있다고 생각하면 어떤가. 끔찍하지 않은가. 우리가 일본 극우와 같은 언행을 한다면, 그들에게 과거 역사에 대한 반성을 촉구할 자격이 있을까. 생각해 볼 일이다.

4

탈북민 혐오

당신이 한 번도 이야기를 들어 보지 못한 자,

그가 바로 적이다.

— 미국의 정치학자 웬디 브라운

"어떤 때는 '북한 애들 거지 같아. 오청성(2017년 귀순한 북한군 병사)처럼 옥수수만 먹고 기생충만 많은 애들 아냐?' 하고, 어떤 때는 간첩 사건 같은 게 터지면 '니네도 간첩 아냐?' 하고, 북한에서 핵 도발 같은 게 있으면 '니네 북한은 왜 그러니?' 하고 물어요." … "제가 취업 면접을 보던 날이 마침 북한의 연평도 폭격이 있던 날이었어요. 오전부터 면접 대기하느라고 무슨 일이 터졌는지도 모르고 있었는데, 면접관 한 사람이 대뜸 그러더라고요. '니네 북한에서 연평도에 폭격한 거 어떻게 생각하냐?'고요. 난 연평도가 어디 있는지도 모르겠고 '니네 북한'이라는 말에 당황했지만, 얼떨결에 '죄송합니다' 그랬어요."

— 「탈북 청년 승현 씨 "조선족은 2등 국민, 우린 불가촉천민"」에서[21]

탈북민의 부적응이 나쁘기만 할까?

현재 우리 사회에서는 적지 않은 탈북민들이 살아가고 있다. 3만 3,000명이 넘는다(2019년 9월 기준). 그러나 우리는 탈북민을 잘 모른다. 흔히 탈북민을 '먼저 온 통일'이라 부른다. 우리가 탈북민에 주목해야 하는 이유가 여기 있다. 탈북민들은 남과 북을 모두 겪으며 생이 달라지는 경험을 했다. 우리와 함께 살고 있는 탈북민이 어떤 대접을 받고, 어떤 문제를 겪는가는 통일 후 우리 사회의 모습을 가늠케 한다.

현실은 그리 긍정적이지 않다. 탈북민들이 적잖은 혐오와 차별에 시달리고 있기 때문이다. 우선 탈북민들은 북한에서의 경력, 전공과 무관하게 주로 3D 업종에서 일할 수밖에 없다는 점에서 난민과 비슷하다. 그런 예들은 1호 탈북민 출신 '통일학 박사'인 주승현이 쓴 『조난자들』에 자세히 나온다. 북한에서 교사였던 탈북민은 식당 주방 보조로, 연구자 출신의 탈북민은 이삿짐을 옮기는 일로 생계를 이어 간다. 의사였던 한 탈북자가 남한에 온 뒤 일거리를 찾지 못해 고층 빌딩 유리창을 닦다가 추락해 숨진 일도 있었고, 김책공업종합대학(북한의 명문 공대)을 나와 남한에서 경영학과를 졸업한 탈북자는 번번이 취업에 실패한 끝에 자신의 임대아파트 화장실에서 목을 매고 자살한 일도 있었다.

주승현도 자신의 경험을 이렇게 썼다. "목숨을 걸고 비무장지대를 넘어온 나는 곧바로 '잉여 인간'으로 전락했다. 북한에서는 한 번도 굶어 본 적이 없었지만 남한에서 처음으로 굶어 봤다. 생활비라도 벌기 위해 주유소에 찾아가 면접을 봤지만 퇴짜 맞기 일쑤였다. 구인 공고가 실린 지역 생활정보지가 집 한편에 켜켜이 쌓여 갔지만 탈북민을 받아 주는 곳은 어디에도 없었다." 어딜 가도 일자리를 얻기 어려웠던 그는 수개월 만에 체중이 10킬로나 빠질 정도로 극심한 빈곤과 스트레스에 시달려야 했다. 사선을 넘어 남한으로 왔으나 이곳은 그에게 또 다른 전쟁터였다.

왜 이렇게 취업이 어려울까? 가장 큰 이유는 탈북민에 대한 의심과 경계, 불신 때문이다. 탈북민은 같은 민족이기는 하지만, 정치적·군사적으로 적국에서 온 사람이다. 그래서 사람들은 일단 의심과 경계, 불신의 눈초리로 바라본다. 이 때문에 탈북민들은 어떻게든 자신이 북한에서 왔음을 숨기려고 할 때가 많다. 고향을 물으면 말투가 비슷한 속초, 강원도라고 하거나, 그게 여의치 않으면 조선족이라고 한다. 탈북자는 취업이 안 돼도, 조선족이라고 하면 받아 주는 경우가 많기 때문이다. 법적으로 탈북민은 대한민국 국적을 가진 내국인이고, 중국 동포는 외국인이다. 그런데도 노동시장에서 탈북민은 중국 동포보다 못한 취급을 받는다.

대학 졸업 후 서류 전형에서만 100번 가까이 떨어진 주승현은 지원서에서 '탈북민'의 흔적을 지우자 서류 전형 합격 통보가 줄줄이 날아들었다고 증언한 바 있다. 앞서 말한, 고층 빌딩에서 유리창을 닦다 추락해 사망한 북한 의사도 그렇다. 언뜻 생각하면 남한과 북한의 의학 수준이 다르기 때문에 자격증 인정이 안 되었고, 그래서 유리창 닦는 일을 하게 된 것으로 여길 수도 있다. 하지만 그렇지 않다. 북한 의학 교육의 기초를 닦은 사람은 남한의 의대 교수들이다. 6·25 전쟁 때 김일성의 명령에 따라 납치된 남한의 의대 교수들이 쓴 교과서가 북한 교과서의 초석이 됐다. 남한이나 북한이나 의대 수강 과목은 큰 차이가 없다. 북한 의학 수준이 우리보다 높지 않은 것은 사실이지만, 이는 재교육을 통해 극복할 수 있는 일이다.

2014년 통일부와 남북하나재단(북한이탈주민지원재단)이 조사한 결과에 따르면 탈북민의 주당 근로시간은 한국인 평균보다 3시간 더 많지만, 월평균 소득은 남한 노동자 평균 소득의 절반에도 못 미친다. 탈북민들은 더 많이 일하고 더 적게 받는다. 직업 안정성도 낮다. 남북하나재단이 조사한 바에 따르면, 2018년 기준 탈북민의 평균 근속 기간은 26.9개월에 불과하다. 실업률은 평균보다 4배가 높고, 자살률은 3배가 높다. 주지하다시피, 한국의 자살률은 세계 1위다. 이런 나라에서 가장 많이 자살하는 부류 1위가 탈북민이다. 그러니까 탈북민은 전 세계에서 자살률이 가장 높은 부류다.

탈북민의 자살률이 이렇게 높은 이유는 선뜻 이해가 되지 않는다. '아무리 남한에서 먹고살기가 힘들어도 그렇지, 남한에 올 때 죽을 고비를 넘긴 것에 비하면 다른 일들은 별것 아닌데, 왜 죽지?' 하고 생각할 수 있다. 탈북민 상당수는 한국에 들어오는 과정에서 심리적·육체적으로 큰 트라우마를 겪는데,

이를 미처 회복하지도 못한 상태에서 남한에서 다시 상처를 입는다. 그 결과 자살에 이르게 된다.

남북한의 문화 격차도 힘든 요인이 된다. 사회주의 체제에서 평생을 보낸 사람이 신자유주의의 첨단 국가가 된 남한 사회에 적응하기란 결코 쉽지 않다. 세계적인 자살률에서 보듯, 남한은 평생을 나고 자란 사람도 나가떨어지는 곳이다.

앞서 말한 전직 의사의 얘기를 다시 해야겠다. 그가 숨진 후 발견된 일기장에는 "편법이 용납되는 결과주의와 일등주의 세상의 물결에 휩쓸리고 싶지 않다"고 쓰여 있었다. 우리는 그들의 부적응성을 우습게 여기며 쉽게 비난하곤 한다. 그러나 이런 글을 보노라면 그들의 부적응성에 오히려 건강한 면이 있음을 알게 된다.

사회로부터 분리·배제되는 탈북민

탈북민들은 차별은 물론 그 이상의 분리·배제를 당한다고 주장하는 사람이 있다. 한신대학교 통일평화정책연구원의 선임연구원 김화순이다. 분리·배제는 남한으로 넘어온 직후부터 시작된다. 탈북민들이 남한에 들어오면 가장 먼저 거쳐야 하는 곳이 '북한이탈주민보호센터'(구 중앙합동신문센터)다. 이곳에서 일정 기간 구금된 채 국가정보원(이하 국정원)으로부터 합동신문을 받게 된다.

이곳의 생활은 보통 대기반 1개월, 조사반 1개월, 종료반

1개월 총 3개월로 이루어져 있다. 조사를 받을 때는 한국 정부의 보호를 요청하는 의사 확인이 진행되고, 진짜 탈북민이 맞는지, 한국에 온 목적은 무엇인지, 북한 주민으로서 어디에서 어떤 생활을 해 왔는지 등에 대한 조사가 이루어진다. 처음에는 4인실에서 생활하다가 본격적인 조사가 시작되면 1인실로 이동한다. 조사가 끝난 후에는 퇴소할 때까지 사상 교육 등을 받으며 다른 입국자들과 함께 생활해야 한다.

가장 큰 문제는 고립성이다. 이 고립성이 탈북민에 대한 인권침해를 가능케 한다. 국정원은 북한이탈주민보호센터에서 어떤 탈북민이 조사받고 있는지를 아무에게도 알려 주지 않는다. 거기에 갇혀 있는 한, 누구도 탈북민이 처한 상황을 알기 힘들다. 이런 상황에서 국정원이 간첩 조작 같은 나쁜 마음을 먹는다면, 그를 간첩으로 만드는 것은 시간문제다. 원래 어떤 범죄 혐의로 조사를 받을 때는 진술거부권, 변호인 조력권 등을 행사할 수 있게 되어 있다. 그러나 간첩으로 의심받는 탈북민은 이런 권리를 전혀 보장받지 못한다. 탈북민은 자신에게 그런 권리가 있다는 것조차 알 길이 없다. 법적 절차를 무시당한 채 길게는 반년 이상 독방에 갇혀 허위 자백을 강요받다 보면, 국정원이 원하는 대로 간첩이 되고 만다. 과거 이런 방식으로 간첩으로 조작된 경우가 많았다.

'북한이탈주민의 보호 및 정착지원에 관한 법률'(이하 북한이탈주민법)에 의하면 이러한 조사는 탈북민 보호 및 정착 지원을 결정하기 위한 행정절차에 불과하다. 그러나 실제로는 구금

259

상태를 이용해, 모든 탈북민을 사실상 잠재적 간첩으로 보는 간첩 수사가 이루어지고, 자유롭지 못한 '동의'를 전제로 광범위한 개인 정보가 수집된다. 북한이탈주민보호센터가 온갖 인권유린이 자행되는 미국의 관타나모 수용소 못지않다는 얘기가 나오는 것은 이 때문이다.

북한이탈주민법 제4조 1항에는 "대한민국은 보호 대상자를 인도주의에 입각하여 특별히 보호한다."라고 되어 있다. 그러나 탈북민은 보호를 받는 게 아니다. '보호'를 명분으로 감시받고 통제당할 뿐이다. 탈북민들은 북한이탈주민보호센터를 거쳐 하나원에서 한국 사회에 잘 적응할 수 있도록 기본적인 교육을 받고 사회로 나온 이후에도 감시·통제의 대상이 된다. '보호'라는 명목으로 5년간 개인의 담당 경찰관이 그들의 거동이나 주거, 행동 등을 계속 감시한다. 필요에 따라서는 남한에 온 지 20년이 넘도록 감시·관리당하기도 한다.

이는 탈북민이 남한에 적응하는 데도 심각한 문제를 남긴다. 이렇게 당국으로부터 예의 주시당하는 탈북민을 가까이할 남한 사람은 별로 없을 것이다. 탈북민들은 다른 시민들과 관계를 맺기 힘들고, 그 자신이 온전한 대한민국의 시민이 되기도 힘들다.

이런 일이 생기지 않으려면 어떻게 해야 할까? 탈북민에 대한 제도가 바뀌어야 한다. 우선 지금 통일부가 하는 역할을 지방자치단체가 해야 한다. 지금의 북한이탈주민보호센터나 하나원 모두 통일부 산하기관이다. 북한이탈주민보호센터 3개월, 하나원 3개월, 총 6개월 이상 되는 조사·교육 기간을 대폭 축소시키고, 그 대신 지역사회와 연계해서 민주 시민 교육을 받도록 해야 한다. 탈북민들이 지역 시민으로서 다른 시민들이 쓰는 공간에서 서비스와 교육을 받는다면 남한 사회에 훨씬 더 빨리 적응하게 될 것이다.

통일되기 전의 서독이 그랬다. 동독 이탈 주민 정착 지원에 있어서 재정은 정부가 부담하되 정착 지원은 시민사회가 맡게 했다. 동독 이탈 주민은 2~3일간의 기본 인적 조사와 건강검진 뒤 특별한 문제가 없으면 바로 지역사회로 나갈 수 있었다. 살 곳이 미처 마련되지 않은 동독 이탈 주민의 임시 거주시설이 주별로 있었지만, 서독에서의 원활한 적응을 위해 일반 지역민들과 생활 인프라를 공유하며 개방형으로 운영됐다.

당국은 하나원을 탈북민을 새로운 사람으로 환골탈태시키는 '인큐베이터'로 여긴다. 그런데 이런 인큐베이터는 실질적으로 필요가 사라지고 있다. 북한에서도 시장의 기능이 커지고 있기 때문이다. 탈북민들 가운데는 중국에서 살다 들어온 경우도 많다. 이 경우도 마찬가지다. 중국도 시장화된 사회다. 탈북민들은 이래저래 이미 '시장화'된 사람들인 것이다. 그런 사람들에게 환골탈태 운운하며 감시하고 통제하는 것이 옳을까? 탈북민의 적응 문제 때문이 아니라, 당국의 관료주의적 기득권을 고수하기 위해 하나원을 고집하는 것은 아닌지 생각해 볼 일이다.

탈북민은 왜 반공 활동에 나설까?

　대한민국은 여전히 냉전 체제 속에 머물러 있는 반공 국가다. 그리고 탈북민은 적국에서 넘어온 사람들이다. 그래서 탈북 동기를 여전히 반체제나 자유민주주의에 대한 갈망이라고 분석하는 경우가 많다. 물론 그런 경우도 있긴 하지만 극소수에 지나지 않으며, 대부분은 경제적 이유로 오게 된다. 경제적 이유 때문에 중국으로 넘어갔다가 '남한에 가면 잘 먹고 잘살 수 있다'는 탈북 브로커의 꼬임에 빠져 남한에 온 사람도 많다. 그다음이 북한에서 중대 범죄를 저질러 당국의 처벌을 피해 남한으로 오는 경우다.

　중국과 북한의 접경지대에는 적지 않은 수의 탈북 브로커들이 국정원과의 밀접한 관계 속에서 활약하는 것으로 알려져 있다. 국정원은 탈북 브로커들로 하여금 더 많은 탈북민을 남한으로 데려오도록 독려한다. 이유는 첫째, 남한으로 오는 탈북민들이 많을수록 남한 체제의 우월성, 북한 체제의 불안정성과 붕괴 가능성을 대내적으로 전달할 수 있기 때문이다. 둘째, 탈북민이 많을수록 조사를 통해 얻게 되는 첩보의 양도 많아진다. 셋째, 탈북민이 많아진다는 것은 국정원의 존재 가치와 조직의 위상이 높아진다는 사실을 의미한다.

　탈북민이 북한이탈주민보호센터와 하나원을 거치면서 느끼는 점은 하나다. 자신이 남한 사회에 전혀 위협이 되지 않는 존재임을 증명해야 한다는 것, 의심과 경계의 눈초리에서 벗어나기 위해 '나는 알리바이가 확실한 사람'이라는 사실을, 말이 아니라 행동으로 증명해 보여야 한다는 것이다. 우리는 일상에서 정치적 입장을 드러냄으로써 내 존재를 입증해야 할 필요를 느끼지 않는다. 하지만 탈북민은 끊임없이 정치적으로 자신을 증명해야만 한다.

탈북민들이 하나원에서 받는 교육은 주로 사상 교육, 정확하게 말하면 반공 교육이다. 그 후과는 크다. 탈북 작가 김주성의 증언이다. "(제가) 이명박 정부 때 (남한에) 왔는데 이 사회는 보수 정권만 있는 줄 알았고, 보수가 정론인 줄 알았어요. 그때 하나원에서 교육받을 때 좌파는 다 나쁘고, 탈북민은 우파를 지지해야 한다고 해서 그런가 보다 했어요. 그래서 거리에서 김일성, 김정일 허수아비를 불태우고 국방부 앞에서 소리치기도 했어요."[22]

혹자는 '아무리 그래도 그렇지, 어떻게 보수 정권만 있는 것으로 착각할 수 있지?' 하고 생각할지 모르겠다. 그러나 충분히 그럴 수 있다. 북한에는 남한처럼 여러 개의 정당이 존재하지 않는다. 노동당 하나만 있다. 일당 체제 속에서 살아온 탈북민들이 반공 교육을 받다 보면, 남한도 그런 것으로 착각하기 쉽다. 물론 나중에는 여러 개의 정당이 있다는 것, 그 정당들이 진보와 보수로 나뉘어 서로 경쟁하고 대립한다는 것을 알게 된다. 그러나 이념이나 정치적 성향에 대한 개념조차 없었던 곳에서 살았던 탈북민들은 이러한 상황이 한동안은 낯설고 당혹스럽다.

다시 김주성의 경험담이다. "(정착) 초기에 전라도에 강의를 가서 북한식으로 '광주 폭동'이라고 아무 생각 없이 얘기한 적이 있어요. 그랬더니 어떤 분이 강의가 끝나자마자 일어서서 '김 선생님, 폭동이 아닙니다'라고 말했어요. 그때 뭔가 정통을 찔린 느낌이었지만 왜 그런지는 잘 몰랐어요. 북한군 개입설 등도 나오고 해서 한동안 5·18 문제는 의도적으로 회피하고 있다가 이번에 책(한강의『소년이 온다』)을 읽으면서 진정한 자유와 민주주의를 위한 광주의 희생을 알게 됐어요."[23]

이처럼 탈북민이 남한의 정치적 상황을 이해하는 것은 쉬운 일이 아니다. 김주성은 작가다. 책 읽고 글 쓰는 것이 업인 사람이다. 그런 만큼 상대적으로 남한 사회를 이해할 만한 텍스트나 사람을 접하기 쉬운 위치에 있다고 봐야 한다. 그런 사람인데도 5·18 민주화운동을 이해하는 데 적잖은 시간이 걸렸다. 일반 탈북민의 어려움은 말할 것도 없다.

탈북민이 극렬 반공주의자가 되는 이유는 남한에서 먹고 사는 데 큰 도움이 되기 때문이기도 하다. 남한에는 반공 국가답게 각종 반공 단체·기관들도 많고, 반공 이데올로기를 전파하는 방송 프로그램이나 유튜브 채널도 많다. 우리나라 보수 개신교는 반공 개신교이기도 한데, 여기서도 탈북민을 초청하는 간증 행사가 자주 열린다. 반공 활동을 하는 탈북자 단체에 가입해 활동해도 돈이 생긴다. '탈북자 단체'라고 하면 탈북자의 권익을 위한 모임이라고 생각할 수도 있는데, 우리나라의 탈북자 단체는 전혀 그런 곳이 아니다. 주로 정부나 재계의 재정적 지원을 받으며 반공 활동을 하고, 이를 통해 탈북민들이 다소의 수입을 얻는 행태로 운영된다.

한마디로 남한에는 드넓은 '반공 시장'이 펼쳐져 있다. 남한은 반공 국가답게 보수가 진보보다 훨씬 풍부한 자원을 점유한다. 탈북민이 반공 활동에 참여하면 강연료 수입 등을 통해 이 자원을 일부 나눠 가질 수 있고, 남한의 보수적 인사들과의 친교를 통해 직업을 구하기도 쉬워진다. 특히 반공 활동에서 더욱 각광받는 사람은 외교관이나, 군·노동당·기관 출신, 교사처럼 관에 몸담았던 사람들이다. 이들이 알고 있는 북한에 대한 정보는 가치가 있으며, 그런 까닭에 반공 시장에서 더욱 귀한 대접을 받는다.

탈북민이 반공 활동에서 하는 말들은 단순하다. 북한은 얼마나 끔찍하고 잔혹한 곳인가, 얼마나 억압적이고 폐쇄적이며 전체주의적인가를 강조하면 된다. 반면에 남한에 대해서는 칭찬 일색이다. '한국에 와 보니 이런 게 좋다'는 식으로 말한다. 이런 얘기를 잘할수록 여러 행사에 초청받고, 초청이 늘어날수록 수입도 많아진다. 그런 까닭에 사소한 것을 침소봉대해 말하거나, 아는 게 별로 없는데도 고급 정보를 아는 체하며 거짓말하는 탈북민도 생겨난다. 이는 북한에 대한 왜곡된 상을 심어 주고, 정치적 프로파간다로서 상대적으로 남한의 여러 사회구조적 문제를 은폐·축소하는 기능도 한다.

한국 주류 사회가 이탈 주민에게 열어 준 영역은 오직 반공적 공간뿐이다. 그런 점에서 탈북민들의 반공 활동은 주체적인 선택의 결과라 말하기 힘들다. 이는 북한 혐오에 탈북민들을 이용하려는 보수 세력의 욕망과 맞닿아 있다. 일부 탈북민은 반공 활동으로 부와 명예를 얻기도 하지만 이런 사람은 극소수이고, 대부분은 기껏해야 생계유지에 약간의 도움을 받는 정도에 그친다. 그런데도 워낙에 남한에서 생존하는 일이 쉽지 않은 까닭에 탈북민들은 이에 참여하는 실정이다.

인정 투쟁으로서의 탈북민 반공 활동

탈북민이 반공 활동에 뛰어드는 데는 '사회적 인정'과 '공동체'의 문제도 있다. 탈북민들은 평생을 꾸려 온 커뮤니티와 지인을 모두 고향에 두고 남한에 왔다. 북한은 공동체 문화와 사회적 인정이 절대적 의미가 있다. 인민과 국가는 하나의 유기체로 설정되어 있다. 인민은 국가로부터 정치적·사회적 생명을 부여받은 가치 있는 존재들로 수령과 한 몸을 이룬다.

김화순은 이런 얘기를 한 적이 있다. "한 탈북민한테서 들은 이야기인데, (북한에서) 아침에 일어나면 제일 먼저 하는 일이 집 문을 열어 놓는 일이었다고 합니다. 이웃과 소통하기 위해서요. 북한 사회에서는 공부도 운동도 여가도 모두 집체적(집단적)으로 합니다. 같이 놀고 같이 즐기고 하는 일이 일상화되어 있습니다. 북한 주민들은 견고하게 촘촘하게 짜인 사회적 관계 속에서 살아갑니다. 이 속에서 북한 주민들은 한 사람 한 사람이 해야 할 임무가 있는 중요한 공민이라는 인정을 받습니다."24

북한에서는 직장도 정치적·사회적 공동체의 기본단위다. 정서적 교감의 밀도도 강하다. 그러나 남한은 그렇지 않다. 직장도 각개전투를 통해 살아남아야 할 또 하나의 생존 투쟁의 장이다. 이런 상황은 탈북민에게 낯설다. 탈북민은 자신의 존재 의미를 어디에서 찾아야 할지 모르는 아노미 상태에 빠진다. 탈북민들이 남한 정착에 있어 가장 힘들어하는 부분이 바로 이것이다.

이런 상황에서 탈북민에게 손을 내미는 이들은, 그들을 정치적으로 필요로 하는 극우 세력이다. 예를 들어 탈북민이 (박근혜 전 대통령 탄핵을 반대하는) 태극기 집회에 나가면 환대해준다. 5만 원씩 돈도 받는다. 그렇다고 해서 탈북민들이 돈 5만 원 때문에 집회에 참석했을 것이라고만 생각하면 안 된다. 태극기 집회에 나간 탈북민은 거기서 북한에 두고 온 공동체를 대신할 만한 '의사擬似 공동체'를 발견한다.

'사회적 인정'이라는 재화는 탈북민에게 매우 귀한 것이다. 탈북민들은 주로 주변부 일자리에 종사한다. 앞서 말했듯이 북한에서 좋은 직업을 가졌던 사람도 남한에서는 허드렛일을 해야 한다. 최저임금에 장시간 노동, 거기에 노동 강도는 매우 강하다. 직업 안정성도 없고 무시와 모욕도 다반사여서, 고립감과 자기비하에서 벗어나기가 힘들다. 직업을 통해서는 '사회적 인정'을 얻을 수 없는 구조다. 그런 상황에서 극우 세력의 환대가 탈북민에게 미치는 영향은 무시할 수 없다.

그러면 탈북민들끼리라도 커뮤니티를 만들면 좀 낫지 않을까? 사실 그들만의 커뮤니티가 있긴 하다. 보통 하나원의 같은 퇴소 기수들끼리 커뮤니티를 이룬다. 이들은 하나원을 퇴소한 후, 전국 각지의 임대아파트로 흩어져 살게 된다. 보통 초기 정착 6개월 정도는 기수끼리 각자의 집에 놀러 다니면서 우애를 다지고 생활 노하우를 공유한다. 그러나 점차 생활이 바빠짐에 따라 자연스럽게 모이기 어려워진다. 게다가 하나원, 지자체 등이 탈북민 커뮤니티 형성에 도움을 주기도 하지만, 의외로 적잖은 이가 이에 거부감을 보인다. 이유가 무엇일까?

탈북민들이 서로 유대 관계를 갖지 않는 이유는 먹고살기에 바쁘기 때문만은 아니다. 탈북민이 한국에 정착한 뒤 여러 사람으로부터 가장 먼저 듣는 조언이 '북한 사람끼리 어울리지 말고 남한 사람과 친해지라'는 얘기다. 그래야 적응이 빠르다는 것이다. 예를 들어 아이 엄마의 경우 남한 엄마 커뮤니티에 들어가는 게 아이 교육에 유리하다는 식의 조언을 듣는다. 틀린 이야기는 아니다. 어차피 남한에서 적응해야 한다면, 남한 사람들의 커뮤니티에 들어가야 한다. 하지만 그 결과 탈북민들의 커뮤니티는 붕괴되고, 결국 파편화된 개인만 남게 된다.

이런 상황에서 탈북민들은 극우 세력의 환대를 거부하기 힘들다. 그곳에 가면 자신이 잃어버린 정치적·사회적 존재로서의 생명이 되살아나는 느낌을 받는다. 비로소 자기 목소리를 낼 수 있는 '온전한 시민'이 된 듯한 착각에 빠진다. 그러나 큰 틀에서 보면, 반공 활동은 탈북민에게 도움이 되지 않는다. 반공 활동은 결국 북한 혐오인데, 북한 혐오는 언제든 탈북민 혐오로 전환될 수 있기 때문이다. 이는 탈북민을 의심과 경계, 낙인과 배제로부터 구원해 주기는커녕 오히려 옥죈다. 탈북민의 반공 활동은 극우 세력이 탈북민에게 놓은 덫에 가깝다.

민주 시민으로 받아들여지지 않는 탈북민

탈북민 1호 통일학 박사 주승현이 펴낸 책의 제목은 '조난자들'이었다. 탈북민 문제를 다루는 책 제목이 왜 '조난자들'일까? 그는 기본적으로 탈북민을 '난민'으로 보기 때문이다. 이런 관점은 북한 체제가 싫어서, 혹은 자유민주주의에 대한 갈망 때문에 탈북했을 것이라는 보는 우리 시선과는 상당한 거리가 있다. 우리가 잘 생각하지 못하는 게 있다. 탈북민 문제의 보편성이다. 예를 들어 우리는 탈북민들이 겪는 문제를 미국에 사는 흑인들이나 멕시코의 원주민, 또는 한국에 사는 동남아 이민자들의 경험과 비교하지 않는다. 북한 체제가 지닌 특수성의 결과로만 생각한다.

우리는 탈북민에게 '남한에서 살게 된 것만으로도 감사하게 생각하라'는 태도를 보인다. 그러나 탈북민들 상당수는 다시 '탈남'을 하거나 심지어 '재입북-재탈북'을 반복한다. 그 비중은 꽤 되어서, 15% 정도에 이른다.[25] 이 숫자는 무엇을 의미할까? 탈북민의 상당수가 남한에서 제대로 정착하지 못하고 있음을 보여 준다. 우리는 앞서 예멘 난민들이 한국에 들어와서도 여전히 난민 상태에 머무르고 있음을 살펴봤다. 탈북민도 마찬가지다. 남한에서 여전히 난민 처지를 벗어나지 못한다. 그래서 한국에 왔던 많은 탈북민이 "배고픔보다 더 고통스러운 천대"를 못 이기고 다시 외국으로 떠난다.

천대도 문제지만, 생활고는 더 큰 문제다. 남한에 왔다가 2007년 다시 영국으로 간 탈북민의 이야기를 들어 보자. 그가 탈남한 가장 큰 동기는 자녀 양육 때문이었다. "애를 하나 대학교까지 졸업시키는 데 2억 원이 든다고 했어요. 저희는 북한에서 왔잖아요. 저희가 친척이 있기를 하나, 그렇다고 물려받을 재산이 있기를 하나 아무것도 걸릴 게 없잖아요. 저희같이 맨주먹으로 사는 사람이 언제 그걸 벌어서 애들을, 앞을 생각해 보니 그게 정말 답답한 거예요. 그래서 저희는 왔어요. 한국이나 영국이나 저희에겐 똑같은 거예요. 그런 의미에서 볼 때는."[26]

이런 이유로 영국에서 살고 있는 탈북민 수가 1,000명 정도 된다고 한다. 이는 난민의 입장에서 봤을 때 남한에서 사는 것이 크게 메리트가 없다는 의미다. 남한이나 외국이 똑같거나 오히려 외국이 더 낫다는 것이다. 탈북민들이 이런 이야기를 하면 혹자는 이렇게 반응할지도 모르겠다. "무슨 소리야. 정부가 주는 정착금과 임대아파트도 받아 놓고서." 정부는 탈북민에게 정착금과 임대아파트를 주긴 준다. 정착금은 1인 세대 800만 원 정도[27]이며, 임대아파트는 가족 수에 따라 13~21평이 지원된다.

이 돈은 많다고 할 수 없다. 누가 800만 원을 주면서 아무도 모르는 곳에 가서 살라고 한다고 생각해 보라. 쉽지 않을 것이다. 통일부가 남북하나재단을 통해 탈북민 지원에 쓰는 돈은 한 해에 336억 원 정도 된다. 그런데 이 중 탈북민에게 전달되는 돈은 약 205억 원이다(2019년 기준). 나머지는 재단 인건비(82억 원) 등으로 다 빠져나간다. 그래서 탈북민들 사이에서는 차라리 재단이 없었으면 좋겠다는 이야기가 나온다.

800만 원도 한꺼번에 주지 않는다. 하나원에서 퇴소할 때 400만 원을 일단 주고, 나머지는 퇴소 후 석 달에 한 번씩 나눠서 찔끔찔끔 준다. 이 800만 원도 온전히 자기 돈이 되는 것이 아니다. 여기서 국내 입국에 도움을 준 탈북 브로커들에게 사례금을 떼 줘야 한다. 그 사례금이 중국에 있는 사람을 남한으로 데려온 경우는 250만~300만 원, 북한에서 곧장 남한으로 데려온 경우는 1,000만~1,500만 원에 달한다. 후자는 돈을 갖고 시작하는 게 아니라, 오히려 빚을 지고 남한 생활을 시작하게 된다.

남한에 살려면 우선 집이 있어야 한다. 정착금이 있다 해도 대부분은 일단 임대아파트 보증금으로 묶인다. 생활 지원금도 주긴 한다. 1인당 월 40만 원 정도 된다. 문제는 시장경제에서 거래하는 법에 익숙하지 않다 보니, 이를 노린 사기가 많다는 점이다.

주승현의 이야기다. 핸드폰을 개설하러 갔더니, 대리점 직원이 탈북민인 걸 알고 제일 비싼 핸드폰에 온갖 부가 서비스를 넣어 만들어 주었다. "나중에 알고 보니 겉모양만 새것이지 일련번호도 없는 비정상적인 제품이었어요. 거기다가 (비싼 요금 옵션에다 온갖 부가 서비스를 다 넣어) 핸드폰비도 어마어마하게 나오고…" 사기는 탈북민 선배에게도 당한다. 정착 초기 보험회사에 취업한 탈북민 선배가 찾아와 보험을 권유했다고 한다. "제 입장에선 이 선배가 얼마나 근사해 보이겠어요? 직업도 있고 멋진 차도 몰고 다니고… 저더러 월 40만 원짜리 상품을 권하면서 '너 이거 몇 년만 부으면 목돈이 그냥 생긴다'고 하길래 가입했는데, 수입이 변변찮으니 그게 유지가 되겠어요? 2년 만에 해지했더니 부었던 돈도 다 돌려주지 않더라고요."[28]

외로움에 사무치던 초창기, 가족처럼 도와주던 동료 탈북민은 주승현의 정착금을 가져간 후 연락을 끊었다. 이런 식으로 목숨 같은 정착금과 생활 지원금을 날리는 일이 허다하다.

우리는 흔히 '탈북민' 하면 '극우 앞잡이'를 떠올린다. 그러나 탈북민들은 이런 사람들만 있는 게 아니다. 정치적 성향이 유연한 사람들도 적지 않다. 특히 청년 세대가 그렇다. 2016~2017년 광화문 촛불 집회에는 탈북 청년들도 많이 참여했다. 그런데도 여전히 탈북민은 노동조합에 참여하거나 차별 문제를 제기하면, '빨갱이'라는 소리를 듣거나 '북으로 돌아가라'는 비난을 받는다. '김정은에게 그렇게 배웠냐'는 말도 듣는다. 탈북민에겐 남한 주민들을 향한 '감사한 태도'만이 용납된다. 탈북민은 법적으로는 우리 국민이지만, 여전히 '민주 시민'

으로는 받아들여지지 않고 있다.

주승현의 『조난자들』에는 '통일에 반대'하는 탈북 청년들의 목소리가 실려 있다. "통일이 된 뒤 탈북민이 겪고 있는 것과 같은 차별을 그들의 고향 사람들이 받을 것을 생각하면 통일이 반갑지만은 않으며 북한이 남한에 값싼 노동력과 자원을 제공하는 곳이 되길 원치 않는다." 이는 아픈 지적이 아닐 수 없다. 탈북민들이 우리 사회에서 겪는 문제들은 '통일된 사회의 예고편'이다. 지금처럼 탈북민을 다루는 태도로는 해피엔딩이 아니라 새드무비의 예고편이나 다름없다.

제4장

'이념'을 혐오하다

1

일본의
혐한

내가 정말 용서할 수 없는 것은 재특회가 아니라
이 사태를 용인하는 일본의 규율과 양식입니다.
— 어느 재일조선인의 말

"2013년에 헤이트 스피치(혐오 발언)가 가와사키역 앞에서 처음 열렸어요. 그때 거기를 우연히 지나다가 집회와 마주쳤는데 너무너무 무서웠어요. 200명 가까이 모인 사람들이 '한국 사람을 죽이라'고 외치는 것을 현장에서 보고 들으니까 정말 두려웠죠." … "프린트한 제 얼굴에 바퀴벌레 일러스트를 붙여서 우편으로 보내오기도 합니다. 또 바퀴벌레 시체가 집으로 배달돼 오기도 해요."

— 「'죽이라' 외치는 혐오 시위대에 '올 가와사키'로 맞서다」에서[1]

왜 하필 '혐한'일까?

일본의 지한파知韓派 학자로 유명한 오구라 기조小倉紀藏 교토대 교수는 "일본 내 혐한이 유행하는 이유는 결국 '재미'"라고 지적한 바 있다. 이 말은 충분히 이해가 된다. 우리나라도 일베에서 혐오 발언을 하는 사람들 상당수가 '재미' 때문에 하기 때문이다. 그런데 이런 말을 들을 때 주의해야 할 게 있다. 그저 재미 때문에 하는 일이라고 하니 '별것 아니다', '신경 쓰지 않아도 된다'고 생각해서는 안 된다는 말이다.

일본에서는 혐한 서적도 잘 팔린다. 아마존재팬 외교·국제 관계 분야 베스트셀러 15위 안에 드는 책의 3분의 1이 혐한 서적이다. 일본의 유명 서점에는 아예 '혐한' 코너가 따로 있을 정도다. 2017년 발표된『일본 출판 미디어에서의 혐한 의식 현황과 비판적 고찰』보고서에 따르면, '혐한' 붐이 일기 시작한 2005년부터 2015년까지 10년간 출판된 혐한 서적은 무려 205권에 달한다. 출판계의 혐한은 2014년이 절정이었다. 그해 논픽션 베스트셀러 1위가『매한론몿韓論』(한심한 한국), 7위가『한국인이 쓴 치한론韓国人による恥韓論』(한국인이 쓴 부끄러운 한국)이었다.

이런 현상에 대해 우리나라 한 언론은 일본 출판계에는 팔리기만 하면 어떤 내용이든 상관없다는 풍조가 만연해 있고, 한국을 욕하는 책을 쓰면 판매 부수가 어느 정도 보장이 되기 때문에 많은 사람이 혐한 책을 쓰려고 혈안이 되어 있다고 보도했다.² 그러나 책이 팔리기만 하면 어떤 내용이든 상관없다

는 풍조는 우리나라 출판계도 마찬가지다. 이런 풍조는 일본에
서만 그런 것이 아니다.

일본에서 혐한은 이미 하나의 대중문화로 자리 잡았다. 방
송에서도 혐한은 흔하다. 연예인들이 아무렇지도 않게 한국 역
사를 왜곡하거나 혐한 발언을 한다. 혐한 분위기를 조성하고
확산시키는 가장 큰 주체는 뭐니 뭐니 해도 일본의 극우 정치
인들이다. 그들이 혐한을 선동하고, 여기에 반응해 혐한을 하
는 사람들이 늘어나면 이를 지지 기반 삼아 활동하는 극우 정
치인들이 더 많아진다. 악순환이다.

이런 현상들을 바라볼 때, 핵심은 이것이다. '하고많은 것
중에 왜 하필 혐한이 일본 대중에게 크게 어필하는가?' 거기에
는 여러 정치 사회적·역사적 맥락이 있을 것이다. 그 맥락을 아
는 것이 중요하다.

일본 청년의 폐허 심리와 혐한

일본에는 '네트 우익'이란 게 있다. 인터넷을 기반으로 활
동하는 우익 네티즌을 뜻한다. 우리나라 일베의 원조 격인 집
단이다. 이 네트 우익들은 혐한이 무척 심하다. 우리나라의 일
베도 마찬가지지만, 일본의 네트 우익도 대체로 젊은 층(10~30
대)으로 구성되어 있다. 이들은 주로 하층민이다. 일정한 직업
이 없는 '프리터'('free + arbeiter'로, 아르바이트로 생계를 유지하는
사람)들이 대부분이며, 부모에게 얹혀사는 '워킹 푸어 working poor'

(일을 해도 가난한 사람)가 많다. 어찌 보면 신자유주의의 흐름 속에 피해를 입는 사람들이다. 이런 젊은이들이 자신의 상황을 비관한 나머지, 욕구불만을 해소하기 위해 혐한을 한다.

재일 작가 강상중은 이런 말을 한 적이 있다. "일본에서는 몇 년 전, 어떤 젊은 프리터가 쓴 글이 화제가 된 적이 있었습니다. 제목은 아마 '미래는 홈리스, 희망은 전쟁'이었을 것입니다. 필자는 불안정한 프리터 생활을 계속하다 보면 자기는 장래에 분명 홈리스가 되어 있을 것이지만, 만일 전쟁이 일어나면 사회가 변할 것이고, 변한 사회에서라면 자신도 찬스를 잡을 수 있을 거라는 도발적인 주장을 펼쳤습니다."[3]

일본 청년들의 심리는 아마겟돈에 가깝다. 한마디로 '다 같이 망해 버렸으면 좋겠다'라고 할 수 있다. 강상중은 이러한 상황이 독일에서 나치즘이 기승을 부리고, 이탈리아에서 파시즘이 기승을 부리던 때와 비슷하다고 설명했다. 아무런 희망이 없는 젊은이들은 전쟁 준비에 열광한다. 애초에 글러 먹었으니 다 무너져야 한다는 것이다. 이런 심리는 최근에 형성된 것이 아니다. 이는 장기 불황(소위 '헤이세이平成 불황')이 시작된 1990년대부터 존재했다. 그 단적인 현상이 1995년 옴진리교 사건에 대한 반응이었다.

옴진리교 사건은 일본의 종교 단체인 옴진리교가 화학무기로 사용되는 신경가스 사린을 도쿄 지하철에 살포해, 12명이 사망하고 5,510명이 중경상을 입은 사건이다. 그런데 이런 무차별적 테러에 많은 청년이 심리적으로 동조했다. 왜 그랬을까? 우리는 일본의 작가 아마미야 가린雨宮処凛이 쓴 「체험적 1990년대론」라는 글에서 그 실마리를 발견할 수 있다. "나는 이대로 30세가 되어도, 40세가 되어도, 50세가 되어도 시급 800엔에서 1,000엔 정도의 일회용 노동력으로 살아갈 수밖에 없는가? 절망이라기보다는 미래가 완전히 차단된 느낌이다. 그 무렵 옴진리교에 의한 지하철 사린 가스 사건이 일어났다. 나는 이 사건에 '열광'했다."

앞서 말했듯이 일본은 1990년대 초 경제 불황이 시작되었다. 그리고 1995년 1월 한신·아와지대지진이 발생했다. 피해 규모는 엄청났다. 1923년 간토대지진 이후 최대였다. 6,434명이 사망, 3명 실종, 4만 3,792명이 부상당했으며, 주택 전파全破 등 재산 피해도 10조 엔(당시 일본 GDP의 2.5%에 해당)에 달했다. 그리고 3개월 후 옴진리교 사건이 발생했다. 당시 아마미야 가린은 경제적 폐허와 재난 상황 속에서 옴진리교의 종말론적 세계관에 동의했다. 종말로부터 오히려 새로운 기회와 희망이 생길 수 있다고 봤다.

지금 일본 청년들이 경험하는 상황은 아마미야 가린 시절보다 더 암담하다. 그들은 태어나서 한 번도 좋은 시절을 경험하지 못했다. 어릴 때부터 지금까지 경제는 쭉 불황이었고 한신·아와지대지진을 거쳐 2011년에는 동일본대지진도 겪었다. 경제는 안 좋은데, 한국·중국으로부터는 지속적으로 비난을 받는다. 한국과 중국은 경제력이 성장한 만큼, 국제적 발언권도 점점 커지고 있다. '일본은 주변국에 지난 20년간 줄곧 사죄했는데, 더 이상 무슨 사죄를 하란 말인가.' 이것이 극우의 영향을 받은 청년들의 생각이다. 파탄 난 삶과 사회를 전쟁이 구제해 줄 수 있다면, 일차적인 전쟁 대상은 남한과 북한, 중국이 될 것이라고 생각하는 젊은이들이 많다.

일본 청년의 묵시록적 정서는 남의 일이 아니다. 이미 우리나라에도 '이생망'('이번 생은 망했다'의 줄임말) 같은 말이 청년들 사이에 널리 퍼져 있다. 파괴적인 정서도 비슷하다.『나는 세상을 리셋하고 싶습니다』라는 책을 쓴 엄기호는 이렇게 말했다. "리셋을 지배하는 정념은 복수와 원한입니다. 좋은 세상을 만들기 위해서 이런 일도 할 수밖에 없다는 게 아니라, 이렇게 해서 좋은 세상을 만들자는 겁니다. '부수적 피해(콜래트럴 데미지)'라는 문제가 있는데, 리셋은 이를 주목적으로 치환해 버리죠. 리셋을 원하는 이들은 르상티망(원한)에서 얻는 통쾌함 외에는 기쁨을 알지 못합니다."[4]

일본의 혐한은 남의 일이 아니다. '혐한'에서 우리는 피해자이지만, 우리의 심리적 상태 역시 얼마든지 다른 민족을 혐오할 정서적 기반을 갖추고 있다. 앞서 말한 난민 혐오, 이주노동자 혐오, 그리고 뒤에서 다룰 이슬람 혐오가 우리나라에서 심한 것은 우연이 아니다.

파시즘 부활의 징후로서의 혐한

혐한 현상은 2005년 무렵 처음 생겨났다. 우리나라 노무현 정부 시절이다. 그리고 문재인 정부하에서도 혐한이 두드러지고 있다. 물론 이명박 정부와 박근혜 정부 때도 혐한 현상은 있었다. 앞서 말했듯이 2014년에는 일본의 논픽션 베스트셀러 10위 안에 혐한 책이 두 권이나 오르기도 했다. 그러나 (문화적 현상이 아니라) 정치적 현상으로서의 혐한이 두드러진 시기는 단연 노무현 정부와 문재인 정부 때였다. 이유가 무엇일까? 이명박 정부와 박근혜 정부는 수구 세력으로 그 뿌리가 친일파다. 그러니 일본과 갈등을 빚고 싶어 하지도 않고, 빚을 일도 없다. 오히려 일본을 정치적 동반자로 생각했다. 그러나 노무현 정부와 문재인 정부 같은 민주 세력의 뿌리는 항일운동으로, 일본의 역사 왜곡을 바로잡는 것을 매우 중요하게 여긴다. 한국과 일본이 서로 갈등할 수밖에 없다.

아베 정권하에서 혐한이 두드러진 이유를 이해하기 위해서는 무엇보다 아베의 정치적 뿌리를 이해해야 한다. 아베 신조安倍晋三의 외할아버지는 기시 노부스케岸信介다. 기시는 A급 전범이었다. 그런데 종신형을 받은 지 3년 만에 사면되고, 이후 7년 만에 총리 자리에 올랐다. 어떻게 이런 일이 벌어질 수 있었을까? 미국이 정책을 바꾸어 전범국 일본을 반공 국가로 키우기로 작정했기 때문이다. 제2차 세계대전이 끝나자 냉전 시대가 시작되었고, 미국은 사회주의 종주국인 소련에 대항하기 위해 일본을 반공의 파트너로 삼았다.

미국은 전쟁 범죄의 최고 책임자였던 일왕 히로히토裕仁를 처단하지도 않았고, 천황제를 폐지하지도 않았다. (이것은 아돌

프 히틀러가 연합군에 체포되고도 전범으로 처벌받지 않은 것과 같다. 이로써 일본은 전쟁과 식민 지배를 사죄하지 않아도 무방한 나라가 되었다.) A급 전범인 기시가 정치 일선에 복귀하게 된 것도 모두 이러한 미국 정책의 산물이었다. 이로써 미국은 기시를 자기네 수하로 삼았다고 생각했다. 하지만 기시는 기시대로 딴마음을 먹고 있었다. 친미의 탈을 쓰고, 일본 군국주의를 부활시키기로 결심한 것이다. 기시 노부스케는 평생 일본의 교전권을 인정하지 않는 평화헌법 9조의 개정을 위해, 즉 일본을 전쟁이 가능한 나라로 만들기 위해 노력했다. 기시의 이런 정치적 노선을 그대로 계승한 것이 아베다.

아베 신조의 정치적 뿌리는 기시에 머무르는 것도 아니다. 그 위로 올라가면 아베는 1868년 메이지유신明治維新을 주도한 조슈번(지금의 야마구치현)의 하급 무사들과도 연결된다. 아베 신조를 비롯한 극우파의 상당수는 바로 조슈번의 후예들이다. 메이지유신을 주도한 세력은 조선·타이완·오키나와 등을 위협하면서 세력을 팽창했다. 이 뿌리를 이어받은 아베가 군국주의 부활을 꿈꾸며 아시아 주변국을 위협하는 것은 이상한 일이 아니다.

일본에서 혐한이 창궐하는 이유를 한 가지만 꼽으라면 제국주의 침략의 역사가 제대로 청산되지 않았기 때문이다. 일본에서는 패전 후에도 군국주의를 실행한 경찰과 정치인들이 제대로 청산되지 않았다. 식민지 지배에 대해서도 깊이 성찰되지 않았다. 오히려 전범 세력들이 부활해 정치권력을 장악해 왔다. 우리나라는 국민의 손으로 정권을 교체한 경험이 있다. 4·19 혁명이 그랬고, 선거를 통한 두 번의 정권 교체가 그랬으며, 2017년의 촛불 혁명이 그랬다. 그러나 일본은 메이지 시대부터 단 한 번도 이런 정치적 전복을 겪지 않았다. 패전 이후에도 천황(일왕)제는 존속됐고, 정치판은 60년간 자민당 중심으로 돌아갔다. 게다가 아베를 비롯한 많은 정치인이 3대 세습을 통해 국회의원이 되어 왔다. 그래서 재일조선인 2세로 태어나 현재 도쿄케이자이대학東京経済大学 현대법학부 교수로 있는 서경식은 『책임에 대하여』에서 일본의 민주주의를 '도금 민주주의'라 불렀다. 겉만 그럴싸하게 포장된 가짜 민주주의라는 말이다.

일본의 민주주의가 가짜인 이유는 또 있다. 일본은 천황이 국민에게 정치를 위임하는 시스템이다. 주권이 국민에게서 나온 것이 아니라는 말이다. 그런 점에서 헌법의 국민주권 사상은 부정된다. 일본의 민주주의는 애초부터 국민이 스스로 쟁취한 것이 아니었다. 패전 뒤 연합국에 의해 강제로 이식된 것이었다. 그런 과정을 통해 군국주의 파시즘이 갑자기 민주주의로 이행했다. 그런 까닭에 군국주의 파시즘이 죽지 않고 엎드려 있다가 기회만 되면 불쑥불쑥 고개를 쳐든다.

일본은 매우 위험한 나라다. 일본 군국주의 파시즘의 상징인 천황제가 존속하고, 국가 종교인 신도神道가 있기 때문이다. 일본의 입헌제는 근본적으로 천황제에 그 근본을 두고 있다. 이는 무엇보다 국체와 헌법에 대해 논하거나 비판하기 어렵게 한다. 국체와 헌법의 중심에 천황이 있는 만큼, 이에 대한 비판은 불경, 즉 천황에 대한 도전과 비판으로 해석된다. 그래서 과거에도 이와 관련해 양심적인 지식인들조차 입 열기를 꺼렸다.

일본은 사실상 천황을 중심으로 한 제정일치 사회다. 일본에는 '신도'라는 국가 종교가 있고, 이 종교의 정점에 천황이 있다. 야스쿠니신사에서는 천황을 위해 전사한 군인들을 일본의 수호신으로 모시고 제사를 지낸다. 국가를 위해 개인의 희생을 권하는 나라는 흔하다. 그러나 일본처럼 나라를 위해 몸을 바치면 '신'이 된다는 강력한 종교적 장치까지 마련되어 있는 나라는 없다. 이런 상황을 생각하면, 일본이 제정일치 사회라는 사실은 그냥 '시대착오적'이라고 비웃고 넘어갈 일이 아니다.

제국주의 시절 일본 천황은 신이었다. 물론 태평양전쟁에서 패배한 뒤, '천황도 인간이다'라는 선언(1946년 1월 국운진흥조서)을 하고 인간의 자리로 내려오기는 했다. 미군정도 국정에 관여할 수 없는 '상징 천황'이란 개념을 받아들이면서 천황제 존속을 용인했다. 그러나 '상징 천황'이란 개념은 명분일 뿐이다. '상징 천황'이라는 개념 자체가 기존의 천황제를 유지하려는 의도에서 만들어진 말이기 때문이다.

진짜로 천황이 인간이 되었다면, 신도라는 종교와 야스쿠니신사는 없어져야 한다. 왜냐하면 이 종교와 신사는 천황이 신이라는 개념을 전제로 성립하기 때문이다. 천황이 신이 아니라면, 야스쿠니신사에 모셔진 군인들은 천황이라는 일개 '인간'을 위해 목숨을 바침으로써 '신'이 된 것이다. 한낱 인간을 위해 목숨을 바친 사람이 신이 된다는 게 말이 되는가.

'팔굉일우八紘一宇'라는 말이 있다. 일제가 주장한 대동아공영권大東亞共榮圈의 핵심 개념이다. '전 세계가 하나의 집'이라는 뜻이다. 말만 들으면 전 세계의 화합과 평등을 주장하는 것 같지만, 그렇지 않다. 이 집을 이끄는 가부장은 천황이다. 그 아래 천황을 모시는 일본이 있고, 그 일본을 뒤따르는 중국, 조선 등 아시아 민족들이 있다. 매우 차등적이고, 차별적인 개념이다. 이 논리에 따르면 조선은 일본과 결코 대등할 수 없다. 팔굉일우 개념은 그 자체로 혐한이고, 혐중이다. 일본의 혐한은 단순한 타민족에 대한 혐오 정서가 아니다. 그것은 군국주의 파시즘의 잠재와 부활의 징후로 읽혀야 한다.

누군가가 비판의 영역에서 절대적으로 배제되고, 누군가가 사고의 수준을 기본적으로 결정하는 사회에서, 인간은 주체적 사고를 못하게 된다. 천황제하에서 일본인들은 시민의 자유를 가진 존재가 아니라, 천황의 통치를 종교적 절대성을 가지고 받들어야 하는 신민臣民으로 전락한다. 혐한을 하면서도 많은 사람이 죄책감을 느끼지 못하는 이유는 천황제로 인해 주체적인 사고와 판단이 잘 이루어지지 않기 때문이다.

특례 영주 자격과 통명 논란

혐한의 가장 큰 피해자는 아무래도 재일조선인이다. 재일조선인은 일본에 거주하고 있는 만큼 일상적으로 혐한에 노출된다. 재일조선인에 대한 차별은 아예 제도화되어 있는데, 그 때문에 재일조선인은 정상적인 생활을 하기가 힘들다. 이는 심신에 심각한 해악을 불러일으킨다. 재일조선인의 자살률은 일본 사회 평균보다 2~3배 높다.

재일조선인은 일본인과 동등하게 납세 의무를 지면서도 권리는 제한당한다. 재일조선인은 선거권도 없고, 고령이 되어도 국민연금을 받지 못한다. 원칙적으로 국가공무원도 될 수 없고, 정규 교원도 될 수 없다. 일본 정부가 국민연금법, 아동수당 등에 국적 조항을 마련해 재일조선인을 배제했기 때문이다. 일본 정부는 국민건강보험이나 공영주택 등 사회 서비스 운용에서도 이들을 배제했다. 재일조선인은 취업, 주거, 결혼에서 불이익을 당할 수밖에 없도록 만들어 놨다.

재일조선인들은 유언비어와 폭력에도 시달린다. 1989년 한 주간지가 '파친코 업체가 사회당 의원에게 거액의 정치 헌금으로 로비 활동을 했다'는 의혹을 제기한 적이 있었다. 그러자 자민당의 한 의원이 파친코 업계 종사자 중에 재일조선인이 많다는 이유로 파친코와 재일조선인을 연결시켰다(재일조선인 사업가들은 일본 은행에서 돈을 빌릴 수 없기 때문에, 현금 회수가 빠른 파친코 사업에 진출하는 경우가 많았다). 그리고 이를 다시 재일조선인들이 많이 다니는 조선 학교와 연결시켜, "조선 학교가 반일 교육을 한다"고 발언했다. 그러자 조선 학교 학생들의 치마저고리를 찢거나 폭언을 퍼붓는 사건이 20일간 48건이나 발생했다. 이런 식으로 재일조선인은 엉뚱하게 정치적 희생양이 되는 경우가 많다.

일본 우익은 '재일조선인이 기생충처럼 일본에 들러붙어 특권을 누리고 있다'며 혐오와 테러를 멈추지 않는다. 혐오와 테러를 하는 대표적인 단체로는 '재일조선인들의 특권을 용납하지 않는 시민들의 모임'(이하 재특회)이 있다. 이들이 말하는 특권은 무엇일까? '특별 영주 자격'과 '통명通名' 두 가지다. 재일조선인은 법적으로 외국인이다. 그러면서도 '특별 영주 자격'을 갖고 있다. 이 점에서는 다른 외국인들과 다르다. 그래서 재특회는 이를 특권이라고 주장하며, 재일조선인도 다른 외국인들과 똑같이 취급해야 한다고 말한다. 정말 이것은 '특권'일까?

우선 '특별 영주 자격'이 무엇인지 살펴보자. '특별 영주 자격'이란 내란죄, 외환 관련 범죄, 무기 또는 7년 이상의 징역형을 받을 정도의 중범죄를 저지르지 않는 한, 일본에서 계속 거주할 수 있는 자격을 말한다. 그러나 이를 특권이라고 하기는 힘들다. 왜 재일한국인들이 이런 자격을 갖게 되었는지 그 연원을 살펴보면 금방 이해가 된다.

주지하다시피 우리나라는 과거 일제의 식민지였다. 이는 한반도에 살았던 조선인, 일본에 건너가 살았던 조선인 모두 국적이 '일본인'이었다는 의미다. 한반도에 살았던 조선인은 해방과 더불어 국적이 대한민국 혹은 조선민주주의인민공화국으로 바뀌었다. 문제는 일본에 남은 조선인들이었다. 당연히 이들은 여전히 일본 국적을 갖고 살고 있었다. 그런데 일본 정부가 1952년 샌프란시스코 강화조약 발효를 기점으로, 구식민지 출신자(주로 조선과 타이완 출신자)들은 일본 국적을 상실했다고 일방 통지해 버렸다. 식민 지배 시절에는 황국신민화 정책으로 강제로 일본인으로 편입시키더니, 전쟁에 저서 쓸모가 없어지니 내팽개쳐 버린 것이다. 그로 인해 재일조선인은 졸지에 갑자기 무국적자가 됐다.

그렇다고 자신들의 식민지 지배 때문에 한때 일본 국적자였던 사람들을 강제로 쫓아낼 수도 없었다. 한일 국교 정상화(1965)와 '일한법적지위협정'에 따라 일본 정부는 재일조선인에게 영주권을 부여했고, 1991년 '입관특례법'이 제정되면서 특별 영주자로 인정했다. 재특회는 이것이 특권이라고 주장하지만, 전혀 그렇지 않다. 재일조선인 1세들은 그나마 한반도에서 살다가 일본으로 들어왔지만, 재일조선인 2, 3세들은 일본에서 태어나 평생을 산 사람들이다. 이런 사람들이 '외국인 취급받는 것'이 어떻게 특권이 될 수 있단 말인가. 이는 오히려 차별이고 배제다.

우리가 재일조선인 문제를 생각할 때 알아야 할 것이 신분의 불안정성이다. 졸지에 국적을 잃어버린 재일조선인들은 모두 일괄 '조선 국적'으로 회귀되었다. 그런데 이것은 국적이라고 말할 수 없다. '조선'이라는 나라는 없어진 지 오래이기 때문이다. 한반도에 있는 나라는 '대한민국'과 '조선민주주의인민공화국'이다. 재일조선인 중에는 남한에 동조적인 이도 있었지만, 북한에 동조적인 사람도 있었다. 남한에 동조적인 사람은 그나마 대한민국 국적을 취득하면 됐다. 그러면 대한민국 국적을 가진 외국인으로 일본에서 살 수 있었다. 그러나 북한에 동조적인 사람은 조선민주주의인민공화국 국적을 취득하는 것이 불가능했다. 그 이유는 일본이 북한을 국가로 승인하지 않았기 때문이다.

그래서 북한으로 아예 떠나면 모를까, 조선민주주의인민공화국 국적을 갖고 일본에서 사는 것은 불가능했다. 자신의 정체성이 대한민국과 조선민주주의인민공화국 어느 쪽에도 속하지도 않는다고 생각하는 사람, 또는 북한에 동조한다고 생각하는 사람은 계속 '조선 국적'을 유지할 수밖에 없었다. 그런데 앞서 말했다시피, '조선'이라는 나라는 없기 때문에 그는 무국적자나 다름없다. 무국적자는 제도적으로 아무런 권리가 없는 천둥벌거숭이다. 그를 대변해 줄 공식적인 기관이 없다. 이러한 상황이 불러일으키는 불안과 공포는 이루 말할 수 없다.

강제로 일본 국적을 빼앗긴 것이 억울하면 다시 귀화해서 일본인이 되면 되지 않느냐고 생각할 수도 있다. 하지만 이것도 그리 간단한 문제는 아니다. 만약 일본이 국적을 빼앗지도 않고, 아무런 차별이나 배제도 하지 않았다면 재일조선인 대부분은 그냥 한국계 일본인이자 평범한 시민으로 살았을 가능성이 높다. 물론 재일조선인 중에는 차별받는 게 지긋지긋해서 귀화한 사람도 있다. 그러나 차별과 배제, 혐오는 항복만 낳는 게 아니다. 그것은 저항도 낳는다. 차별과 배제를 당할수록 '나의 정체성과 정체성의 뿌리'에 대한 집착은 커질 수밖에 없다.

재일조선인들이 조선 학교를 세우고, 그곳에 자신들의 자녀를 보내 '민족 교육'을 시키고, 한민족으로서의 정체성을 지키며 살려고 노력하는 것은 모두 일본인들의 차별과 배제 때문이다. 재일조선인 인권 운동가 서승의 말이다. "(저에게) 조선인이라는 자의식은 유치원 때부터 싹텄습니다. 아이들과 싸우면 '조센'이라는 욕을 들었으니 내가 조선인이란 걸 일본 아이한테 배운 셈이죠. 소학교에 들어가서는 숙제 못 해 오는 애들, 학비 안 가져와 혼나는 애들은 대부분 조선인이었습니다. 그래서 조선 사람인 게 부끄러웠는데 중학교에 들어가서부터 나는 누구인가 고민하게 되더군요. 분명한 것은 일본말을 쓰고 일본 음식을 먹지만 일본인은 아니라는 거였지요."[5]

그렇다면 시간이 흐르고 세대가 교체되면 달라지지 않을까? 이와 관련해 서승의 동생인 서경식 교수는 이렇게 말한다. "내가 젊었을 때도 나왔던 주장이다. 그때도 한국 역사도 모르고 문화도 모른 채 일본에 사는 재일조선인들이 많았다. 2세, 3세를 넘기면 재일조선인이라는 말 자체가 없어질 것이라고 했다. 일본인뿐만 아니라 재일조선인들 스스로도 그랬다. 풍화될 것이라고 봤다. 그래서 일본인이 되어야 한다는 사람도, 민족의식을 가져야 한다는 사람도 있었다."[6] 그런데 그렇게 되지 않았다. 재일조선인들이 느끼는 억압이나 차별, 불안감이 없어지면 민족의식도 없어질지 모른다. 하지만 일본인들이 계속 식민 지배를 추종하고 미화하고 피해자인 조선인을 차별하는 한, 민족의식도 없어지지 않는다. 역설적으로 그것이 계속 민족의식을 일깨워 주기 때문이다.

통명 문제도 그렇다. 재특회는 재일조선인이 통명(일본식

이름)을 쓰는 것을 특권이라 주장하지만, 사실 통명의 기원은 창씨개명이다. 창씨개명이 조선인에게 강요된 것이듯, 통명도 강제된 것이다. (실제로 재일조선인들은 사회 활동에서 통명을 요구받는 경우가 적지 않다.) 세상에 자기 본명을 놔두고 가짜 이름을 쓰고 싶어 하는 사람은 없다. 차별과 배제가 없다면 누구나 자기 본명을 쓰고 싶어 할 것이다. 재일조선인에게 통명은 삼킬 수도 뱉을 수도 없는 '뜨거운 감자'다. 통명을 쓰지 않고 본명을 쓰면 재일조선인이라는 사실을 금방 알고 차별과 혐오에 노출된다. 통명을 쓰지 않는 것 자체로 반일 감정이 있는 것 아니냐는 의심을 사기도 한다.

반대로 통명을 쓰면, 일본인도 아니면서 일본인인 척한다는 비아냥을 받거나, 통명으로 은행 계좌를 개설해 탈세나 돈세탁을 하려는 것 아니냐는 식의 터무니없는 의심을 받는다. 이래도 문제, 저래도 문제인 것이다. 재특회가 재일조선인에게 통명을 쓰지 말라고 하는 이유는 재일조선인들을 색출해서 공격하기 좋기 때문이다. 여기서 우리는 이러한 질문을 던져야 한다. "왜 재일동포들이 통명을 사용하지 않으면 안 되는 사회를 만들었는가." 이 물음은 일본 사회를 향한 것이어야지, 재일조선인을 향한 것이어서는 안 된다.

남과 북에 이용만 당한 재일조선인

일본 우익들은 누군가 자신들의 혐오 발언을 비난하면, 이를 표현의 자유를 침해하는 것이라고 반박한다. 그러나 혐오 발언을 방치하는 것은 표현의 자유를 보장하는 것과 반대되는 개념이다. 혐오 발언의 대상이 된 사람은 공포를 느끼고, 심리적으로 위축되어 발언을 못하게 되기 때문이다. 혐오 발언은 공포 분위기를 조성해 발언권을 박탈한다는 점에서 상대방의 표현의 자유를 침해한다. 그러므로 혐오 표현의 규제가 오히려 표현의 자유 보호에 합치된다.

서경식은 표현의 자유 문제에 대해 매우 섬세한 이야기를 한 적이 있다. 1990년대 일본군 '위안부' 피해자들의 이야기를 다룬 다큐멘터리가 일본에서 상영됐을 때의 일이다. 영화가 상영되자 우익들이 난입해 불을 끄는 소화제를 스크린에 뿌려 방해한 사건이 있었다. 이에 항의하는 기자회견이 열린다는 소식을 들은 재일 작가 서경식도 기자회견장에 가 보았다. 그 자리에서 단상에 앉은 일본의 리버럴(진보) 지식인들이 이것은 "이것은 언론, 표현의 자유에 대한 용납하기 어려운 공격"이라고 말하는 것을 들었다.

서경식이 보기에 이것은 매우 실망스러운 발언이었다. 사태의 본질은 일본 제국의 역사적인 범죄, 식민 지배의 범죄, 여성에 대한 전쟁 범죄 등을 고발하는 움직임을 표적으로 삼은 공격이었다. 리버럴 지식인들은 그 핵심을 명확하게 지적했어야 했다. 그런데 그들은 이를 '표현의 자유'에 대한 침해로 치환하고 말았다. 앞서 우리는 일본 우익이 자신의 혐오 발언이 표현의 자유에 해당한다고 주장하는 것을 봤다. 그런데 여기서는 다큐멘터리 역시 표현의 자유일 뿐이다. 그렇다면 둘 다 '표현의 자유'의 문제일 뿐, 누가 더 옳다고 말할 수 있는 것이 아니게 된다.[7]

서경식은 이러한 풍경이 1990년 당시 나가사키시의 시장이었던 모토시마 히토시本島等가 쇼와 천황(히로히토)에게 전쟁 책임이 있다고 말했다가 우익 세력으로부터 저격당했을 때, 전체 매스컴이 한목소리로 "언론의 자유에 대한 폭력은 용납될 수 없다"고 한 것과 겹친다고 했다. 당시 일본 언론은 우익의 테러가 모토시마 시장의 언론의 자유를 침해한 것으로 보도한 것이다. 이후 서경식은 언론과의 인터뷰에서 이렇게 말했다. "(당시 일본의 리버럴은) 천황에게 전쟁 책임이 있다는 모토시마 씨의 주장에 대한 자신들의 견해를 제시하지 않았어요."[8] 일본의 언론은 이 사건을 '언론의 자유' 문제로 치환함으로써 사건의 본질적인 문제, 천황의 전쟁 책임 문제를 회피해 버렸다.

표현(언론)의 자유에 대한 옹호를 나쁘다고 할 사람은 없다. 이는 민주주의의 기본 원리이자, 당위적 명제다. 이런 명제를 논하면 사람들은 대개 아무런 의심도 하지 않는다. 미국의 저널리스트 월터 리프만은 "모두가 비슷하게 생각할 때, 아무도 깊이 생각하지 않는다."라고 말한 바 있는데, 표현의 자유가 딱 그렇다. 표현의 자유는 너무 유명한 말이라, 아무도 깊이 생각하지 않는다. 그리고 아무도 깊이 생각하지 않는 만큼, 문제의 실체를 덮는 도구로 유용하게 사용될 수 있다.

서경식이 든 두 예시가 그렇다. 여기서 표현의 자유는 일본이 해결하지 못하고 있는, 근본적이고 핵심적인 문제에 대한 논의를 은폐하고 회피하는 용도로 사용되었다. 서경식은 일본 리버럴 지식인의 이런 태도가 일본 우경화의 중요한 원인이라고 보았다. 리버럴 지식인들이 우경화를 추동한 것은 아니지만, 이를 방관함으로 그 흐름을 막지 못했고, 그런 까닭에 지금의 우경화에 일정한 책임이 있다는 것이다. 일리 있는 얘기다.

재일조선인 혐오 문제에는 남한과 북한의 책임도 일정 정도 있다. 남북한 모두 재일조선인의 인권 문제에는 적극적으로 나서지 않고, 집권 세력의 정치적 입지를 강화하는 데만 이용했기 때문이다. 이를 단적으로 보여 준 사례가 '북한의 재일동포 북송 사업'과 박정희·전두환 정권의 '재일동포 간첩단 사건'이다.

우선 북송 사업을 보자. 북한의 북송 사업이 시작된 시기는 1958년이었다. 6·25 전쟁 때 투입되어 북한 경제 재건을 지원해 온 중국 인민해방지원군이 철수하면서 북한에 노동력 공백이 발생하자, 김일성은 이를 메우기 위해 재일동포를 끌어들였다. 6·25 전쟁 시기, 김일성 정권은 이승만 정권에 비해 재일조선인의 권리를 적극적으로 옹호했다. 그래서 재일조선인 사회에서는 친북한계 재일동포 단체인 재일본조선인총연합회(이하 조총련)의 영향력이 컸고, '반일'·'반미'·'반이승만' 정서가 강했다. 그런 상황에서 귀국 제의를 받은 재일조선인들은 일본에서 차별받으며 사느니 북한에 가면 더 잘 살 수 있다는 희망을 품게 되었다. 일본은 일본대로 좋았다. 골칫거리였던 재일조선인을 자연스럽게 추방할 수 있었으니까. '누이 좋고 매부 좋고'였다.

1959년에서 1984년까지 북송된 재일조선인의 수는 9만 3,340명이었다. 그러나 이들의 희망과 달리 북한에 도착한 재일조선인들은 빈곤과 차별에 시달렸다. 귀환자들은 조총련에 토지와 건물을 기부하는 대신 북한에서 해당하는 자산을 보장받기로 했으나 그 약속은 지켜지지 않았다. 북한은 일본 동포 10만 명의 노동력과 사유재산을 수탈했다.

재일동포를 희생양으로 삼기는 남한도 마찬가지였다. 1972년 유신헌법 발표 이후 박정희 정부에 대한 반감이 높아지자, 중앙정보부는 1975년 재일동포 유학생 간첩 사건을 조작해 위기를 타개하려 했다. 정권 차원에서 재일동포 유학생은 간첩으로 조작하기에 가장 만만한 대상이었다. 한국에 머무는 재일동포 유학생은 가족과 동떨어져 있고, 자신을 방어할 언어 능력을 갖추고 있지 못할 뿐 아니라, 일본 정부의 지지를 받는 것도 아니었기 때문이다.

전두환 정권에서도 재일교포 간첩 사건처럼 남파 간첩 사건과는 다른, 제3국을 낀 유형이 많았다. 해외 연계 간첩 사건이 많았던 이유는 조작이 쉬웠기 때문이다. 일반인들은 잘 몰랐지만, 당시 국외 영사관에는 파견된 국가안전기획부(이하 안기부) 직원들이 있었다. 안기부 직원들은 외교부 정식 직원은 아니지만 대사관 영사 자격으로 활동하면서 간첩 사건 등 관련 정보를 모아 작성한 영사 증명서를 안기부 본부나 검찰에 제출하곤 했다. 영사 증명서는 사실 안기부 직원의 의견을 담은 것에 불과했다. 그런데도 마치 결정적인 증거인 양 채택되어 재외 한국인에 대한 간첩 조작에 활용되었다.

재일조선인은 남한에서도 북한에서도 천덕꾸러기 취급을 받았다. 조국에서도 억압과 착취를 당한 재일조선인, 조국의 보호를 받지 못했던 그들이 일본에서 대접받을 리 없었다. 조국으로부터 내팽개쳐진 재일조선인이 일본에서 차별과 혐오에 시달린 것은 이상한 일이 아니다.

혐오 표현은 다수자 집단 측의 인격·도덕성도 부패시키고,
결국에는 민주주의와 사회를 파괴한다.
— 일본 반인종주의정보센터 대표 양영성

권순민: 페이스북에서 본 건데, 서로 협력하는 게임을 하다가 누가 실수를 했더니, 게임 채팅창에서 왜 못 하냐고 욕을 하니까, 그 사람이 네가 더 못 하잖아, 이런 식으로 얘기했대요. 그랬더니 다시 '정치질하지 마' 이렇게 얘기했다고 하더라고요. 정치질한다는 말이 '책임을 떠넘긴다'는 뜻으로 관용어처럼 쓰이는 거죠. 랩에서도 가사 중에 '나는 정치인이 아니야', '정치질은 국회에서나 해' 이런 게 되게 많아요.

이연학: 이때 정치질은 '나선다', '선동한다'에 가까운 뜻으로 보면 될 것 같아요.

— 「"'진보 꼰대'들이 '20대 개새끼' 욕하는 이유?"」에서 [9]

언론이 정치 혐오를 조장한다

우리는 신문이나 방송에서 "막말 논란, 정치권의 고질병이 도지고 있다", "여야는 끝내 민생 외면할 것인가" 같은 정치 혐오 보도를 흔히 접한다. 사람들은 그런 기사나 뉴스를 보면서 흔히 "정치하는 놈들 다 잘라 버려야 돼", "맨날 싸우기만 하는 놈들" 하고 욕을 한다. 언론이 가진 핵심 기능 중 하나는 여론 형성이다. 언론은 정치에 대한 여론을 형성해야 한다. 그런데 현실은 언론이 반정치의 여론을 형성하는 경우가 많다.

"제발 싸우지 말고 일 좀 하라"는 시민의 말을 전하는 것도 언론의 가장 흔한 메시지 중 하나다. 이런 메시지가 전달되는 과정을 보면 묘한 생각이 들 때가 있다. 그것은 언뜻 보기에 시민이 자기 생각을 말한 것처럼 보이지만, 사실은 언론 보도의 의도를 언론이 다시 취합한 꼴이다. 일종의 '자기 확인'이다. 발화 주체가 언론에서 시민으로 변화되었다는 점에서 보면 '확장된 자기 복제'다.

언론이 조장하는 정치 혐오에 많은 사람이 긍정적으로 반응하는 이유는 '싸움은 나쁘다'는 단순하면서도 당위적인 명제, 교육적인 명제에 어릴 때부터 익숙하기 때문이다. 그러나 정치인들이 싸우는 것은 어린아이들이 서로 싸우는 것과는 차원이 다르다. 정치적 대립은 근본적으로 정치적 노선과 철학, 정당의 역사적 뿌리를 바탕으로 한 차이에서 생겨난다. 물론 그렇다고 해서 정치적 대립이 늘 좋다는 의미는 아니다. 정치는 타협을 목적으로 한다. '정치를 한다는 것'은 타협을 지향한다는 의미다. 그러나 그 합의도 정치적 충돌과 갈등, 전략과 전술 속의 조율이지, 그와 무관한 화해가 아니다. 그런 점에서 정치인들의 싸움을 무조건 나쁜 것으로 보도하는 관행은 문제가 있다.

언론은 기본적으로 갈등을 좋아한다. 이것이 자본주의 언론의 속성이다. 갈등은 기삿거리가 된다. 그러나 평화는 기삿거리가 되지 않는다. 싸움 구경은 재밌다. 이는 대중의 구미를 당긴다. '적의敵意'로 들끓는 정치는 대중의 이목을 집중시킨다. 언론은 흔히 정당 간, 계파 간 갈등이 발생하면 이를 비판하고, 여야가 협치하고 소통하라고 주문한다. 하지만 정작 정치권이 조용하면 갈등 요소를 찾아다닌다. 작은 갈등도 침소봉대해 기사화한다.

언론이 정치 혐오에 열심인 이유는 권력의 문제도 있다. 언론은 정치를 통째로 매도함으로써 자신의 권력을 증대시킨다. 정치권 전체가 한심한 것으로 인식될수록 정치의 대중적 영향력은 축소되고, 상대적으로 언론의 영향력은 커진다. 언론은 정치인들이 왜 싸우는지를 설명해 줘야 한다. 잘잘못도 섬세하게 따져 줘야 한다. 설사 둘 다 나쁜 놈이라 하더라도 겨 묻은 개와 똥 묻은 개를 구별해 줘야 한다. 국민에게 덜 해로운 정치인과 더 해로운 정치인은 분명 있기 때문이다. 그런데 언론은 좀처럼 이런 것을 설명해 주지 않는다. 그저 싸움 자체를 비난함으로써 정치 혐오를 유발한다.

언론이 해야 할 일은 정치인을 합리적으로 비판해 그들이 시민의 대표 역할을 제대로 할 수 있도록 자극하는 것이다. 그런 점을 생각하면 언론이 정치 혐오를 불러일으키는 것은 자신의 의무를 저버린 것이라 할 수 있다.

2016년 인권침해 소지가 농후한 '국민보호와 공공안전을 위한 테러방지법에 대한 수정안'(이하 테러방지법)을 새누리당(현 자유한국당)이 상정하자 이를 막기 위한 야당 의원들의 필리버스터(무제한 토론)가 대대적으로 진행된 적이 있었다. 국회의원들이 단상 위에서 하는 발언들이 국회방송 등을 통해 190시간 동안 생중계되었다. 언론에 의해 편집된 것이 아닌, 날것 그대로의 발언이 곧장 우리 국민에게 전달된 것이다. 이때 시민들은 "생각보다 괜찮은 정치인들이 많다", "정치인들이 저렇게 똑똑한 줄 몰랐다"는 반응을 보였다.

이것은 무엇을 말하는가. 필리버스터는 오히려 언론의 개입이 적으면, 정치(인)에 대한 인식이 달라질 수 있음을 보여주었다. 당시 더불어민주당의 강기정 의원도 "진작 이런 자리가 있었으면 폭력 의원이 안 됐을 것"이라며 눈물을 보이기도 했다. 정치인들의 언행이 있는 그대로 국민에게 전달되는 통로가 있었다면, 이에 기반해 국민도 올바른 판단과 지지를 하기 쉽고, 정치인은 정치인대로 몸싸움을 벌일 필요가 없었을 것이라는 말이었다.

그간 많은 언론은 국민과 정치인 사이에서 전달자 역할을 하는 것이 아니라, 그 사이에서 불통과 왜곡, 무관심을 조장해 왔다. 의도한 것은 아니지만, 필리버스터는 언론의 역할에 대해 다시 한 번 생각해 볼 기회를 제공했다.

민주주의를 좀먹는 정치 혐오

우리나라는 먹고살기가 녹록한 나라는 아니다. 사실 먹고살기 어려운 사람들은 정치 따위에 관심을 갖기가 어렵다. 제도 교육도 문제다. 학교에서 다른 건 다 가르쳐도 정치만은 가르치지 않는다. 학생들은 정치와 분리되어야 한다는 생각까지 만연해 있다. 이런 환경에서는 언론의 정치 혐오가 잘 먹혀들어간다. 안 그래도 정치를 잘 모르는데, 언론이 정치 혐오를 조장하면 '그런가 보다' 하는 것이다.

정치 혐오는 민주주의에도 심각한 해를 끼친다. 정치 혐오가 지배적인 문화가 되면, 사람들은 정치에 대해 더욱 무관심해진다. 민주주의는 국민의 정치의식을 기반으로 한다. 국민의 정치의식 수준이 높을수록 민주주의는 더 잘 작동되고, 수준이 낮을수록 민주주의 구현은 힘들어진다. 정치의식은 그냥 생기는 것이 아니라 학습을 필요로 한다. 그런데 정치 혐오는 국민으로 하여금 정치적 학습을 하고자 하는 마음이 들지 않게 만든다.

정치 혐오는 투표율도 낮춘다. 투표율이 낮다는 것은 정당 지지 성향이 확고한 사람 아니면 잘 투표하지 않는다는 말이다. 그러면 정당들은 기존의 '콘크리트 지지층'에게만 '구애'하게 된다. 그것이 손쉬운 승리를 보장받는 길이기 때문이다. 특히 재·보궐선거 같은 경우에는 투표율이 20~30%밖에 안 되기 때문에 이 같은 전략이 매우 주효하다.

정치 혐오가 만들어 내는 풍경은 또 있다. 우리가 간혹 접하는 현상인데, 정치 경험이 전혀 없는 사람이 갑자기 대선 주자로 떠오르는 것이다. 정치 혐오가 심해지면, 사람들은 정치권 안에 있는 사람보다 정치권 밖에 있는 인물을 기존 정치인보다 '깨끗하고 능력 있는 인물'로 인식하게 된다. 그 결과 정치적으로 전혀 검증되지 않은 사람이 강력한 차기 대권 주자로 떠오른다. 정치 경험이 없는 사람일수록 대중의 지지를 받는 역설이 발생하는 것이다. 예전의 안철수가 그랬고, 유엔사무총장 반기문이 그랬으며, 검찰총장 윤석열이 그랬다. 정치 혐오는 대선을 일종의 도박판처럼 만든다.

정치를 통해 어떤 사회적 문제를 해결한다는 것은 사회 공동체의 힘으로 해결해 나가는 것을 의미한다. 그런데 정치 혐오가 심해지면 공동체의 힘으로 문제를 해결해 나가는 것이 요원해진다. 결국 '믿을 건 나 혼자밖에 없다'는 생각이 강해지면서, 극단적인 개인주의를 낳게 된다. 정치가 우리 삶의 문제를 해결해 주지 못하면, 사람들은 각자 개인적으로 충돌하고 갈등하게 된다.

아파트 층간 소음 문제 같은 것이 대표적이다. 애초부터 층간 소음이 발생하지 않도록 새로 짓는 건축물의 기준을 강화하고 관련법을 개정하면 층간 소음 문제는 사라질 것이다. 그런데 건설업계를 비롯한 이해관계자들의 눈치를 보느라 정치인들이 그런 법을 만들지 않는다. 그러니 애초부터 부실하게 지어진 아파트에 살면서 층간 소음 문제 때문에 주민들이 서로 다투고 증오할 수밖에 없다. 진짜 책임자는 뒷짐 지고 불구경하듯 하고 있는데, 피해자들끼리 싸우는 형국이다.

민주주의는 정치에 대한 국민의 관심과 참여를 필요로 한다. 정치 혐오가 심해지면 국민의 관심과 참여가 매우 줄어든다. 정치 혐오로 인해 정치가 원활하게 작동하지 않으면 사회 문제들이 제대로 해결되지 않고, 그 피해는 고스란히 국민의 것이 된다. 그러면 국민들 간의 갈등과 분쟁이 늘어난다. 타인에 대한 분노와 혐오도 심해진다. 정치 혐오는 단순히 정치적 무관심에 그치는 것이 아니라, 다른 혐오들을 양산하는 방아쇠 역할을 한다.

국민의 정치 혐오가 심해지면 심해질수록 이익을 보는 이는 지배층이다. '내'가 지배층이라면 궁극적으로 무엇에 가장 관심이 있을까? 아마 '어떻게 하면 국민을 효율적으로 통제할 수 있을까?'가 아닐까 한다. 국민을 효율적으로 통제하는 전통적인 방법은 '분할 통치'다. 국민을 통치하기 좋게 나누어 관리하는 것이다. 관리가 적절히 이루어지려면 국민들끼리 적당히 갈등하게 만들어야 한다. 분할 통치는 다른 말로 '갈등 통치'다. 국민들끼리 서로 혐오하게 만들어 통치한다는 말이다.

여기서 나올 수 있는 질문. 정치인들은 자주 '국민 통합'을 외치는데, 그럼 이건 뭐냐고 물을 수 있다. 정치인들이 말하는 국민 통합은 대개 자신을 중심으로 뭉치라는 의미다. 정치인들이 '국민 통합'을 가장 많이 외치는 때는 선거철이다. 정확하게 말하면 선거가 끝난 직후다. 선거가 끝난 직후 '국민 통합을 위해 힘쓰겠다'는 말을 많이 한다. 그것은 선거는 끝났고 자신이 당선되었으니, 원활하게 직무 수행을 할 수 있도록 지지자는 물론이고, 자신을 반대했던 사람들도 협조해 달라는 말에 다름 아니다.

정치 혐오는 한번 생겨나면 확대 재생산되는 경향이 있다. 정치에 대한 무관심이 심해지면, 정치인들은 국민의 눈치를 보지 않고 제멋대로 부정과 비리를 저지르게 된다. 정치가 더욱 무책임해지는 것이다. 그러면 언론은 그런 부정과 비리를 근거로 다시 정치 혐오를 부추긴다. 그 결과 정치 혐오가 더욱 기승을 부리게 된다. 악순환이다.

정치 혐오가 심해지면, 그러한 심리를 역이용하려는 정치인들이 많아진다. 정책 대결보다는 상대 후보(정당)에 대한 혐오를 부추겨 반사이익을 얻으려 한다. 이것은 특히 부정과 비리로부터 자유롭지 못한 정당이나 정치인일수록 유효한 전략이 된다. '어차피 정치는 부패한 것'이라는 명제 속에서 개인적 이해관계나 경제적 유불리에 따른 선택을 하도록 유도하는 전략을 구사한다.

앞서 말했듯이 정치는 타협을 지향한다. 그런데 혐오를 이용한 정치는 정치 그 자체를 없앤다. 정치인의 혐오 발언은 상대방의 인격을 침해하고 그 지지자들의 분노를 불러일으킴으로써 정치적 타협의 가능성을 없앤다. 타협은 토론과 설득을 통해서만 가능한데, 혐오의 정치는 그것을 포기한다. 혐오의 정치는 말하자면 '정치 없는 정치'다. 이는 타협이 아니라, 내부의 결속과 폭력을 통한 상대 진영의 무화無化를 목적으로 한다.

정치 혐오는 왜 보수에게 유리할까?

정치 혐오는 외형상 특정한 세력의 편을 드는 게 아니다. 이는 정치권 전체를 공격하는 형식을 취한다. 그래서 공정하고 사심 없는 비난처럼 보인다. 그러나 정치 혐오는 보수 기득권 세력에게 훨씬 많은 이득을 가져다준다. 왜 그럴까? 사람들이 정치 혐오에 휩쓸릴수록 기존의 정치판은 변화 없이 그대로 유지되기 때문이다. 그것은 기존의 질서를 경화硬化시킨다.

정치 혐오가 왜 보수 기득권 세력에게 유리한지를 알기 위해서는 우선 우리나라의 역사를 살펴봐야 한다. 주지하다시피, 우리나라는 해방 이후 친일 청산을 못했을 뿐 아니라, 친일파가 사회의 주류로 등극한 나라다. 친일파는 고스란히 분단 세력이 되었다.

일제 식민지로부터 해방이 되었음에도 친일파가 지배하는 것은 사실 명분이 없었다. 이런 명분 없는 지배를 위해 주류 세력은 '혐오'를 이용했다. 자신의 지배를 합리화할 수 없으니, 증오를 이용해 지배 동력을 얻고자 했다. 대표적인 증오의 대상이 전라도이고, 빨갱이였다. 그리고 또 하나가 정치였다.

모든 사회적 문제를 풀 수 있는 열쇠는 정치가 쥐고 있다. 그런 정치가 혐오의 대상이 되면 이미 많은 권력과 자신들에게 유리한 법과 제도를 갖추고 있는 기득권 세력에게 도움이 된다. 정치 혐오 속에서 사회는 교정될 기회를 갖지 못한다. 정치 혐오는 모든 정치권에 치명타를 가하는 것처럼 보이지만, 실은 진보·개혁 세력에게 치명상을 입힌다. 사회를 개혁하려는 진보·개혁 세력은 기득권에 안주하려는 수구·보수 세력보다 일반 시민의 관심과 호응이 더욱 절박할 수밖에 없다. 사회 개혁을 하려면 시민들의 정치적 지지와 확산이 필요한데, 시민들이 정치 자체를 외면하니 호소할 데가 없다.

정치 혐오는 진보·개혁 세력의 위기다. 정치 혐오가 심해지면, 진보·개혁 세력의 지도력은 정당이나 단체 내부를 벗어나지 못하고 사회적으로 고립된다. 시민들의 무관심은 그렇지 않아도 인력과 자원 부족에 시달리는 진보·개혁 세력의 상황을 더욱 어렵게 만든다. 시민들의 무관심에 지친 활동가는 그만두는 경우도 많다. 그렇게 정치 혐오는 은밀하게, 그러나 확실히 진보·개혁 세력을 내파시킨다. 이것이 주류 언론, 특히 보수 언론이 끊임없이 정치 혐오를 조장하는 이유다.

흔히 언론은 정치권의 부정과 비리를 언급하며 정치 혐오를 조장한다. 그러나 그런 비판을 받아도 보수 세력에게는 별 타격이 없다. 압도적으로 많은 사회적 자원을 분배할 권한이 기득권 세력인 보수에게 쏠려 있기 때문이다. 여기서 자원 배분 권한이 정치권에만 있다고 생각해서는 안 된다. 자원 배분에 큰 역할을 하는 경제 권력자들도 대부분 보수 성향을 띠고 있다.

부정과 비리는 돈이 모이는 곳에서 발생하게 마련이다. 그런 만큼 보수 쪽에서 부정과 비리가 생길 확률과 규모가 진보·개혁 세력과는 비교가 안 되게 높다. 물론 진보 쪽에도 부정과 비리가 있을 수 있다. 그럴 경우 진보는 큰 정치적 타격을 입는다. 똑같은 부정과 비리를 저질러도 보수보다는 진보가 입는 타격이 훨씬 크다.

진보·개혁 세력에게 도덕성은 생명과도 같다. 그래서 작은 도덕적 흠결에도 '위선자'라는 말을 듣기 십상이다. 사회적 진보·개혁을 추구할 때는 도덕, 정의, 상생, 공공 가치를 명분으로 삼기 때문이다. 진보·개혁 세력이 가진 물적 자원이 적기도 하지만, 이러한 성격 때문에 부정과 비리를 더욱 경계할 수밖에 없다. 그런데 정치 혐오는 이런 차이들을 무시한다. 그리고 정치권 전체를 매도한다.

'정치의 게임화'를 아시나요?

언론이 정치 혐오를 조장하는 또 다른 행태는 '정치의 게임화'다. 정치를 게임 중계하듯 한다는 말이다. 축구 경기를 예로 들어 보자.

우리가 축구 중계를 볼 때 해설위원과 아나운서는 선수 개개인의 캐릭터, 화려한 기술, 팀워크, 감독의 경기 운용 능력,

전략과 전술, 선수들과 감독의 관계, 훈련 방식, 상대 팀과의 역대 전적 등을 설명해 준다. 이러한 해설을 들으며 축구 경기를 보면 더 재미있게 느껴진다. 그러나 축구 중계가 우리 생활에 큰 영향을 미치는 것은 아니다. 경기는 경기일 뿐이다. 내가 응원하는 팀이 이기면 기분 좋겠지만, 진다고 해도 무슨 큰일이 나지는 않는다.

언론이 정치를 게임화하는 것도 비슷하다. 언론은 정치인에 대해 보도할 때 여러 가지를 알려 준다. 특정 정치인의 적절한 타이밍에 발언하는 능력, 사람과 언론을 다루는 기술, 개인 고유의 캐릭터, 조직을 이끄는 리더십, 꼼수 부리는 능력, 남의 성과를 내 것으로 가로채는 능력, 정치적 타협의 기술, 하마평下馬評, 세간의 평가, 선거 치르는 기술, 사소한 실수 등이 그것이다. 이런 이야기를 들으면 정치(인)에 대해 잡다한 지식이 쌓이는 느낌이 들기는 한다. 그러나 엄밀하게 말하면 이는 '가십'이다.

이는 우리가 연예인에 대해 잡다한 정보를 아는 것과 다르지 않다. 우리는 연예인에 대해 별것을 다 안다. 그의 고향이 어디이고, 어느 학교를 졸업했고, 과거 누구와 연애를 했고, 누구와 결혼했다가 이혼했고, 다른 어떤 연예인과 친하며, 개인적으로 어떤 사업을 따로 하고 있는지, 과거 사업이 망해서 어느 정도 규모의 빚이 있는지, 어떤 병에 걸렸었는지, 처자식이 누구인지 등등을 말이다. 알고 싶어서 아는 게 아니다. 그냥 텔레비전을 보다 보면, 혹은 인터넷에서 연예인 관련 기사만 봐도 다 알게 된다. 이런 정보와 앞서 말한 게임화된 정치 보도가 다른 점은 무엇인가. 별로 없다.

　게임화된 정치 보도는 예전에도 많았다. 예를 들어 3김(김영삼, 김대중, 김종필) 시대의 정치 기사들을 보면, 3김과 그들을 따르는 정치인의 관계가 마치 보스와 조직폭력배의 관계를 연상되게 쓰는 경우가 많았다. 김영삼은 '시대의 풍운아', 김종필은 '영원한 2인자' 처럼 무협지에나 나올 법한 레토릭으로 소개되었다.

　지금도 레토릭만 달라졌을 뿐, 이런 식의 보도는 흔하다. 특정 정치인이 위기 국면에서 어떤 영악한 기술을 써서 정치적 위기에서 벗어났다든지, 다른 당 원내 대표와의 회담에서 어떤 카드를 써서 자신이 원하는 것을 얻는 데 성공했다든지 하는 식의 보도 말이다. 이런 보도에는 '윤리적인 진지함'이 없다. 마치 한 편의 재미있는 텔레비전 드라마를 다루듯, 그 스펙터클에 대해 말할 뿐이다.

　아이히만^{Karl Adolf Eichmann}이라는 사람이 있다. 600만 명의 유대인을 죽이는 데 핵심적인 역할을 한 나치 전범이다. 제2차 세계대전이 끝나고 15년이 지난 후 아르헨티나 부에노스아이레스에서 검거된 그는 예루살렘에서 전범 재판을 받고 사형당했다. 그런 그가 히틀러를 존경한 이유가 뭔지 아는가. '하사에서 시작해 제국의 총통에 올랐다'는 점이 그 이유였다. 그는 히틀러의 정책과 철학, 인품 같은 것이 아니라, 히틀러의 성공담에 감탄했다. 이를 남의 일이라고 할 수 있을까. 이런 사람들은 지금 우리 주변에서 얼마든지 찾아볼 수 있다.

우리는 텔레비전 드라마나 스포츠 중계의 경우 그것이 끝남과 동시에 현실이 시작된다는 사실을 잘 알고 있다. 그러나 정치는 다르다. 정치는 그 자체로 우리의 현실을 구성한다. 국회의원들이 통과시키는 법은 우리 삶을 규정짓는 틀이고, 그들의 언행은 지배적인 문화가 되어 우리 의식에 영향을 준다. 그런데 언론이 게임화된 방식으로 기사를 쓰면, 정치와 현실과의 관계는 온데간데없이 사라진다. 시민들도 자신이 그 내용과 무관한 제3자나 된 듯한 태도로 기사를 읽는다.

이것은 은근하면서도 간교한 방식의 '정치 혐오'다. '정치의 게임화'가 큰 힘을 발휘하는 이유는 그 때문이다. 노골적인 정치 혐오라면 그렇게 큰 힘을 발휘하지 못한다. 은근하고 간교하기 때문에 오히려 압도적인 위력을 발휘한다. 그러면 생각해 보자. 정치 보도는 실제 드라마나 스포츠 중계만큼 재미있을 수 있는가. 물론 그렇게 느끼는 사람도 있을 수 있다. 그러나 일반적으로는 반대일 것이다. 이런 사람들은 정치 관련 뉴스나 보도를 굳이 보지 않을 것이다.

정치는 현실이다. 현실을 구성하고 있는 것들 중 정치의 영향이 미치지 않은 것은 없다. 정치에 관심이 없다는 것은 자신을 둘러싼 현실과 현실적 조건이 아무래도 좋다는 의미나 다름없다. 정치 혐오의 증가로 무책임해진 정치, 그로 인한 피해는 고스란히 국민에게 돌아올 수밖에 없다.

3

이슬람
혐오

세계의 무수한 갈등과 만행은 선택이 불가능한
독보적인 정체성이라는 환영을 통해 유지된다.
— 인도 출신의 경제학자 아마르티아 센

서구권 미디어들은 기본적으로 이렇게 말한다. '유럽 사람들이 사는 방식이 가장 좋은 거야. 무슬림 국가에서 이슬람 방식으로 사는 건 멍청한 일이야.' 한국 언론은 서구의 미디어로부터 영향을 받는다. … '이슬람은 여성 차별적이다.' 왜 여성이 그런 방식으로 입게 되었는지는 묻지 않는다. 여성뿐만 아니라 무슬림 남성도 특정한 방식으로 옷을 입어야 한다는 건 모른다. 나는 태어나서 단 한 번도 무릎 위로 올라가는 옷을 입어 본 적이 없다. … 결국 미디어를 통해 이슬람에 대한 전체 그림 대신 일부만 보는 것이다. 이건 마치 '한국인은 개고기를 먹는다'라는 뉴스 하나만을 반복해서 보는 것과 같다.

— 「미디어 속 무슬림은 아주 일부분일 뿐」에서 [10]

프랑스에서 무슬림 테러가 많아진 이유

아마 '이슬람' 하면, 많은 사람이 가장 먼저 떠올리는 것이 '테러'일 것이다. 이런 인식이 생기게 된 원인은 일단 언론에서 찾을 수 있다. 물론 언론이 없는 테러를 있다고 보도한 것은 아니다. 그러나 인종적 편견에 기초한 보도가 이러한 인식을 부추긴 것은 사실이다.

김동문 목사는 이집트, 요르단 등지에서 14년을 살았고, 그 외에 이스라엘과 팔레스타인, 시리아, 레바논, 이라크, 예멘, 아랍에미리트 등 아랍 세계를 오가며 30년이 넘는 세월을 보냈다. 주지하다시피 기독교와 이슬람은 현재 적대 관계에 있다. 그는 심지어 보수 교단의 목사다. 그가 쓴 『우리는 왜 이슬람을 혐오할까?』라는 책이 있다. 이 책에서 그는 '테러가 먼저인가, (이슬람) 포비아가 먼저인가?'를 물었다. 그리고 "테러를 정당화하자는 말은 결코 아니지만, 테러 때문에 포비아가 생겼다는 것은 지나친 편견"이라고 말했다.

그의 주장은 이렇다. 비무슬림의 테러 사건은 그냥 테러지만, 어떤 무슬림이 총기 난사 사건에 연루되면 곧장 이슬람의 유럽 공격 같은 '종교적 테러'로 취급된다는 것이다. 비무슬림이나 다른 종교인이 심지어 자신의 종교적 가치관에 의해 사건을 일으켜도, 서구 언론은 이를 '일반' 총기 난사 사건으로 분류한다. 명백한 인종차별이다.

그는 9·11 테러가 이슬람포비아Islam phobia의 근거를 제공했다는 것도 절반의 진실일 뿐이라고 말한다. 9·11 테러 이후 무슬림을 대상으로 한 인종 혐오 범죄가 눈에 띄게 증가하기는 했지만, 이전에도 그런 범죄는 적지 않았기 때문이다.

언론과 함께 '이슬람 = 테러' 이미지를 부추긴 주체는 정부다. 이를테면 미국의 트럼프 대통령은 취임 후, 테러리스트의 미국 내 진입을 차단하겠다며 이라크, 이란, 소말리아, 수단, 시리아, 리비아, 예멘 7개 이슬람 국가 국민의 미국 내 입국을 금지하는 행정명령을 내렸다. 이런 조치는 무슬림 전체를 잠재적 테러리스트로 규정한 것이나 다름없다. 테러 같은 문제에 있어서 정부가 어떤 태도를 취하느냐는 사람들의 인식에 심대한 영향을 준다. 트럼프가 내린 행정명령은 안 그래도 심한 인종차별이라는 불에 기름을 부은 것과 같았다.

2001년 9·11 테러 이후 서구 사회는 테러가 있을 때마다 이슬람에 대한 공격이 강화해 왔다. 그러나 이는 황당한 책임 전가다. 이라크-샴 이슬람국가ISIS, Islamic State of Iraq and al-Sham와 같은 이슬람 극단주의가 성장하고 테러가 늘어난 데는 미국과 서방 국가들이 수백만 명을 학살하며 벌인 아랍·이스라엘 분쟁(1948년 이스라엘이 건국되면서, 아랍 여러 나라와 이스라엘 사이에 4차례의 중동전쟁이 벌어졌다)에 상당한 책임이 있다. 오히려 무슬림들은 서방이 이슬람을 악마화하며 전쟁을 벌인 것 때문에 피해를 받아 온 집단이다.

서방 국가의 지도자들은 '이슬람 이주민 때문에 테러가 성장했다'고 주장한다. 그러나 이 역시 '테러가 먼저인가, 혐오가 먼저인가'를 물어야 한다. 실제로 테러는 외부 침입자가 아닌 내부 이민자에 의해 발생하는 경우가 많다. 따라서 국내의 차별과 혐오 때문에 좌절과 분노가 누적된 결과인 경우가 적지 않다.

유럽에서 가장 자주 테러가 발생하는 프랑스의 예를 보자. (프랑스는 2015년 1월부터 2016년 6월까지 1년 6개월의 기간 동안에만 샤를리·파리·니스 등에서 무려 12차례의 테러가 발생했다.) 프랑스는 과거 북아프리카와 중동의 여러 이슬람 국가를 식민 지배했고, 수십만 명의 노동자를 본토로 데려와 산업화에 동원했다. 이들은 식민 지배가 끝난 후 고국으로 돌아가는 대신 프랑스에 뿌리를 내리고 자녀를 낳았다. 그러니까 식민지 지배가 프랑스 내 무슬림이 많아진 이유다.

이주자 2~3세가 늘어나자 프랑스에서는 거대한 이슬람 공동체가 만들어졌고, 무슬림이 전체 인구의 8% 가까이에 이르게 되었다. 하지만 이들은 온갖 사회적 차별과 부당 대우를 받으며 프랑스 주류 사회로 들어가지 못했다. 프랑스에서 활동했던 전직 미국 중앙정보국[CIA] 요원은 CNN 인터뷰에서 이렇게 말했다. "프랑스 사회에서 소외된 이슬람 공동체는 불만이 크다. 이주자의 자녀들은 프랑스에서 태어났지만, 자신들이 프랑스인이라고 생각하지 않는다."[11]

무슬림들은 자의 반 타의 반으로 모여 살고, 그들끼리 교류한다. 자신들만의 세상에 갇힌 무슬림 젊은이들은 이슬람 정체성에 기댈 수밖에 없다. 아랍인들이 유럽에 동화되지 못한 무슬림으로 남게 된 데는 프랑스인들의 역할이 적지 않았다는 말이다. 거기에 신자유주의로 인한 살인적인 실업률을 이주자의 탓으로 돌린 극우 세력의 반이민 정서가 확산되면서 갈등은 극에 달했다. 프랑스에서 테러가 많이 일어나는 이유가 여기에 있다.

이슬람교가 여성에게 억압적이라고?

이슬람 혐오의 또 하나의 주된 이유는 여성에 대한 억압이다. 이것은 사실일까? 우선 예멘 기자 출신으로 2018년 제주도로 온 이스맘 씨(가명)의 이야기를 들어 보자. "여성들에게 억압적이라고? 절대 아니다. … 단지 집안의 문화와 제도 등에 따라 다르다. 여성들은 밖에서 커피를 마시고 무슨 일이든 한다. 클럽을 갈 수도 있고, 운전할 수도 있다. … 이는 그 집안의 문제이지 이슬람 문화의 문제가 아니다. 여기 한국도 집안마다 문화가 있지 않은가. 종교의 문제가 아니라 집안의 문제다. … (이슬람권에도) 여성을 위한 많은 단체가 활동하고 있다. 2011년에는 예멘 출신 여성 타우와쿨 카르만이 인권과 민주주의 신장을 위한 공로로 노벨평화상을 받기도 했다."[12]

그의 말은 집안의 문화에 따라 다르다는 말이다. 우리나라에도 딸의 통금 시간을 저녁 10시로 정해 놓은 보수적인 집안이 있는가 하면, 그렇지 않은 집안이 있듯이 말이다. 물론 이런 말을 곧이곧대로 믿을 수는 없다. 그래도 분명한 사실은 있다.

이슬람 사회에서도 많은 변화가 빠르게 일어나고 있다는 점이다. 한국에서 젠더 이슈가 연일 뜨겁고 새롭게 떠오르듯이, 그 지역에서도 젊은 세대를 중심으로 기존 젠더 규범과 질서에 저항하는 목소리와 실천이 확대되고 있다. 여성뿐 아니라 헌법에 적힌 히잡 착용 의무(이란)나 여성 할례 전통(이라크)을 반대하고, 여성의 운전할 권리(사우디아라비아)를 위해 함께 싸우는 남성들도 적지 않다.

이슬람 사회를 하나의 균질한 사회, 단일화된 사회로 바라보면 곤란하다. 이 사회도 우리 사회와 마찬가지로 갈등하고 변화하고 성장한다. 혹시 이렇게 생각할 수도 있다. 이슬람 경전인 쿠란에는 아예 여성 차별적 구절들이 적혀 있지 않느냐고 말이다. 이는 맞는 이야기다. 예를 들어 쿠란 4장 34절에는 이렇게 적혀 있다. "신이 부여한 특권에 따라 남자는 여자에 대한 권위를 가진다. 여자의 부정행위가 의심될 때는 훈계하라. 여자를 가두고 매질을 하라." 쿠란은 부정행위에 대한 의심이 조금이라도 들면 남편이 아내를 때릴 수 있도록 허용하고 있다. 또한 여성에게 혼전 순결을 강요하며, 생리 중인 여성은 '불결하다'는 취급을 받는다. 남편은 아내에게 일방적으로 이혼을 요구할 권리가 있으며, 남자의 법정 증언은 여자의 증언보다 가치가 두 배 더 높고, 상속 문제에 있어서도 아들이 딸보다 두 배 더 많은 재산을 물려받도록 되어 있다.

그러나 쿠란에는 그런 내용만 있는 것이 아니다. 쿠란은 신과의 관계에 있어서 남녀가 평등하다고 강조하고 있다. 모든 인간은 각자의 행동에 따라 동등한 판결을 받는다. 쿠란 33장 35절의 "무슬림 남자와 무슬림 여자는, 남신도와 여신도는 … 신께 많은 기도를 드리는 남자와 여자는"이라는 구절에서도 종교상 남녀가 평등하다는 점이 강조되고 있다. 또한 쿠란에는 가혹함을 누그러뜨리고, 사랑과 관대함을 권유하며, 남편에게 아내를 잘 돌보라고 요구하는 구절들이 있다. 무함마드의 언행록 하디스Hadith에는 아내를 때릴 수 있다는 것과 정반대되는 이런 내용도 있다. "밤에는 아내와 부부관계를 맺을 터인데 어찌 너희가 노예를 때리듯 아내를 때릴 수 있단 말인가?"

경전이나 문화를 따지면, 다른 종교도 여성에게 억압적이기는 마찬가지다. 유대교의 탈무드에는 "여자에게 토라(모세 5경)를 맡기느니 차라리 태워 버리는 게 낫다"며, 여성을 가볍고, 수다스럽고, 게으르고, 질투가 많은 존재로 그린다. 전통 유대교인들은 여전히 "주님, 저를 여자로 태어나지 않게 하심을 감사드립니다."라는 아침기도를 한다. 유대교는 여성의 성무 집행을 금지하고, 여성에게 예배 의식에서 발언할 권리를 주지 않는다.

가톨릭교는 이보다 나을까? 예외적인 경우를 제외하고 여성은 미사에서 설교를 할 수 없다. 여성은 여전히 사제·부사제 서품을 받을 수 없고, 대부분의 중요한 결정은 남자들이 내리도록 되어 있다. 성례에 참석할 신도들을 준비시키는 건 여신도의 몫이지만, 성례 자체를 집전하는 이들은 남사제들이다. 개신교는 그 유명한 에베소서 5장 22절에 나오는 "아내들이여

자기 남편에게 복종하기를 주께 하듯 하라. 이는 남편이 아내의 머리 됨이 그리스도께서 교회의 머리 됨과 같음이니"라는 구절을 확대 해석해, 윤리적으로 기혼여성에게 순종의 의무가 있다는 논리를 만들어 냈다.

히잡, 억지로 벗기는 게 맞을까?

무슬림 여성들이 머리에 쓰는 히잡 문제도 논란의 핵심이다. 특히 유럽에서는 여성 억압적 문화라며 반감이 많다. 프랑스에서는 2004년 공립학교 교내에서 무슬림 여학생들의 히잡 착용을 금지하는 법이 제정된 데 이어, 2011년에는 모든 공공장소에서 무슬림 여성의 히잡 착용을 금지하는 법이 제정되기도 했다. 교내에서 히잡 착용을 금한 것은 교육과 종교가 분리되어야 한다는 세속주의 원칙 때문이었다. 그러나 엄밀히 말해 교육과 종교의 분리는 학교 교육의 커리큘럼에 적용되는 것이지, 학생 개개인이 특정 종교를 가지거나 표현하면 안 된다는 의미가 아니다. 실제로 유대교 학생들이 큰 십자가를 드러내거나, 키파(유대인들이 쓰는 모자)를 착용한 것은 그동안 문제가 되지 않았다. 그런 점에서 히잡 금지는 무슬림 차별이다.

히잡을 단순히 여성 차별의 상징으로만 보는 것도 문제가 있다. 프랑스 지배자들이 알제리를 식민 지배했을 때 전통 복장의 착용을 금지하자, 알제리 여성들은 제국주의에 대한 항의의 의미로 히잡을 착용하기도 했다. 프랑스 제국주의에 맞서 무슬림의 정체성을 강조하기 위해 히잡을 이용한 것이다.

우리는 히잡을 흔히 종교적 전통이라 생각한다. 그러나 히잡은 지역의 오래된 문화에 가깝다. 이는 이슬람만의 전유물도 아니다. 이슬람 지역인 중동은 물론이고, 이슬람 지역이 아닌 중앙아시아의 전통 복장에도 여성의 머리덮개는 흔하다. 꼭 이를 히잡이라 부르지는 않더라도, 여성들이 머리카락을 드러내는 것을 금기시하는 보수적인 지역 문화가 존재하는 곳은 많다.

우리는 히잡이 이슬람 국가에서 여성에게 '강요되고' 있다고 믿곤 한다. 물론 사우디아라비아처럼 실제로 그런 나라도 있다. 사우디아라비아는 무슬림 여성이 얼굴을 드러낼 경우 법으로 제재를 가하기도 한다. 그러나 이슬람 국가라고 해서 다 그런 것은 아니다. 반대의 움직임이 있는 나라도 있다. 이를테면 튀니지 정부는 1990년대 초부터 공공장소에서 눈만 내놓고 얼굴을 가리는 '니깝' 착용을 금해 왔다. 이집트 정부도 니깝을 착용한 여성 앵커의 텔레비전 방송 출연을 금지하기도 했다.

2015년 미국의 여론조사 기관 퓨리서치센터의 연구 결과에 따르면, 여성들이 자유롭게 옷차림을 결정해야 한다는 것에 동의하는 비율이 튀니지 56%, 터키 52%, 레바논이 49%에 이른다고 한다. 이미 절반 안팎의 인구가 여성의 자유로운 옷차림을 지지하고 있는 것이다. 아마 이 비율은 점점 높아질 것이다. 이슬람 사회도 세계로부터 고립된 섬이 아니기 때문이다.

히잡 문제를 정리하면 이렇다. 만약 아랍 국가에서 자국의 여성들에게 법으로 히잡 착용을 강제한다면 거기에 저항하는 게 맞다. 그러나 서방에서 자국 내의 무슬림 여성들에게 법으로 히잡을 벗으라고 강제한다면, 이는 억압으로 보아야 한다. 더구나 이와 관련해서는 우리가 잊지 말아야 할 서구의 원죄가 있다. 서구 제국주의 국가들이 '후진적' 문화를 계몽시켜야 한다는 명분을 내세워 약소국에 대한 침략을 정당화해 온 역사 말이다. 설사 어느 정도 히잡 문화에 여성 억압적 요소가 있다 해도, 이를 물리력을 동원해 벗기려는 것은 오히려 반감을 키워 문제 해결을 어렵게 만들 뿐이다.

히잡은 억지로 벗기는 것이 아니라, 여성 스스로의 선택에 의해 자유롭게 착용 여부가 결정되어야 한다. 그러기 위해서는 우선 이슬람 문화에 대한 타문화권의 차별과 억압이 없어져야 한다. 그래야 히잡이 저항의 상징이 되지 않는다. 2009년 시리아에서 한국으로 건너온 압둘 와합 헬프시리아 사무국장은 이렇게 말했다. "저는 시리아에서 태어난 100% 시리아 사람인데도 한국 사회의 문화나 이런 것을 많이 받아들였다. 한국에서 인생의 3분의 1 이상을 살았기 때문이다. 사람들이랑 인사할 때나 악수할 때나 완전히 한국식이 돼 버려서 오히려 아랍권 사람들이 이상하게 느낄 정도다."

대부분의 이주민들은 현지 사회의 문화를 최대한 받아들여 잘 정착하고 싶어 하지, 섬처럼 고립되고 싶어 하지 않는다. 왜 그렇지 않겠는가. 어차피 이주민으로 살아야 한다면, 현지 문화에 적응하지 않을 수 없다. 무슬림 이주민들도 현재 자신이 사는 나라가 아랍이 아니라는 사실을 잘 알고 있다.

북유럽에 극우가 창궐하는 이유

2011년 7월 22일 노르웨이의 수도 오슬로의 정부 청사에서 폭탄 테러가 발생했다. 이 테러로 정부 청사 총리실 건물이 크게 파손되었고 8명이 사망했다. 얼마 후 오슬로 북서쪽 30km에 위치한 우퇴위아섬에서 총기 난사 테러가 발생했다. 그 섬에서는 노르웨이의 집권 여당인 노동당 청년 캠프 행사가 열리고 있었는데, 이 총기 난사로 68명이 사망했다. 범인은 안데르스 베링 브레이비크^{Anders Behring Breivik}라는 청년이었다.

우리나라 사람들은 복지가 잘되어 있는 노르웨이를 살기 좋은 나라라며 부러워한다. 그런 까닭에 노르웨이 청년이 왜 연쇄 테러를 벌였는지 잘 이해하지 못하는 경우가 많다. 과연 브레이비크는 무엇이 불만이어서 끔찍한 대량 학살극을 벌인 것일까? 브레이비크는 극우주의자였다. 그가 노동당 청년 캠프를 테러의 대상으로 삼은 것은 노동당이 무슬림 이민자들에게 호의적인 정책을 편다고 봤기 때문이다. 그러니까 이 테러는 한마디로 '반이슬람 테러'였다. 죽은 사람들은 주로 청년 캠프에 참여한 노르웨이 청년들이었지만, 테러의 의도는 그랬다.

극우의 팽창이 비단 노르웨이만의 일일까? 그렇지 않다. 이것은 유럽의 전반적인 현상이다. 2018년 총선에서는 극우 정당인 스웨덴민주당^{SD}이 제3당으로 약진했다. 독일에서는 AfD(독일을 위한 대안)가 2017년 총선에서 제3당으로 우뚝 올라섰는데, 양대 정당인 기민·기사 연합과 사민당 바로 다음이었다. 프랑스에서는 2017년 대선에서 국민전선(2018년 국민연합으로 당명 변경)의 마린 르 펜Marine Le Pen이 결선 투표까지 올라갔다. 덴마크에서도 덴마크인민당이 2015년 총선에서 제2당으로 약진했다. 그 밖에 오스트리아, 핀란드, 네덜란드에서도 우파 포퓰리즘은 상승세다. 영국의 브렉시트Brexit(영국의 유럽연합 탈퇴)를 주도했던 영국독립당도 유사한 계열이다.

극우 포퓰리즘 정당의 기치는 무엇일까? 한마디로 말하면 '반이슬람', '반이민'이다. 특히 무슬림 이민자에 관한 혐오가 공통적이다. 반이슬람, 반이민이야 예로부터 극우의 영역이었으니 새삼스러울 것은 없다. 주목할 만한 점은 극우가 활개 치는 유럽 국가들이 경제가 어려운 국가들이 아니라는 점이다. 이런 현상은 경제가 어려울 때 극우가 번성한다는 기존의 통념에서 벗어난다. 이상한 점은 또 있다. 유럽의 극우 정당들이 복지를 추구한다는 점이다. 말로만 그러는 게 아니라, 실제로 복지 공약을 내걸고 추진한다.

'복지 = 경제적 분배 = 빨갱이'라는 도식이 당연하고, 그래서 극우 정당이 복지 정책을 추구하는 것을 상상할 수 없는 우리나라 사람들에게는 도무지 이해가 안 되는 현상이다. 복지는 예로부터 좌파의 가치였고, 이는 우리나라나 유럽이나 마찬가지다. 그런데 복지를 유럽의 극우 정당이 자신의 것으로 만들고 있다. 이 상황을 어떻게 해석해야 할까?

주지하다시피 북유럽은 복지국가다. 그런데 신자유주의의 물결은 북유럽의 이런 복지 시스템도 위협한다. 복지 시스템은 북유럽 중산층의 버팀목이다. '복지 시스템 붕괴', 이에 대해 북유럽 중산층들은 매우 큰 두려움을 갖고 있다. 복지 체계를 위협하는 또 다른 요소는 이민자들이다. (물론 이민자의 증가도 신자유주의 산물이다.) 국가가 이민자들을 대거 받아들이면, 그들도 복지 시스템의 수혜자가 된다. 이는 '무임승차'다. 이런 생각에서 많은 북유럽 사람이 반이민, 반이슬람을 지지하게 된다.

극우 정당들은 이러한 민심의 흐름을 기민하게 읽어 냈다. 애초 시장 자유주의를 내세웠던 극우 정당들도 사회복지 노선으로 선회했다. 극우 정당들이 전혀 어울릴 것 같지 않은 '반이민'과 '복지'를 조합하게 된 이유다. 극우 정당이 핵심 동력으로 삼는 것은 언제나 '공포'다. 역사적으로 늘 그랬다. 지금은 언제든지 빈민으로 떨어질 수 있다는 두려움 때문에 극우 정당이 내세운 복지 노선이 지지를 받는다. 북유럽은 아직 경기 침체의 영향이 강하지 않은데도, 경제적 공포 때문에 극우가 번성하는 것이다.

그 공포는 일자리 때문이 아니다. 물론 이민자에게 일자리를 빼앗길까 두려워하는 사람도 있겠지만, 대부분의 사람들이 걱정하는 것은 관대한 복지 체계에 이민자들이 무임승차하는 것이다. 그러면 복지 재정이 부실해지고, 이는 곧 복지 시스템 붕괴를 초래할 것이라고 믿는다. 복지 시스템이 잘 갖춰진 북유럽이라고 해서 고령화사회로부터 자유로운 것이 아니다. 고령화사회는 지금보다 더 많은 복지 재정을 필요로 한다. 그런 상황에서 이민자들이 몰려온다고 하니, 사람들이 걱정하는 것이다. 주지하다시피 신자유주의는 극우 이데올로기다. 그런데 그 신자유주의의 물결로부터 자신을 방어하기 위해 극우를 지지하는 역설이 발생한다.

또 하나의 문제가 있다. 바로 인종주의다. 유럽인들도 인종주의가 나쁘다는 사실을 안다. 이는 하나의 상식이다. (유럽은 제2차 세계대전을 통해 반유대주의의 홍역을 치르지 않았던가.) 그럼에도 불구하고 극우를 지지하는 이유는 이민자를 내보내라는 외침이 인종주의가 아니라 무임승차자를 단죄하는 정의로운 분노라고 믿기 때문이다. 정의로운 명분을 스스로 확신하는 유권자는 인종주의자라는 비판에 무뎌진다. 이로부터 실제로는 인종차별을 하면서도 그 자신은 인종주의자가 아니라고 주장하는 모순이 발생한다.

가짜 뉴스의 진원지 '에스더'

우리나라에서 이슬람 혐오가 큰 이슈가 된 것은 예멘 난민이 제주도에 들어왔을 때였다. 이슬람 혐오는 2015년 11월 일어난 프랑스파리테러사건이 이슬람국가IS, Islam State의 소행으로 밝혀지면서, 전 세계는 물론 우리 사회에서도 점차 논란이 되기 시작했다. 그러다 이슬람 국가인 예멘 사람들의 입국으로 우리 사회에서 난민 혐오와 이슬람 혐오가 함께 널리 확산된 것이다.

난민 문제가 불거지자, 많은 사람이 인터넷에서 예멘 난민 관련 정보를 구했다. 그리고 예멘 난민 이야기와 더불어 이슬람 혐오를 부추기는 정보들을 대거 접하게 된다. 주로 보수 개신교에서 나온 정보들이었다. 인터넷이나 유튜브에서 예멘 난민 관련 정보를 검색하면 그 정보들이 가장 먼저 떴기 때문이다. 인터넷을 통해 전달된 이슬람 혐오 정보들은 SNS나 오프라인에서 다시 퍼져 나갔다. 그렇게 이슬람 혐오가 우리 사회에 창궐했다.

이슬람 혐오자들은 자신이 그런 정보에 영향을 받지 않았다고 믿는 경우도 많다. 하지만 일반적인 사람들은 이슬람권 사람들을 만나거나 이야기를 나눌 기회가 거의 없다. 이슬람 문화에 대한 정보는 대개 인터넷을 통해 접할 뿐이다. 그런데 인터넷에 떠도는 정보가 대부분 보수 개신교에서 나온 것이라면, 일반 사람들은 이에 영향을 받을 수밖에 없다.

보수 개신교가 이슬람 혐오를 조장한 지는 오래됐다. 앞서 언급한 김동문 목사에 따르면 10여 년 전부터 그랬다. 김 목사가 대표적으로 꼽은 것이 2008년 《국민일보》와 사랑의교회가 공동 기획한 '이슬람이 오고 있다' 특별 연재 기획이다. 노승숙 당시 《국민일보》 회장은 사랑의교회 행사에서 "이슬람권이 우리나라를 정복하겠다는 프로젝트를 가지고 있다는 정보를 얻었다"는 발언을 했다. 김동문 목사는 이 근거 없는 괴담을 '이슬람 공포증' 확산 시도의 한 예로 봤다. 그 뒤로 할랄 인증을 받은 음식을 구입하면 그 수익금이 IS의 테러 자금으로 들어간다든지, 무슬림 인구가 한국 인구의 5%를 넘으면 한국이 이슬람화가 된다든지 하는 이슬람 괴담들이 10여 년 동안 꾸준히 만들어졌고, 이는 차곡차곡 쌓여 예멘 난민의 입국을 계기로 우리 사회에서 급속히 확산되었다.

'에스더기도운동'(이하 에스더)이라는 단체가 있다. 2007년 가천대 글로벌경제학과 교수 이용희가 만든 개신교 극우 운동 단체다. 예멘 난민 이슈가 첨예하던 2018년 《한겨레》가 가짜 뉴스가 유통되는 유튜브 채널 100여 개, 카카오톡 채팅방 50여 개를 전수 조사해 발표한 결과에 따르면, 바로 이 '에스더'가 이슬람 관련 가짜 뉴스의 주된 진원지였다. 에스더는 세상과 '영적 전쟁'을 벌일 '인터넷 사역자'를 모집해 조직적으로 가짜 뉴스를 유포했다.[13]

《한겨레》는 예멘 난민이 입국하기 1여 년 전쯤에, 이용희 대표가 에스더 홈페이지에 공지 사항으로 올려놓은 내용들이 쪼개져 카카오톡이나 유튜브 등에서 재생산이 되고 순환이 되는 일련의 과정을 확인했다. 또한 가짜 뉴스들을 유포한 유튜브 채널들과 거기에 등장하는 주요 인사들이 모두 직간접적으로 에스더와 연결되어 있음도 확인했다. 에스더 내부자들은 "인터넷 사역자와 미디어 선교사의 핵심 역할은 댓글을 달고 가짜 뉴스를 전파하는 것"이라며, "에스더는 창립 이래 지속적으로 청년을 모아 하나님의 뜻을 전하는 '댓글 부대'를 양성했고, 이용희 대표를 정점으로 한 기획실에서 가짜 뉴스를 만들었다"고 증언했다.

《한겨레》에 따르면, 2018년 9월 1~15일에만 최소 20개 이상의 유튜브 채널에서 137만 명 이상이 에스더와 주요 인물들이 만든 가짜 뉴스들을 시청한 것으로 조사됐다. 조사 대상에 포함되지 않은 채널까지 합치면 시청자는 이보다 훨씬 많을 것으로 추정된다.

에스더는 '밝은인터넷세상만들기 운동본부', '한국인터넷선교네트워크' 등 인터넷 유관단체를 설립하고, '풀타임 인터넷 전사'로 명명한 청년 수십 명에게 가짜 뉴스 배포 등 인터넷 여론 조성 작업을 시켰다. 인터넷 전사로 활동했던 한 에스더 관계자는 "'미디어 선교'라는 명목으로 성 소수자 혐오, 북한 관련 안보 위기 강조, 문재인·박원순 등 특정 정치인 관련 부정적 게시물을 인터넷에 올렸다. … 이용희 대표가 원톱이 되어 가짜 뉴스 글을 작성하면 '톱다운 방식'으로 필요한 부분을 발췌해 퍼 날랐다."라고 증언했다. 에스더의 주된 공격 타깃은 성 소수자, 이슬람, (그들이 보기에) 종북 인사에 맞춰져 있었다.

유포된 이슬람 관련 가짜 뉴스는 '스웨덴에서 발생한 성폭력의 92%가 이슬람 난민에 의한 것이고 피해 절반이 아동이다', '아프간 이민자의 성범죄율이 내국인보다 79배가 높다', '시리아 난민이 동물원에서 조랑말을 강간했다' 같은 것들이었다. 사람들이 이 같은 가짜 뉴스를 쉽게 믿은 것은 그럴듯한 출처를 댔기 때문이다.

에스더는 '스웨덴에서 발생한 성폭력의 92%가 이슬람 난민에 의한 것'이란 주장도 미국의 CBN 보도를 인용한 것이라고 주장했다. 사람들은 'CBN'이라는 출처만 보고, '미국의 공신력 있는 어느 방송에서 나온 내용인가 보다' 하고 믿었다. 그러나 CBN은 근본주의 종말론 성향이 짙은 개신교 사이트다. 종교적으로 편향된 내용들을 많이 다루기로 유명하다.

해당 내용은 믿을 만한 인물이나 기관에서 나온 것이 아니었다. 파트리크 요나손이라는 트럭 운송업자의 일방적 주장을 기사체로 쓴 것에 불과했다. (스웨덴 법무부 산하 범죄예방위원회는 공식 자료를 통해 이 내용이 근거 없는 주장임을 확인한 바 있다.) '아프간 이민자 성범죄율 79배'와 '조랑말 강간' 등을 다룬 기사의 출처 역시 언론이 아닌 미국판 '일베(일간베스트저장소)'라 할 수 있는 극우 혐오 사이트였다.[14]

그런데 가짜 뉴스 가운데는 기성 언론에 보도된 '진짜 사실'이 포함된 경우도 있다. 사람들이 가짜 뉴스를 믿은 또 다른 이유는 이 때문이다. 경우에 따라선 90%의 사실에 10%의 가짜 정보를 섞기도 한다. 이는 이상한 일이 아니다. 그럴듯하지 않다면 사람들을 믿게 만들 수 없기 때문이다. 그들은 인과관계를 허위로 만들어 내고 별개 사실들을 자의적으로 결합해 결론을 변형시킨다. 이 변형이 전체 내용을 거짓으로 만든다. 가짜 뉴스에 속지 않으려면 최소한 뉴스 출처의 성격 정도는 확인하는 노력이 필요하다.

한국에서 반공주의는 인종주의의 대체물,
즉 유사인종주의의 측면을 갖고 있다.
— 사회학자 김동춘

직장인 김 모(30) 씨에게는 쓴웃음 나오는 학창 시절 '추억'이 있다. 당시 고3 학생들은 재킷 앞섶을 풀고 다니면 규정에 어긋나는 옷차림이라며 벌점을 받았다. 공부하느라 체중이 불기 일쑤인 고3에겐 교복이 갑갑했다. 김 씨는 학교 인터넷 게시판에 복장 규제가 부당하다는 글을 올렸다. 다음 날 아침, 학년 주임 교사는 그를 보자마자 대뜸 "너 같은 애들 많이 봐서 아는데 그런 비뚤어진 생각으론 대학 가도 성공 못한다"며 역정을 냈다. "빨갱이"라는 단어도 들었다.
— 「'입시 지옥, 시험 만능' 교실 … 민주주의가 밥 먹여 주나요」에서 [15]

"'김일성 만세' 이것만 인정하면 되는데"

'빨갱이(공산주의자) 혐오'는 해방 후 지금까지 70년이 넘는 세월 동안 우리 사회를 지배해 온 대표적인 혐오다. 우리 사회에 이렇게 빨갱이 혐오가 만연했던 토대는 말할 것도 없이 '분단'이다. 빨갱이 혐오는 분단된 조국에 사는 우리에게 너무 익숙한 것이어서 새삼스레 다시 문제 삼을 게 있나 싶기도 하다. 그러나 익숙하다는 것은 그만큼 문제를 객관적으로 바라보기 어렵다는 말이기도 하다.

최근 빨갱이 혐오의 위력이 좀 완화된 것은 사실이다. 극우가 하도 오랫동안 우려먹은 까닭에 '색깔론'이라는 게 식상하고 낡은 것으로 인식되는 측면이 있다. 그러나 우리는 색깔론의 위협으로부터 자유롭지 않다. 법적으로도 여전히 국가보안법이 존속하고 있어 신변의 위협이 된다. 군사독재 시절처럼 고문을 당하거나 죽임을 당하지는 않지만, 지금도 빨갱이로 지목되면 언제라도 국가보안법 위반으로 구금당할 수 있다.

사람들은 흔히 이렇게 생각한다. '나만 결백하면, 즉 공산주의나 사회주의와 무관하면 되는 거 아닌가.' 이런 생각으로 빨갱이 혐오가 일부의 문제라고 여긴다. 그러나 빨갱이 혐오는 일부 사람들에게만 위협이 되는 게 아니다. 대한민국의 역사 내내 지속되어 온 만큼 광범위한 정치 사회적 자장을 형성하고 있으며, 그 영향은 넓고도 깊다.

돌아보면 4·19 혁명에서부터 2017년의 촛불 개혁까지 민주주의와 사회 진보를 향한 우리의 노력은 전 세계 어디에 내놔도 부끄럽지 않을 정도로 지속적이었고 뜨거웠다. 그로 인해 성과와 진전이 조금씩 이루어져 왔던 것도 사실이다. 그러나 냉정하게 보자면 노력과 희생에 비해 그 성취가 늘 미미했던 것도 부인하기 어렵다. 이유가 무엇일까?

신영복은 생전에 한 언론과의 인터뷰에서 이런 말을 한 적이 있다. "나를 가장 무거운 형벌에 처할 수 있는 게, 국가보안법 1조 2항인데, '반국가단체를 조직하고 그 지도적 임무에 종사했다'는 항목이에요. 내가 (북한) 노동당에 가입한 사람도 아니고, 학생 서클 운동을 지도한 것밖에 없는데, 거기에 가장 혐오스러운 이름을 붙이는 거예요. '간첩'이라는…. 조선 시대에도 노론 지배 권력이 정치를 딱 한 개 아이템으로 해요. '역, 모!' 역모라고 하면 상당히 비판적인 개혁 사림들도 잠잠해져요. 지금 우리에게 '종북'이 그런 거죠. 대단히 교조적인 사회의 연장선에서 대부분의 사람들은 '종북'이라고 하면 바로 조용해져요. 더 이상 논의가 진전이 안 돼요. … 그냥 한마디로 끝이에요. 더 이상의 논의를 완벽하게 차단하는 아주 마법 같은 정치 용어가 역모, 종북, 이런 거거든요."**16**

주지하다시피 신영복은 통일혁명당(통혁당) 사건으로 20년간 수감 생활을 한 사람이다. 그런 만큼 그의 말이 지닌 실존적 무게는 결코 가벼울 수 없다. 우리는 '종북', '빨갱이'라는 말이 모든 논의를 차단시킨다는 그의 말에 주목할 필요가 있다. 실제로 누군가가 나를 종북이나 빨갱이라고 공격한다면, 그 순간 나는 공론의 장에서 퇴출되는 효과가 생긴다. 굳이 종북이나 빨갱이라고 낙인찍지 않더라도, '그런 말은 빨갱이나 하는 것 아닙니까?'라고 반문하는 것만으로도 위축되고 자기 검열을 하게 된다.

한국 사회에서 빨갱이로 지목된다는 것은 정치 사회적 생명을 박탈당한다는 사실을 의미한다. 신영복의 말처럼 '그걸로 끝'이다. 생물학적으로 존재하긴 하지만, 아무런 정치 사회적 역할을 할 수 없는, 빈 껍데기만 남은 인간이 된다. 가까운 사람들도 혹시나 피해를 입을까 싶어 공포에 떨며 그를 멀리한다. 그 결과 빨갱이로 낙인찍힌 사람은 철저히 고립된다. 사회 전체로부터 추방되는 것이나 마찬가지다.

우리나라 민주주의가 더디게 발전하는 데도 빨갱이 혐오 탓이 크다. 민주주의라는 게 자유로운 소통과 토론을 통해 일정한 합의를 이루어 나가는 것인데, 빨갱이 혐오는 그 자체를 불가능하게 한다. 빨갱이라는 말을 듣는 순간, 입은 얼어붙고, 사고는 정지된다. 그 말을 듣는 순간, 사람들은 무엇이 옳고 그른지를 따지지 않고, 무엇이 진실이고 거짓인지를 판단하지 않는다. 심리학자 김태형에 따르면, 한 가지라도 금지나 억압이 있으면 전체적인 사고 기능에 문제가 생긴다. 예를 들어 '민족'이란 단어를 안 쓰고 통일에 대해서 발언하라고 하면 '민족'이란 단어를 안 쓰는 데 신경 쓰느라 제대로 사고할 수 없게 된다. 색깔론도 마찬가지다. 사고 억제는 필연적으로 사고 능력 저하를 낳는다. 그런데도 사람들이 이를 잘 못 느끼는 이유는 거기에 적응했기 때문이다. 한국인들은 색깔론과 관련해서는 억압의 명수들이다. 의식적 노력 없이, 불편하다는 자각도 없이 일상적으로 사고를 억압한다.[17]

김수영 시인은 1960년 「"김일성만세金日成萬歲"」라는 시를 썼다. "한국 언론 자유의 출발은 '김일성 만세'를 인정하는 데 있는데, 시인 '조지훈'은 이를 인정하지 않는 것이 한국 언론의 자유라 주장하고, 정치인 '장면'은 한국 정치의 자유라 주장한다"는 내용이다. 시의 제목은 '김일성 만세'지만, 김수영은 김일성을 찬양하기 위해 이 시를 쓴 게 아니다. 그 금기가 유발하는 광범위한 언론과 표현, 사상의 자유 실종을 지적하기 위해 썼다. 당시 이 시는 매체에 받아들여지지 않았다. 그리고 이 시가 2015년 경희대, 고려대 등 대학가 대자보에 등장했을 때도 대학 당국에 의해 즉시 수거되었다. 이런 걸 보면, 오랜 세월이 지났음에도 사상의 자유는 별로 나아진 것 같지 않다.

알고 보면 빨갱이 혐오와 무관한 게 없다

보수에게 빨갱이 혐오는 모든 정치적 문제들을 해결해 주는 만병통치약이었다. 보수는 이를 무기 삼아 정치적 라이벌·반대 세력·비판 세력을 무력화시키거나 제거해 왔다. 이승만은 1956년 3대 대통령 선거에서 높은 지지율을 얻으며 자신의 최대 정적으로 떠오른 조봉암(진보당 당수)을 간첩으로 몰아 죽였다. 김대중 전 대통령도 1970년대 초 '대중 경제론'과 '연방제 통일 방안'을 주장했다가 빨갱이로 몰려 몇십 년 동안 고초를 겪었다. 2002년 대선에서는 이회창이 장인의 빨치산 경력을 이유로 노무현을 '빨갱이'라고 공격했다.

빨갱이 혐오는 군사 쿠데타의 명분이기도 했다. 4·19 혁명 이후 박정희가 5·16 군사정변을 일으킨 명분은 '좌경 용공 세력이 국가를 위태롭게 한다'는 것이었다. 반유신 투쟁으로 '서울의 봄'이 도래하자, 전두환 역시 '친북 좌경 세력을 척결해야 한다'며 12·12 사태를 일으켰다. 그리고 1980년 5월 광주에서 민중이 들고일어나자 그 역시 '빨갱이들의 폭동'이라며 공수부대를 투입해 집단 학살을 저질렀다.

우리나라는 5·18 민주화운동을 비롯해 제주 4·3 사건, 대구 10월 사건, 국민보도연맹사건, 광주대단지사건, 사북사태, 각종 시국 사건과 간첩 조작 사건 등 국가 폭력 피해자들이 유독 많다. 한국 현대사가 국가 폭력의 역사로 점철되어 있다고 할 정도로 그렇다. 이렇게 국가 폭력이 많은 것도 빨갱이 혐오와 관련이 깊다.

국가권력이라는 건 국민의 생명과 안전을 지켜 줘야 할 최후의 보루다. 그런데 한국 현대사에서는 국가가 오히려 가해자가 되는 경우가 비일비재했다. 국가로부터 빨갱이로 지목된 사람은 모든 보호막이 거세된 존재, 인간으로서의 존엄성이 사라진 존재, 누구나 함부로 다루어도 좋은 '비인간'이 된다. 국가 폭력의 피해자들이 세계적으로 유례없이 잔혹한 폭력을 당한 이유는 그 때문이다. 특정인이나 특정 집단을 '빨갱이'로 매도

하는 것은 그런 잔혹한 폭력을 가능하게 만드는 전제다.

이를 잘 보여 주는 예가 있다. 1980년 5·18 민주화운동 당시 일어났던 신군부의 광주 학살이다. 광주 학살을 보면서 많은 사람이 의아해하는 것은 '아무리 권력 장악이 중요해도 그렇지, 그렇게까지 잔혹할 필요가 있었을까?' 하는 것이다. 시민들을 학살하지 않고도 권력 찬탈에 성공한 박정희의 5·16 군사 정변을 떠올려 보면, 그것이 '과잉폭력'이라는 점이 분명해진다. 이에 대해 결정적 힌트를 주는 문서가 2017년 공개된 적이 있다. 미국 국방정보국^{DIA}이 1980년 6월 11일에 생산한 2급 비밀문서다.

이 비밀문서는 광주 학살의 잔혹성이 "현 군부의 실세인 전두환, 노태우, 정호용이 모두 베트남전에서 실전 경험을 얻었기 때문"이라고 분석했다. 이 문건들을 입수해 폭로한 미국의 탐사 보도 기자 팀 셔록은 우리나라의 한 신문과의 인터뷰에서, "베트남전의 영향을 깊이 받은 이들에게 광주 시민은 적군, 베트남 빨갱이 같은 존재로 여겨졌을 것이다. 그들에게 광주 시민은 진짜 한국 국민이 아니었다"고 지적했다. 실제로 이 문서에는 "총리마저 당시 담화에서 광주 시민들에게 '한국민의 품으로 돌아오라'고 했다"는 대목도 나온다. 당시 신군부의 눈에 광주 시민들은 '국민'이 아니라 '베트콩'이었던 것이다.

사회적 약자를 통제하는 데도 빨갱이 혐오는 주효했다. 우리나라에서는 1970~1980년대까지 노조를 '빨갱이' 취급했다. 노동조합을 결성하고 이를 바탕으로 근대적 노동계약을 맺어

나가는 것은 노동자들의 당연한 권리다. 그런데도 노동조합은 반공 이데올로기에 짓눌려 제대로 노동자들 의식 속에 뿌리를 내리지 못했다. 노동자들의 정당한 경제적 분배요구는 빨갱이 짓으로 치부되어 반공법으로 처벌받곤 했다.

우리나라에서는 어떤 사회적 문제로 피해를 입은 사람이 당국에 억울함을 호소하거나 항변하기도 쉽지 않다. 그런 행위도 자칫 '반정부적 행위 = 빨갱이 짓'으로 매도될 수 있다. 분위기가 이렇다 보니 당국도 피해자들의 어떤 요구나 항변을 잘 들어 주지 않는다. 억울한 일을 당한 사람들의 구제가 좀처럼 이루어지지 않으며, 피해자만 고통에 시달리는 일이 비일비재하고, 그러다 자살하기도 한다.

우리나라의 복지가 부실한 것도 비슷한 이유다. 북유럽에서는 무상의료, 무상교육 등 국민적 지지가 높은 진보의 정책을 보수가 수용하고 타협했다. 이를 거부했다면 선거에서 참패하는 것은 물론, 정당의 존립 자체가 위태로웠을 것이다. 그 결과 북유럽은 복지 국가가 되었다. 그러나 한국의 보수는 색깔론을 펼침으로써 복지에 대한 국민적 요구를 무마시켰다. 약자를 위한 정책을 펴면 빨갱이라고 공격받을 위험이 있는 상황에서 정치인들 역시 복지 문제에 소극적이었다.

엄밀하게 말하면, 자본주의의 복지 제도는 빨갱이에게서 나왔다. 복지는 사민주의의 절대적인 영향을 받았는데, 공산당이 출현하기 전까지 '사회민주주의'는 사회주의 정당과 이념을 지칭하는 대표적인 용어였다. '사민주의의 아버지'라 불리는 베른슈타인Eduard Bernstein 역시 본래 마르크스주의자였다. 사회주의와 한 몸이었던 사민주의는 제2차 세계대전 이후 마르크스-레닌주의와 결별하고 자본주의와 타협했다. 그리고 복지를 추진함으로써 사회주의와 경쟁했다. 결국 생산수단을 국유화하는 대신 인민의 모든 복리 후생을 책임지는 사회주의는 자본주의 복지 제도의 진정한 원동력이었다.

사실 자본주의는 한 번도 인간적 가치를 위한 경제계획을 추구했던 적이 없다. 자본주의 복지 제도의 진정한 목표는 공산화를 막아내는 것이었다. 1989년 소련과 동구권이 몰락한 이후 서구 자본주의 국가들이 일제히 복지 국가를 해체한 것은 그 때문이었다. 그러면 북한과 대치 중인 남한에서 복지가 발달하지 않은 이유는 무엇일까? 이는 경제력 차이 때문이었다. 특히 1991년 소련과 동구권이 몰락한 이후 북한 경제는 내리막길을 거듭한 반면, 남한은 베트남전쟁(1960~1975) 때부터 미국의 '바이 코리아 정책'에 힘입어 승승장구했다. 북한과 비교가 안 될 만큼 경제적 격차를 벌린 남한은 체제 경쟁을 벌여야 할 이유가 없었다.

이승만이 반공을 국시로 삼은 진짜 이유

이승만은 남한 단독정부 수립 직후, 반공을 국시로 삼았다. 이승만이 반공을 국시로 내세운 의도는 크게 세 가지였다. 첫째는 친일 청산을 저지하기 위해서였고, 둘째는 자기 세력

외에는 모두 척결하기 위해서였다. 그리고 셋째는 친일파의 지배를 정당화하기 위해서였다. 반공을 국시로 내세운 저의가 이 세 가지에 있다는 사실은 역사가 증명한다.

1948년 8월 15일 남한 단독정부가 수립된 직후, 최대 이슈 중 하나는 친일 청산이었다. 정부 수립 직후부터 친일과 반일이 격돌했다. 우여곡절 끝에 1948년 10월 12일 국회에 반민족행위특별조사위원회(이하 반민특위)가 설치되고, 친일 청산 활동이 시작되었다. 당연히 보수 세력은 이에 저항했다. 보수 세력의 핵심은 친일파였기 때문이다. 이때 이들이 든 반격의 무기가 바로 '반공'이었다.

반민특위 활동이 시작되자, 보수 세력은 "반민족자를 처단한다는 자는 공산당 주구走狗다"라는 삐라를 서울 시내 곳곳에 살포하고, 친일 청산을 반대하는 반공국민대회를 서울운동장(현재 동대문운동장)에서 열었다. 경찰은 '불참하면 빨갱이로 만들겠다'는 식의 협박을 해 가며 시민들을 서울운동장으로 동원했다.

그런 분위기 속에서도 반민특위는 친일파들을 하나둘 체포해 나갔다. 보수 세력을 정치적 지지 기반으로 삼고 있는 이승만은 이에 위기의식을 느꼈고, 반민특위 무력화를 위해 발 벗고 나섰다. 이승만은 특별 담화를 통해 반민족행위처벌법(이하 반민법)의 개정, 반민특위 특경대의 해체를 요구하더니, 1949년 5월에는 이문원 의원 등 반민특위를 지지하던 소장파 그룹 국회의원 십여 명을 남조선노동당(이하 남로당) 프락치(간

첩)로 몰아 구속시켜 버렸다. 이것이 '국회프락치사건'이다. 의
회 내 지지 세력을 잃어버린 반민특위도 그해 10월 해체되고
말았다.

숙청된 소장파 의원들은 정말 빨갱이였을까? 아니었다.
역사학자 김종성에 따르면, 당시 제도 정치권에 '빨갱이'라 할
만한 세력은 없었다. 남한 단독정부 수립을 거부하는 세력은
1948년 5월 10일 제1대 국회의원 총선거에도 참여하지 않았
다. 이 총선에 출마해 국회로 진출한 사람들은 기본적으로 남
북 분단을 인정하는 사람들이었다.

국회 소장파도 마찬가지였다. 이들 역시 넓게 보면 보수에
속하는 사람들이었다. 다른 보수들과 차이점이 있다면, 친일
청산을 지지한다는 점뿐이었다. 이승만 정권이 진짜로 두려워
한 것은 공산주의가 아니었다. 친일 청산으로 정권의 지지 기
반이 약화되는 것을 더 두려워했다. 이승만 정권이 반공 국시
운운한 이유는 그 때문이었다.[18]

이승만 정권이 국가보안법을 탄생시킨 것은 1948년 12월
이었다. 이 법의 정치적 효과는 금방 드러났다. 이듬해인 1949
년 국가보안법 위반 혐의로 검거·투옥된 사람이 무려 11만
8,621명에 달했기 때문이다. 교도소가 그야말로 '좌익수'로 넘
쳐 났다. 감옥에 갇힌 죄수의 80% 정도가 국가보안법 위반으
로 잡힌 좌익수라는 보고가 있을 정도였다. 그러나 좌익수의
상당수는 빨갱이와는 거리가 멀었다는 평가가 일반적이다.

친일파는 자신들을 제외한 모든 정치 세력을 '빨갱이'로 규

정했다. 심지어 임정 출신의 보수주의자들조차 예외가 아니었다. 우리나라에서 황현, 안중근, 경주 최부자, 이회영, 김구, 장준하 같은 보수를 진보가 포용하게 된 것도 그 때문이다. 친일 극우가 보수의 위상을 독점하는 상황에서 이들은 진보 쪽으로 밀려날 수밖에 없었다.

이승만의 강권에도 반공주의는 민중에게 잘 먹혀들지 않았다. 이 점은 1950년 5월 30일에 있었던 제2대 국회의원 선거에서 단적으로 드러난다. 이 선거에서 이승만 세력은 참패하고 이승만에게 비판적인 중도파 민족주의자들이 대거 당선됐다. 전체 210석 중 무소속 국회의원이 126명이나 되었는데, 이 중엔 합리적인 사람들이 상당히 많이 있었다. 2대 국회는 민권을 위한 국회라는 말까지 들을 정도였다.

그러던 반공주의가 6·25 전쟁을 거치면서 위세를 떨치게 됐다. 가장 큰 이유는 전국적으로 일어난 제노사이드(집단 학살) 때문이었다. 군과 경찰, 극우단체에 의한 학살은 어느 지역에서나 있었다. 그 공포란 이루 말할 수가 없었다. 많은 사람이 죽어 가면서 정부 비판, 이승만 반대는 절대적으로 피해야 하는 게 돼 버렸다.

해방 이후 경찰 조직은 일제시대의 친일 경찰들이 그대로 자리에 머물러 있는 경우가 많았다. 이런 현상이 지방에서는 특히 심했다. 1946년 대구 10월 사건이 발생한 가장 큰 원인은 해방이 돼도 바뀔 줄 모르는 친일 경찰의 득세였다. '친일 경찰들이 돌아와 설치는 것을 도저히 못 보겠다'는 정서가 밑바탕에 깔려 있었다. 경찰들은 자신들이 그대로 자리를 유지하고 있는 명분을 과거로부터 가져올 수 없으니, 자기 보호를 위해 더욱 빨갱이 확대 재생산에 열을 올렸다. 빨갱이를 억지로 만들어 내서라도 그들을 때려잡는 것이 사명이 되었다.

이렇게 반공을 국시로 내세워 친일을 덮어 버린 이승만의 선택으로 인해, 해방된 조선에서 민족 반역자들은 사회의 주류로 재등극할 수 있었다. 후과는 컸다. 이는 70년이 지난 지금까지도 우리가 겪는 거의 모든 사회문제의 근본 원인으로 작용하고 있다.

박정희의 레드 콤플렉스와 빨갱이 혐오

이승만의 반공 국시國是는 박정희에게로 이어졌다. '5·16 혁명 공약' 제1항이 "반공을 국시의 제일의第一義로 삼는다"였기 때문이다. 이에 대해서는 혁신계와 대학가 등에 확산되고 있던 용공적 통일 논의를 일소하기 위한 조치였다는 해석이 그동안 우세했다. 그런데 박정희의 조카사위이자, 박정희의 군대 후임으로 5·16 군사정변에 주도적으로 참여했던 김종필이 2015년 3월 이를 일거에 뒤집는 발언을 한다. 《중앙일보》에 "'반공 국시'는 박정희 좌익 의혹 씻기 위한 것"이라고 증언한 것이다.[19]

이에 따르면, 당시 혁명 공약을 작성한 이는 김종필 본인이었다. "혁명 공약을 쓸 때 내 머릿속에는 혁명의 지도자인 박정희 장군의 제일 아픈 데가 뭐냐, 빨갱이라고 생각하는 주위 사람들 아니냐, 이것들을 불식하려면 한마디 해야겠다, 그래 가지고 '반공을 국시의 제일의로 삼는다'는 내용을 6개 공약 가운데 첫 번째로 집어넣었다"는 것이다.

김종필은 이런 얘기도 했다. 궐기문(혁명 공약)을 인쇄하러 가기 전 박 소장이 반공 국시 조항을 처음 읽었는데, 자신을 보고 빙그레 웃으며 "이거 나 때문에 썼겠구먼…" 하고 말했다는 것이다. 실제로 박정희는 미국으로부터 빨갱이로 의심받고 있었는데, 미 8군 사령관 매그루더는 대놓고 박 소장을 예편시키라고 한국 정부에 요구할 정도였다. 군 내부에서도 공공연히 "박정희는 빨갱이"라고 떠들고 다니는 이들이 적지 않았다.

박정희가 이렇듯 빨갱이로 의심받은 가장 큰 이유는 박정희가 남로당 당원으로서 여수·순천 10·19 사건(1948, 여순반란 사건)에 연루되었기 때문이다. 남로당에 가입한 뒤 군 내에 비밀 세포들을 조직해 대한민국 정부를 전복시키려 했다는 것이 그가 받은 혐의였다. 박정희는 이 사건으로 사형을 구형받았으나 군 내 남로당원의 명단(200여 명)을 방첩대에 제공하고 목숨을 구한 전력이 있었다.

보수의 눈으로 보면, 박정희의 가족도 불온하기 그지없었다. 특히 박정희의 셋째 형 박상희는 독립운동가이자 영남 지역의 대표적 사회주의자였다. 박상희는 대구 10월 사건을 이끌다 경찰에게 피살되었다. 박상희의 부인 조귀분(그녀는 김종필의 장모이기도 하다. 김종필은 박상희-조귀분의 딸 박영옥과 결혼했다.)도 남편이 죽자 유족회 활동을 열심히 했다.

이런 점들은 박정희를 빨갱이로 의심하기에 충분했다. 그러면 박정희는 정말 빨갱이였을까? 이에 대해 박정희가 남로당에 가입한 것은 형 박상희의 영향이 컸다는 해석이 있다. 그렇게 보면 박정희는 (한때일망정) 공산주의자가 맞다. 그러나 다른 해석도 있다. 성균관대 사학과 교수 서중석에 따르면, 박정희는 형 박상희의 영향을 별로 안 받았다. 맨날 야단만 맞았고, 실제 박정희 자신도 (형이) 본인과 달랐다고 말한 바 있다.

『박정희 장군, 나를 꼭 죽여야겠소』를 쓴 김학민은 박정희가 남로당 가입한 이유를 이렇게 설명했다. "박정희가 신임 장교로 부임한 곳이 춘천의 8연대예요. 그 연대의 성격이 아주 중요합니다. 보통 여순반란사건의 주역인 14연대를 '빨갱이 소굴'로 아는데, 실제로는 8연대가 소굴이에요. … 그 사람들과 모이면 대화가 어땠겠어요? '대세는 이거야!' 이러지 않았겠어요? 군은 예나 지금이나 진급이 가장 중요한 조직이잖아요? 그런데 상관이 다 남로당원이야. 박정희도 처세를 위해 가입했겠죠. 처세를 위한 기회주의적 속성에서 나왔지, 좌파 이데올로기에 매료됐거나 남로당 정강에 영향을 받았다고 보지 않습니다."[20]

이런 해석은 다분히 일리가 있다. 기회주의가 아니라면, 일제시대 만주에서 관동군으로 독립운동가를 때려잡던 사람이 해방 후에는 남로당에 가입하는, 극과 극을 오가는 행태를 이해하기 어렵다. 원래 배신자가 더 무서운 법이다. 이후 박정희는 자신이 빨갱이가 아니라는 것을 보여 주기 위해 강력한 반공 정책을 펴게 된다. 이는 국내 정치를 위해서도, 무엇보다 미국의 신뢰를 얻기 위해서도 필요한 일이었다.

박정희나 전두환은 모두 군사 쿠데타로 권력을 장악한 까닭에 권력의 정통성이 없었다. 그런 권력이 존속되기 위해서는 외부의 적(북한)만으로는 부족하고, 내부의 적(빨갱이)이 필요했다. 많은 사회 활동가, 노동자·농민, 학생, 예술인, 지식인이 '빨갱이'라는 이름으로 희생된 이유였다.

서북 기독교와 공산주의의 갈등

우리나라 기독교는 친일파, 군사독재와 더불어 반공 카르텔의 한 축을 형성하고 있다. 우리나라 기독교는 세계적으로도 그 유례를 찾기 힘들 정도로 반공 이데올로기와 단단히 결속되어 있다. 우리나라 기독교는 어쩌다 '반공 기독교'가 된 것일까? 역사를 거슬러 올라가 보자.

19세기 말 조선에 기독교가 처음 들어왔을 때 가장 부흥한 곳은 서북 지역(황해도 북부와 평안도)이었다. 이곳은 미국 북장로교의 전도 지역이었는데, 1925년 당시 평안북도 선천은 인구 1만 명 중 절반이 교인이어서 '기독교 왕국'으로 불렸다. 황해도 재령과 평안남도의 평양도 이에 못지 않아서, 각각 '기독교 천하', '조선의 예루살렘'으로 불렸다. 특히 당시 《기독신보》 기사에 따르면, 평양에는 이미 교인 1,000명이 넘는 대형 교회가 있었고, 일요일에는 사람들이 교회로 몰려가는 바람에 상점들이 모두 문을 닫을 정도였다고 한다.

기독교는 왜 하필 서북 지역에서 부흥했을까? 서북 지역은 조선 시대 내내 변방이었고, 중앙 권력의 홀대와 차별도 심했다. 이 지역 사람들은 과거에 급제해도 중앙에 진출하기 어려웠다. 서북 지역 사람들도 자신들을 소외시키는 중앙 권력을 좋아할 리 없었다. 그것은 오히려 미국 선교사들이 '신앙 공동체'를 조성하기에 좋은 환경으로 작용했다. 서북 지역은 변방이라 전통문화의 뿌리도 깊지 않고 반상班常의 차별도 심하지 않았다. 이 역시 선교에 유리했다. 게다가 이 지역은 토양이 척박해 농업이 발달하지 못해서, 주민들은 일찍부터 상업에 눈을 돌려 외국과의 무역으로 막대한 자산을 축적했다. 외국과의 교류가 빈번한 것도 선교가 수월한 이유였다.

기독교 선교는 늘 의료와 교육을 앞세워 들어왔다. 이곳도 마찬가지였다. 서북 지역에는 미국 선교의 영향을 받아 세워진 기독교 학교가 많았다. 1910년 5월 통계에 따르면, 이 지역의 기독교 학교는 총 511개로, 전국 기독교 학교의 78%, 전국 사립학교의 23%를 차지했다. 이들 학교에서 신식 교육을 받은 상공인들과 지주들은 신흥 엘리트가 되었다. 그중 일부는 기독교 민족운동 지도자가 되었다. 특히 이 지역의 리더 안창호와 이승훈은 비밀결사 단체 신민회를 결성하고, 대성학교·오산학교 등 민족주의 학교를 세워 독립운동가들을 배출했다.

그러나 기독교인들 중에는 독립운동가만 있었던 게 아니다. 일제에 부역하는 자들도 있었고, 식민지 현실은 외면한 채

교회에서 마음의 평안을 구하는 자들도 있었다. 이들은 모두 공산주의자들의 비판 대상이었다. 무엇보다 공산주의자들은 반자본주의와 반제국주의의 담론으로 기독교인들을 비판했다. 기독교인이 서구 자본주의와 제국주의의 수족이 되었다는 것이었다. 그들이 보기에 평양은 '조선의 예루살렘'이 아니라 '예루살렘의 조선'이었다.

본격적인 공산주의자들과 서북 기독교인들과의 갈등은 해방 이후에 전개되었다. 서북 기독교인들은 처음에는 소련군과 함께 갈 수 있다고 생각했다. 그런데 소련군 사령부가 이들을 점차 정치권에서 배제했고, 이는 서북 기독교인들의 집단적인 반기로 이어졌다. 반공주의의 첫 신호탄을 쏜 인물은 한경직·윤하영 목사였다. 이들은 1945년 9월, 공산주의에 맞서기 위해 '기독교사회민주당'을 조직했다. 그리고 1945년 11월 18일, 평북 용암포제일교회(윤하영이 담임 목사였다)에서 공산당을 비판하는 대회를 열었다.

소련군과 공산주의자들이 이 대회를 진압하는 과정에서 많은 시민이 중상을 입고 용암포제일교회 장로가 목숨을 잃었다. 그리고 1945년 11월 23일 이를 규탄하는 시위가 다시 열렸다. 기독교계 학생 5,000여 명이 거리로 나와 반공·반소를 외쳤는데, 소련군과 공산주의자들의 강경 대응으로 사망 20여 명, 중경상 300여 명, 검거 1,000여 명이라는 결과를 낳고 진압되었다. 이른바 '신의주학생의거'다.

그 후로도 서북 기독교인들은 여러 차례 소련군·공산당과 부딪쳤다. 소군정과 김일성의 연합 정권은 서북 지역 기독교 지도자들을 반동분자로 낙인찍어 체포, 구속, 처형했다. 중산 계층이 많았던 서북 기독교인들은 김일성 정권이 단행한 토지 개혁과 사유재산 몰수로 땅과 재산을 뺏겼다. 이에 많은 서북 기독교인들이 울분을 삼키며 월남했다.

해방 전 북한의 개신교 인구는 약 20만 명이었다. (당시 남 한의 개신교 인구는 10만 명에 불과했다.) 이 중 70%가 남하한 것 으로 추산된다. 이들은 대부분 빈털터리였다. 그러나 위기는 기회라고 했던가. 남한 진주와 더불어 모든 국·공유 재산(일본 인 개인 재산 포함)을 동결했던 미군정은 1945년 말부터 친미 세력에게 적산불하를 하기 시작했다. 이는 당시 한국 경제의 80%에 이르는 엄청난 규모였다.

미군정은 한국을 '기독교 국가'로 만들려고 작심한 듯 종 교 적산(일본으로부터 들어온 신흥 종교인 천리교天理教 재산, 일본의 고유 신앙인 신도神道 관련 부동산, 일본 불교 사찰 등)을 기독교 세 력, 그중에서도 미국 유학파 개신교 목사들에게 집중적으로 나 눠 주었다. 신자 수가 전체 인구의 0.5%에 불과했던 개신교에 대한 집중적인 지원이 이루어진 것이다. 미군정과 이승만 정권 의 지원은 노골적이었다. 크리스마스 공휴일 제정, 국기에 대 한 경례를 '배례'(머리 숙여 절하기)에서 '주목례'(가슴에 손을 얹 고 바라보기)로 교체, 형무소에 형목제刑牧制 도입, 군대에 군목제 軍牧制 도입, 경찰 대상으로 선교 실시, YMCA 등 종교 단체 후원, 기독교방송과 극동방송의 설립 등이 그것이다. 이는 우리나라 개신교가 세계적으로 유례를 찾을 수 없을 정도로 빠르게 세력을 확장하는 데 든든한 밑바탕이 되었다.

반공 기독교의 뿌리, 서북청년회

미국 프린스턴대 유학파로서 '기독교사회민주당'을 만든 한경직 목사도 적산불하의 주요 수혜자 중 한 명이었다. 그는 천리교에서 경성 분소로 쓰던, 저동에 있는 건물을 불허받아 '영락교회'를 세웠다. 이곳은 자연스럽게 서북 기독교인들의 아지트가 되었다. 빈털터리로 내려온 서북 기독교인들은 이곳에서 고향 사람을 만나거나 일자리나 임시 처소, 정보 등을 얻을 수 있었다.

당시 삼팔선 이남은 좌우 이념 대립이 심했다. 그때만 해도 판세는 좌익이 우세였고, 우익은 지리멸렬했다. 이북에서 소련군이 펼쳤던 정책을 이남 청년들이 지지하고 나서는 모습에 월남 세력은 아연실색했다. 동향민 조직은 자연스럽게 '반공 우익' 성격을 띠기 시작했다. 1946년 중순, 월남 단체들은 자신들의 입지를 강화하기 위해 통합 작업에 들어갔다. 통합 단체명은 관서 지방(평안도), 해서 지방(황해도), 관북 지방(함경도) 등에서 '서'와 '북'을 따와 '서북청년회'(이하 서청)로 지었다. 영락교회 학생회·청년회는 서청의 중심에 있었다.

한경직은 교인들의 반공 활동을 기독교 신앙으로 받쳐 줬다. 그는 세계 기독교가 직면하고 있는 강적으로 "공산주의, 유물주의 사상"을 꼽았다. "공산주의가 소련을 통해 기독교를 멸하려 한다면서 한국 교회가 대동단결해 '십자군'을 조직해야한다"고 주장했다.[21] 그 십자군이 서청이었다.

미군정과 한민당 등 우익 세력은 서청의 탄생을 반겼다. 이들은 좌익에 대적하고 자신들을 보호해 줄 청년 단체를 필요로 했다. 서청은 기동력과 동원력이 뛰어났다. 이들은 서울역 앞에 안내소를 설치해 숙식을 제공하며 월남한 청년을 결집했다. 서울에만 11개 지부를 설치하고, 각 도·시·군에 지부 혹은 지회를 마련했다. 1946년 12월에는 설립한 지 한 달 만에 회원수가 약 6,000명에 이르렀다. 이들은 강력한 중앙 본부의 통제 아래 합숙소 생활을 했다. 다른 청년 단체보다 기동력과 동원력이 뛰어난 이유가 여기에 있었다.

서청은 남한 최대의 백색 테러 조직이자 극우 민병대였다. 대구 10월 사건과 제주 4·3 사건의 진압에 동원되었고, (그 과정에서 상당수는 경찰로 특채되었다) 수많은 사람이 그들의 총과 칼에 목숨을 잃었다. 그들이 저지른 살인·폭행·고문·강간·약탈 등의 만행은 이루 말할 수 없었다. 서북 개신교인들은 공산주의자들에게 기득권·생존권을 모두 빼앗긴 이들이었다. 이들의 피해 의식과 불안 정서는 기독교의 배타성과 결합되어 극단적인 폭력성을 띠었다.

서청은 누구보다 반공 의식이 투철했고, 이북에 대한 이해도도 높았다. 그런 까닭에 군도 이들을 중용했다. 6·25 전쟁 전후로, 서청 단원들은 육군정보국, 유엔군 유격대 KLO부대

(1949년에 미국 극동군사령부 직할로 조직된 비정규전 부대), 한국군 유격대 호림부대(대북 침투 공작을 담당했던 특수부대) 등에서 크게 활약했다. 일부는 조선경비사관학교(육군사관학교 전신) 5기와 8기로 입학했는데, 이들은 나중에 5·16 군사정변의 주역이 되었고, 일부는 중앙정보부(국가정보원의 전신)의 창립 구성원이 됐다.

6·25 전쟁은 서북 기독교인들에게 또 다른 기회였다. 전쟁이 발발하자 구호물자와 선교 자금이 쏟아져 들어왔고, 한경직을 중심으로 한 서북 기독교인들은 미국 선교사와의 밀착 관계를 십분 활용해 그 분배 권한을 독점했다. 그리고 이를 바탕으로 여타의 기독교 세력을 물리치고 교회와 사회를 빠른 속도로 장악해 갔다.

전쟁 기간 동안 한경직이 또 하나 몰두한 사업이 있었다. 바로 전쟁고아 사업이었다. 그는 월드비전과 기독교아동복리회CCF, 홀트 입양 프로그램의 이사장, 이사 등을 역임하며 이를 주도했다.

전쟁고아 사업은 미국의 복음주의자들, 미국 정부, 그리고 서북 기독교인들에게 모두 이로운 사업이었다. 미국의 복음주의자들은 이를 통해 미국과 한국 정부에 영향력을 행사할 수 있어 좋았고, 미국 정부는 한국의 전쟁고아들을 입양하는 미국 가정이 많을수록 반소·반공 정책을 펴기에 좋았다. 고아를 입양한 미국 가정은 가족애를 바탕으로 열렬한 반소·반공 정책의 지지자가 되었기 때문이다. 서북 기독교인들 역시 전쟁고아 사업을 통해 미국과 미국 복음주의자들에 대한 자신의 영향력을 키울 수 있어 좋았다.

전쟁 기간 동안 미국의 대민 원조를 도맡아 처리해 주며 축적된 한경직과 서북 기독교인들의 위세는 대단했다. 특히 미국과 미국 기독교계에 대한 이들의 영향력은 이승만을 초월할 정도였다. 이에 한동안 그들은 이승만에게 정치적 배제를 당해야 했다.

그러나 5·16 군사정변으로 다시 서북 기독교의 시대가 열렸다. 앞서 말했듯이 서청 회원들은 6·25 전쟁 시기에 좌익 소탕 활동의 일환으로 조선경비사관학교에 대거 들어갔다. 1947년 입교한 육사 5기생 중 서북 출신이 3분의 2였고, 1948년 입교한 8기에도 서북 출신이 많았다. 5기와 8기의 서북 출신 장성들이 '1961년 5·16 군사정변의 주역'이었다.

당시 박정희는 남로당 전적으로 인해 미국으로부터 '빨갱이'라는 의심을 받고 있었다. 한경직은 자신의 미국 정계 인맥, 기독교 인맥을 활용해 적극적으로 박정희를 변호해 주었다. 박정희 정권은 쿠데타 이후 승공 담론을 바탕으로 정책을 펼쳤는데, 그 논리를 제공한 것도 서북 기독교인들이었다.

승공 담론은 간단히 말해 체제 경쟁에서 공산주의보다 우위에 서야 한다는 것이다. 특히 강조된 것은 경제 발전이었다. 분단된 이후 북한은 경제 발전을 이루었는데, 남한은 그렇지 못했으니 이제부터라도 국가 지도자(박정희)를 중심으로 온 국민이 단결해서 경제 발전에 매진해야 한다는 것이었다. 이러한 논리하에서 민주화에 대한 열망은 희생되었고, 시민들은 '민주 시민'이 아니라 '산업 역군'이 되어야 했다.

사회학자 김동춘은 '남한은 월남자들이 만든 나라라고 해도 과언이 아니'라고 했다. 나라의 성격을 봤을 때 그렇다는 것이다. 제1공화국의 전체 엘리트 구성이라든지, 이데올로기를 봐도 그렇다. 특히 월남자 엘리트층은 법 위의 권력자였다. 우리나라의 제1신문인 《조선일보》는 전형적인 월남자들의 신문이고, 사립학교들 상당수도 월남자들이 세웠다. 경찰, 군부 엘리트도 반 이상이 월남자였고, 국가정보원을 구성한 것도 그들이었다.[22]

현재 극우 세력의 대명사는 태극기 부대다. 태극기 부대의 중심에는 한국기독교총연합회(이하 한기총)가 있다. 이 한기총의 뿌리도 서북 기독교다. 1989년 12월에 창립된 한기총의 초대 회장이 한경직이었다. 한기총과 태극기 부대가 시위를 벌일 때 자신들이 법 위의 권력자라도 되는 양 구는 것은 우연이 아니다. 김동춘의 말대로 남한은 '월남자들이 만든 나라'이고, 서북 기독교는 그 중심에 있었기 때문이다.

주

1장 '세대'를 혐오하다

1. 「중2병, 급식충, 초글링… '청소년 혐오' 커지는 한국 사회」, 《한겨레》, 2016. 10. 17.

2. 김현욱, 『여중생들의 화장품 사용 실태와 구매 행동에 관한 연구』, 국회도서관, 24쪽.

3. 홍세화, 「그대 이름은 '무식한 대학생'」, 《한겨레》, 2003. 2. 18.

4. 이 글은 2009년 6월 8일자 《충대신문》에 실렸다.

5. 「서울 소재 대학생 정치 무관심 '심각'」, 《뉴데일리》, 2006. 10. 2.

6. 「정치 무관심 팽배… '반쪽' 민주주의」, 《서울신문》, 2008. 4. 10.

7. 김찬호, 『모멸감』, 문학과지성사, 2014, 58쪽.

8. 「'엄마'를 욕하며 노는 아이들 … 교실이 '혐오의 배양지'가 되었다」, 《경향신문》, 2017. 10. 1.

9. 「페미니즘 없이 저출산 해결 없다」, 《경향신문》, 2016. 9. 10.

10. 「여성 혐오, 교실을 점령하다」, 《시사IN》, 2017. 9. 4.

11. 「"엄마, 난 학원 안 가?" … 워킹맘은 조급해졌다」, 《오마이뉴스》, 2016. 3. 21.

12. 「'녹색아버지회'는 왜 없는가」, 《오마이뉴스》, 2017. 3. 29.

13. 「그들은 내게 '환대'가 무엇인지 알려 주었다」, 《시사IN》, 2019. 6. 19.

14. 「안 늙는 사람 있나요 … '노인충'·'틀딱충' 노인 혐오 심각」, 《파이낸셜뉴스》, 2018. 10. 25.

15. 마거릿 크룩섕크, 『나이 듦을 배우다』, 이경미 옮김, 동녘, 2016, 355쪽.

16. 「88만원 세대 10년, 세상은 달라졌을까」, 《주간경향》, 1280호, 2018. 6. 11.

17. 「"노인 혐오는 개인 문제? 압축적 근대화의 부작용"」, 《한국일보》, 2019. 1. 17.

18. 「예니 할머니의 일주일」, 《경향신문》, 2016. 5. 15.

19. 김찬호 외 4인 공저, 『입에 풀칠도 못하게 하는 이들에게 고함』, 북콤마, 2016, 138쪽.

1. 「"정수기 물통 갈아 봤자, 여자는 '꽃' 취급받을 뿐"」, 《오마이뉴스》, 2015. 10. 30.

2. 데시데리위스 에라스뮈스, 『우신 예찬』

3. 장 자크 루소, 『에밀』.

4. 「여자가 무서운 '찌질男', 혐오로 답하다」, 《프레시안》, 2016. 8. 3.

5. 「우에노 지즈코 "남성의 지배와 집착, 성욕을 사랑으로 착각 말라"」, 《여성신문》, 2016. 6. 25.

6. 통계청에서 발표한 『2017년 12월 및 연간 고용 동향』에 따르면, 2017년 기준 20대 남성의 고용률은 55.9%, 20대 여성의 고용률은 58.4%였고, 30대 남성의 고용률은 90.4%, 30대 여성의 고용률은 60.6%였다.

7. 〈백세 인생〉을 부른 가수 이애란이 〈무한도전〉(2015. 12. 5. 방영)에 출연해, 출연자들의 이름을 잘 몰랐던 까닭에 정준하를 '정준호', 하하를 '호호'로 부른 데서 비롯된 별명이다.

8. 〈무한도전〉, MBC, 2015. 12. 12.

9. 「마사 누스바움 "혐오는 원치 않는 변화가 두려워 '마녀' 같은 탓할 상대 찾는 것"」, 《경향신문》, 2017. 6. 12.

10. 이 글에서 정신질환자는 정신건강복지법에 의해 규정된 정의에 따라 정신질환을 가진 사람을 뜻하며, 정신장애자는 특정한 질병이 지속되어 영구적인 정신적 장애가 수반되는 경우 장애인복지법에 의해 정신장애인 1~3급을 지정받은 이를 말한다. 한편 지적장애인은 정신질환자에 포함되지 않는다.

11. 대검찰청 자료 『2016 범죄 통계 분석』과 보건복지부 자료 『2016 정신질환 실태 조사』를 참고했다. '정신질환 실태 조사'는 5년 주기로 실시되며, 다음 통계는 2021년에 발표될 예정이다. 참고로, 2015년 12월 우리나라 총인구는 5,152만 9,338명(행정안전부의 '주민등록 인구통계' 참고)이었다.

12. 「언론, 정신이상자로 여성 혐오를 지우다」, 《미디어오늘》, 2017. 6. 18.

13. 2016년 9월, 헌법재판소가 본인 동의 없이 강제 입원이 가능한 당시 정신보건법에 헌법 불합치 결정을 내리면서, 2017년 5월 30일 정신보건법은 '정신건강증진 및 정신질환자 복지서비스 지원에 관한 법률'(정신건강복지법)로 전면 개정됐다. 법 시행과 동시에 2주 내 2명 이상 전문의의 일치된 소견이 있어야 3개월까지 비자의 입원·입소가 가능한 추가 진단 의사 제도가 시행됐다.

14. 「33세 강은일, 6번 강제 입원, 정신장애인입니다」, 《경향신문》, 2019. 1. 12.

15. 「문재인 "동성애 지지하지 않지만, 차별받아선 안 돼"」, 《뉴스앤조이》, 2017. 2. 13.

16. 「나는 레즈비언 딸을 둔 엄마예요」, 《한겨레》, 2016. 7. 9.

17. 「"트랜스젠더의 '롤모델' 되고, 30년 뒤에도 멋지게 살고 싶어"」, 《경향신문》, 2017. 4. 25.

18. John Boswell, 『Christianity, Social Tolerance, and Homosexuality: Gay People in Western Europe from the Beginning of the Christian Era to the Fourteenth Century』, University of Chicago Press, 1980.

19. 「교회 안 동성애 혐오는 성경 고의로 왜곡한 탓」, 《한겨레》, 2010. 6. 10.

20. 한국갤럽조사연구소 편집부, 『한국인의 종교 1984-2014』, 한국갤럽조사연구소, 2015, 19~20쪽.

21. 전 자유한국당 의원 차명진 페이스북, 2019. 4. 16.

22. 〈스트레이트〉, MBC, 2018. 4. 22.

3장 '타자'를 혐오하다

1. 「'유학생'에 무차별 폭행 … 커지는 '외국인 혐오'」, 〈MBC 뉴스데스크〉, 2019. 9. 17.

2. 「네팔에서 왔어? 그럼 싸구려 모텔에서 촬영하자」, 《프레시안》, 2019. 11. 19.

3. 「이주 노동자의 삼시세끼, 여기 사람이 산다고?」, 《시사IN》, 466호, 2016. 8. 20.

4. 「최저임금도 못 받는데 더 깎겠다고?」, 《노동자연대》, 2019. 4. 30.

5. 박형민 외 19인 공저, 『한국의 범죄 현상과 형사정책(2018)』, 한국형사정책연구원, 2019, 180쪽.

6. 민수홍, 「외국인 범죄의 현황과 추세」, 『한국의 사회 동향 2013』, 통계청, 2013, 280~281쪽.

7. 「정치인 이자스민이 불편하다는 사람들에게」, 《시사IN》, 2019. 11. 26.

8. 「'차별'에 대하는 자세」, 《동북아신문》, 2019. 3. 30.

9. 1980년에 홍일식 전 고려대 총장이 처음 사용한 것으로, 지리적 경계를 뛰어넘은 새로운 영토 개념이다. 그는 "문화 앞에는 적(敵)이 없다"면서, "우리의 고유한 문화를 계

승 발전하여 세계적으로 확산하는 것이 우리의 문화영토를 확보하는 것"이라고 주장했다. 이러한 주장은 "오늘날 한류(韓流) 확산과 위력을 이해하는 선구적 관점을 제시한 것으로 주목"받고 있다.

10. 영화 〈청년 경찰〉과 관련해, 중국 동포 김 모 씨 외 61명이 영화 제작사 무비락을 상대로 손해배상 청구 소송을 냈고, 이에 대해 2020년 3월 서울중앙지법이 화해 권고 결정을 내렸다. 당시 법원은 "제작사 '무비락'은 영화에서 본의 아니게 조선족 동포에 대한 부정적 묘사로 인해 불편함과 소외감 등을 느꼈을 김 씨 등에게 사과의 뜻을 전하라"고 밝혔다.

11. 박형민 외 19인 공저, 『한국의 범죄 현상과 형사정책(2018)』, 한국형사정책연구원, 2019, 183쪽.

12. 「"평화 찾아 한국 왔는데" … 가짜 시비·인종차별에 멍드는 이방인들」, 《한국일보》, 2018. 7. 3.

13. 「그들과의 낯선 '동거' 결국 우리의 삶이었다」, 《경향신문》, 2020. 1. 18.

14. 「'무슬림' 같은 표현서 편견 드러나 … "우린 무슬림 이전에 사람"」, 《경향신문》, 2018. 7. 1.

15. 「예멘 난민이 한국에 쏘아 올린 작은 공」, 《경향신문》, 2018. 6. 30.

16. 『2018 출입국·외국인정책 통계연보』, 법무부 출입국·외국인정책본부, 2019, 103쪽.

17. G-1 비자는 '기타 비자'로 분류되며, 발급 대상에는 난민 신청자·난민 불인정자 중 인도적 체류 허가자 외에도 각종 소송이 진행 중인 자, 질병 치료 등으로 입국한 자 등이 있다.

18. 「은밀하게, 절실하게 그들이 살고 있었네」, 《시사IN》, 2019. 6. 17.

19. 「정부, 난민 아동의 기본권 보장하라」, 《한겨레21》, 2019. 5. 29.

20. 「재일조선인이 보는 한국의 '이방인 혐오'」, 《경향신문》, 2019. 1. 26.

21. 「탈북 청년 승현 씨 "조선족은 2등 국민, 우린 불가촉천민"」, 《한겨레》, 2018. 3. 2.

22. 「탈북 작가 김주성 씨 "난 진보도 보수도 아닌 삼겹살 편"」, 《한겨레》, 2020. 1. 18.

23. 같은 글.

24. 「한국이 탈북민을 대하는 방식은 '차별'도 아닌 '배제'」, 《프레시안》, 2019. 10. 21.

25. 「탈북 청년 승현 씨 "조선족은 2등 국민, 우린 불가촉천민"」, 《한겨레》, 2018. 3. 2.

26. 「탈북자 A 씨는 왜 다시 '탈남자' 됐나?」, 《노컷뉴스》, 2016. 9. 9.

27. 정착 기본금은 세대를 단위로 세대원 수에 따라 차등 지급되는데, '2인 세대 1,400만

원, 3인 세대 1,900만 원, 4인 세대 2,400만 원, 5인 세대 2,900만 원, 6인 세대 3,400만 원, 7인 이상 3,900만 원'이다.

28. 「탈북 청년 승현 씨 "조선족은 2등 국민, 우린 불가촉천민"」, 《한겨레》, 2018. 3. 2.

4장 '이념'을 혐오하다

1. 「'죽이라' 외치는 혐오 시위대에 '올 가와사키'로 맞서다」, 《한겨레》, 2020. 2. 1.

2. 「문재인도 건드는 일본, '혐한'은 흥행 보증 수표」, 《노컷뉴스》, 2019. 7. 25.

3. 「일본 청년들, 무차별 살해·전쟁 꿈꾸는 이유?」, 《프레시안》, 2013. 1. 29.

4. 「촛불 광장에서 세상을 '리셋' 하자」, 《프레시안》, 2016. 12. 8.

5. 「"19년 감옥살이 없었다면 난 별 볼 일 없었을 것"」, 《한겨레》, 2011. 4. 25.

6. 「서경식, "일본 우경화에 리버럴 세력도 책임 있다"」, 《시사IN》, 2017. 9. 23.

7. 서경식·다카하시 데쓰야, 『책임에 대하여』, 한승동 옮김, 돌베개, 2019, 81쪽.

8. 같은 책, 82쪽.

9. 「"'진보 꼰대'들이 '20대 개새끼' 욕하는 이유?"」, 《프레시안》, 2016. 4. 11.

10. 「미디어 속 무슬림은 아주 일부분일 뿐」, 《시사IN》, 2019. 6. 19.

11. 「샤를리·파리·니스… 테러는 왜 프랑스를 노리나」, 《오마이뉴스》, 2016. 7. 16.

12. 「기자 출신 예멘 난민, 한국 사회의 질문에 답하다」, 《한겨레》, 2018. 7. 2.

13. 「'가짜 뉴스'의 뿌리를 찾아서」, 《한겨레》, 2018. 9. 27~10. 26.

14. 「가짜 뉴스의 제조 비법, 90%의 사실과 10%의 조작」, 《한겨레》, 2018. 10. 5.

15. 「'입시 지옥, 시험 만능' 교실 … 민주주의가 밥 먹여 주나요」, 《경향신문》, 2017. 1. 23.

16. 「신영복 교수 녹취록 다시 보니 … "청년 시절만은 잃지 마라"」, 《한겨레》, 2016. 1. 23.

17. 「무당 정치가 가능했던 이유는 색깔 공포증 때문」, 《프레시안》, 2017. 7. 12.

18. 「'반공 국시' 운운한 이승만 정권이 진짜 두려워한 것」, 《오마이뉴스》, 2020. 5. 24.

19. 「박정희 좌익 의혹 씻기 위해 … 5·16 반공 국시, 내가 넣었다」, 《중앙일보》, 2015. 3. 2.

20. 「"10대 여자애가 박정희 귀에 대고 할배 이름을 속삭이자…"」, 《프레시안》, 2015. 11. 18.

21. 「영락교회는 서청의 '본거지'였나」, 《뉴스앤조이》, 2018. 5. 3.

22. 「'헬조선', 기독교-월남자 동맹의 합작품」, 《프레시안》, 2015. 11. 4.

북트리거 일반 도서

북트리거 청소년 도서

지금, 또 혐오하셨네요
우리 안에 스며든 혐오 바이러스

1판 1쇄 발행일 2020년 7월 30일
1판 4쇄 발행일 2023년 11월 10일

지은이 박민영
펴낸이 권준구 | 펴낸곳 (주)지학사
본부장 황홍규 | 편집장 김지영 | 팀장 양선화 | 편집 김승주 명준성
디자인 스튜디오 진진
마케팅 송성만 손정빈 윤술옥 박주현 | 제작 김현정 이진형 강석준 오지형
등록 2017년 2월 9일(제2017-000034호) | 주소 서울시 마포구 신촌로6길 5
전화 02.330.5265 | 팩스 02.3141.4488 | 이메일 booktrigger@naver.com
홈페이지 www.jihak.co.kr | 포스트 post.naver.com/booktrigger
페이스북 www.facebook.com/booktrigger | 인스타그램 @booktrigger

ISBN 979-11-89799-29-8 (03330)

※ 이 도서는 한국출판문화산업진흥원의 '2020년 우수출판콘텐츠 제작 지원' 사업 선정작입니다.

북트리거

트리거(trigger)는 '방아쇠, 계기, 유인, 자극'을 뜻합니다.
북트리거는 나와 사물, 이웃과 세상을 바라보는 시선에 신선한 자극을 주는 책을 펴냅니다.